Sommaire

D'AMOUR ET DE LAIT...

Ce numéro 3 des « Cahiers du nouveau-né », consacré à l'allaitement maternel,
est « coparrainé » par :

- Le G.R.E.N.N. (Groupe de recherches et d'études du nouveau-né).
  Président en 1979 : Dr Bernard This.
- Le Club de pédiatrie sociale.
  Président en 1979 : Pr Pierre Satgé.
- Le Centre international de l'enfance.
  Directeur : Pr Michel Manciaux.

Nous remercions le Dr Michel Péchevis, du Centre international de l'enfance, pour son importante contribution.

La photographie de couverture est extraite du film : *Heureux comme un bébé dans l'eau*, reportage sur la naissance sans violence, réalisé par Marc-Henri et Alexandre Wajnberg.

Ce film est distribué

- En France par : La Clef, S.A.
  21, rue de la Clef
  75005 Paris.

- En Belgique par : Cinélibre
  5, rue de la Filature
  1060 Bruxelles.

Ont collaboré à ce numéro 3
des « Cahiers du nouveau-né » :

L. AUDOUIN — E. BARGE — V. BARROIS-LAROUZÉ — Fl. BÉGOIN-GUIGNARD — S. BÉREMBERG — A. BOUCHART-GODARD — G. BRÉART — M. CARBALLO — F. CHABANE — Ch. COHEN-SALMON — M. CROST — J. CUKIER — C. DOLTO — F. DOLTO — R. DUCLUZEAU — M. DUNAIS — F. FIRMIN — O. GUITARD — Y. HALFON — A. HENNEQUET — E. HERBINET — M. HERBINET-BAUDOUIN — Y. HOFVANDER — F. JULIEN — G. KJELLBERG — J.-P. LALARDRIE — G. LAVIOLLE — H. LEMEUR — H. LESTRADET — L. LE VAGUERÈSE — F. LOUX — M. ODENT — M. PECHEVIS — L. PERNOUD — D. RAPOPORT — Cl. REVAULT D'ALLONNES — J. RICARDOU — Cl. RUMEAU-ROUQUETTE — R. SALBREUX — E.A. SAND — D. SAPRIEL — P. SATGÉ — F. SEIGNEUR — S. SJÖLIN — C. TALBOT — M.-T. THIRION — B. THIS — Cl. THIS.

Une liste plus détaillée,
permettant de situer chacun,
peut être trouvée p. 404.

Les Cahiers du nouveau-né n° 3

D'amour et de lait...

Ouvrage collectif sur l'allaitement maternel
sous la direction d'Etienne HERBINET.

Stock

Lettre à M...

Etienne Herbinet

Le 10 novembre 1979.

Ma chère M...

Ta lettre m'a fait très plaisir et je suis content que le manuscrit du « Cahier du nouveau-né » sur l'allaitement t'ait intéressée et que tu l'aies trouvé facile à lire. Je réponds sans trop tarder à quelques points que tu soulèves, cela m'aidera peut-être aussi à les clarifier pour moi-même.

Alors tu trouves qu'on exagère ! Tu me rappelles que tu n'as pas allaité (je m'en souviens très bien), que tu avais *choisi* de ne pas allaiter et que, si cela se reproduisait, tu aimerais qu'« on te foute la paix ». Tu trouves que ce livre, « malgré tout, pousse à l'allaitement » et que « c'est un peu gênant tout de même ». Bref, c'est orienté ; ça n'est pas objectif ! Mais l'allaitement est-il un sujet dont on peut débattre en toute froideur, en toute objectivité ? Comment oser critiquer certains comportements hospitaliers traditionnels si l'on n'est pas mû par une certaine passion ? Nous n'avons pas voulu faire un livre scientifique, mais plutôt un recueil d'expériences, de témoignages. Si certains aspects scientifiques de l'allaitement sont abordés, l'ensemble ne veut pas être exact, définitif, mais quelque chose qui touche, qui suscite la discussion.

Mais tu as probablement raison : ce livre peut irriter ou même gêner des femmes qui n'ont pas voulu, ou qui ne veulent pas allaiter. Cela pose un problème. Si nous avons cherché à réunir quelques données scientifiques actuelles (ce qui ne veut pas dire éternelles) sur l'allaitement, c'est pour que le choix ne se fonde pas, comme dit Béremberg, sur l'ignorance. (Faut-il faire l'autruche ?) Mais ensuite, une fois les informations données, nous sommes tous d'accord pour respecter *absolument* ce choix (je préfère ce mot de respect au mot de tolérance qui a été souligné dans la table ronde).

En fait notre démarche n'est pas partie des femmes qui, comme toi, ne voulaient pas allaiter, mais de celles qui semblaient désirer le faire et qui n'y réussissaient pas. Cela a été pendant des années une constatation quasi quotidienne dans mon métier d'accoucheur : des femmes qui s'apercevaient au bout de quelques jours de tentative qu'elles n'avaient pas assez de lait. *On leur disait que leur lait ne suffisait pas à nourrir leur bébé*, qu'il fallait ajouter des « biberons de complément ». Allaiter devenait, en fait, quelque chose de très compliqué ; il fallait souvent se servir du tire-lait. Surtout, quand il y avait un problème quelconque, tout le monde se contredisait : il y avait autant d'avis que d'infirmières, de sages-femmes et de médecins. Les jeunes mères, candidates à l'allaitement, ne savaient plus quoi faire et finissaient, découragées, par abandonner, préférant le biberon qui représentait alors la simplicité. Ce n'était plus un choix, mais un échec. Et cela finissait par se savoir, que l'allaitement n'était pas quelque chose de si évident. Et cela comptait justement au moment de ce fameux choix. L'allaitement était du côté du « hasardeux ». (Je parle de ce que j'ai connu dans des maternités parisiennes, je ne sais pas comment cela pouvait se passer ailleurs.) Je n'y comprenais rien (parce que auparavant, d'après ce que l'on disait, l'allaitement cela marchait). Il me semblait à l'époque que l'on n'y pouvait pas grand-chose.

Et puis, un jour, il y a peu de temps, brutalement, par une étrange coïncidence, nous avons pris connaissance de plusieurs recherches, de plusieurs travaux — tu les as lus dans le livre, je ne te les détaille pas. Ils nous ont frappés pour deux raisons : d'abord, beaucoup de ces travaux proviennent de femmes : mères de famille ayant décidé d'aider d'autres mères de famille dans le cas de la Leche League, ou femmes médecins. Marie-Thérèse Thirion, par exemple, a précisé ses méthodes de travail à la suite de l'expérience de ses propres allaitements. L'autre point remarquable est l'extraordinaire cohérence de ces divers travaux entre eux. Les expériences de Grenoble, de Mont-Saint-Aignan, de Pithiviers, de Londres, coïncident entre elles et coïncident avec l'étude critique de Françoise Julien. Ce sont ces travaux, études critiques et propositions constructives, qui nous ont donc décidés à faire ce livre : enfin nous avions des éléments pour comprendre pourquoi tant d'allaitements maternels *souhaités* échouaient et pour savoir qu'il y avait des solutions possibles, à condition que les accoucheurs, les sages-femmes, les puéricultrices veuillent bien reconsidérer *profondément* leur manière de faire qui rendait le succès improbable. Ça, je crois que tu ne l'avais pas très bien compris, mais on ne se place peut-être pas tous les deux sur le même terrain. Tu es psychologue, et quand tu rapproches le droit à l'échec du droit au choix, tu fais référence, sans doute, *au sens psychosomatique ou symbolique que peut avoir l'échec* dans certains cas, à la nécessité de respecter cette possibilité d'échec, et au danger qu'aurait une « obligation de succès ». L'échec deviendrait alors une faute personnelle due à une erreur ou à du « mauvais » quelque part en soi-même. D'accord ! mais ce n'est pas une raison pour ne pas faire une étude critique d'un environnement qui agit de telle manière que l'échec devient la règle (bien que ce soit évidemment involontaire), et le succès l'exception.

Un peu plus loin dans ta lettre, tu regrettes qu'il ne soit peut-être pas assez précisé qu'une femme qui donne le biberon puisse avoir une relation tout autant chaleureuse avec son enfant qu'une femme qui allaite. Je t'accorde que cela arrive un peu tard dans le livre puisque ce n'est abordé que dans la table ronde. Je crois que personne ne peut ni ne veut nier cela. Encore faut-il qu'on ne sépare pas l'enfant de sa mère, qu'il ne soit pas inaccessible derrière une vitre sans qu'elle ait le droit d'aller le prendre, ne l'ayant avec elle qu'au moment des biberons ; ou pire encore, que certains biberons soient donnés par une puéricultrice, « parce que c'est plus commode ». Dans ces conditions, évidemment, l'allaitement au sein assurerait la garantie d'un minimum de contacts car personne ne peut le donner à la place de la mère.

Ce que j'espère, et cela te rassurera peut-être, c'est que certains points de ce livre puissent contribuer à faire évoluer *aussi* les conditions qui entourent l'« allaitement au biberon », dans le cadre d'une évolution de la conception de l'ensemble des suites de couches, de la manière dont *on peut aider la mère à s'occuper elle-même de son bébé ;* cela s'opposant à ces séparations abusives que je viens d'évoquer. Cette évolution peut également porter sur d'autres points : si on a pu regretter que le sein n'ait pas la précision graduée du biberon et chercher à compenser cela par la pesée de l'enfant avant et après chaque tétée, on pourrait maintenant faire la proposition exactement inverse : pourquoi n'imiterait-on pas le mieux possible avec le biberon la souplesse du sein, et ne proposerait-on pas l'« allaitement à la demande » au biberon, en ce qui concerne non seulement les horaires mais aussi la quantité (comme le suggère Lestradet et Doxiadis qu'il cite) ?

Enfin tu reprends certaines choses qui ont été dites dans la table ronde finale autour du mot « plaisir », et tu regrettes que les médecins ne soient pas plus ouverts, plus accessibles à cette dimension du plaisir, qu'ils négligent le « corps des plaisirs », ne s'intéressent pas, par exemple, au plaisir de l'allaitement. Là, je ne suis pas d'accord avec toi. Je me demande si ce n'est pas *par définition* impossible, si certaines barrières ne sont pas obligatoires dans cet exercice professionnel. Est-ce qu'un médecin peut être à la fois celui qui s'occupe du « corps fait d'organes », qui touche ce corps, et aussi celui qui aborde de plein fouet le monde des fantasmes, le « corps des plaisirs » ? Il y a peut-être une limitation souhaitable tant pour le médecin que pour ses patients. En revanche, ce qu'on peut sans doute demander aux médecins organiciens, c'est de ne pas nier cet aspect sensible, vivant ; de ne pas chercher à le diminuer, à l'éliminer ; comme dit Michel Odent : « de ne pas empêcher la musique ».

C'est cette articulation des choses qui fait que la pluridisciplinarité, pourtant pleine de promesses, n'est pas si facile ! C'est pour cela que ce ne sont pas des médecins mais des femmes qui abordent cette dimension sensible dans le livre : Françoise Loux d'entrée de jeu, d'autres jeunes mères, par leurs témoignages, plus loin.

C'est pour cela aussi que nous avons choisi ce mode de présentation qui t'a surpris : THEME ET CONTREPOINTS. Car on ne peut pas additionner des connaissances pluridisciplinaires. Alors le thème se déroule avec une certaine logique et, tout au long du livre, les contrepoints, moments différents, moments sensibles, viennent l'enrichir, le modifier, le faire chanter différemment.

Voilà.

Te connaissant, il m'étonnerait que tu laisses cela sans réponse. J'attends tes critiques.

[...]

Etienne.

L'ancien et l'actuel

ou

A l'enfant il faut la chaleur de la mère
(proverbe gascon)

Françoise Loux [1]

Musée des Arts et
Traditions populaires
Paris

1. Les éléments permettant de situer chaque auteur peuvent être trouvés dans la liste alphabétique p. 404 et suiv.

Telle une grosse bête au bout du compte apaisante, la machine inspire et souffle près de moi, inspire et souffle. Le lait passe par saccades dans le biberon de verre. Il y en a un peu cette fois. Je me sens bien, ensommeillée, détendue. Je pense à toi, mon Valentin, toi aussi attaché à ta machine qui, elle aussi, inspire et souffle, inspire et souffle. Pour toi, la machine est vitale, tu ne peux encore t'en séparer. Pour moi, est-ce tellement différent ? J'ai besoin de « tirer le lait » à ces rythmes réguliers qui me ramènent à toi, qui me calment et mettent en moi l'espoir.

A peine t'avais-je quitté cet après-midi, j'ai noté ton augmentation de poids sur la courbe que moi-même, presque à la sauvette, je recopie chaque jour. Vingt grammes aujourd'hui... c'est une fête, c'est peut-être à cause de ce lait.

Le 21 mars 1977 naissait Valentin : 5 mois et demi ; 950 grammes ; deux mois de réanimation ; quatre mois d'hospitalisation. Ces chiffres nus restituent, maintenant que tout va bien, toute une mer indéfinie de temps, avec ses vagues d'accélération, d'angoisse, ses planes de calme et d'espoir. Compter, mesurer, se situer était important à cette époque car, ainsi, la vie prenait petit à petit le pas. Pourtant, pour moi, c'était difficile. Un des gros problèmes de la prématurité, pour la mère comme pour l'enfant, est, en effet, celui du temps. Comment s'y repérer, ainsi que dans l'espace, quand tout a brusquement éclaté, que toute question sur l'avenir n'a plus de sens, que seul compte le présent, heure après heure, jour après jour. Peu de temps après l'accouchement, il m'est arrivé de me retrouver, hébétée, au milieu d'un carrefour, ne sachant plus ni le lieu ni l'heure. Longtemps après, l'été, je me suis surprise à raisonner comme si l'hiver n'était pas encore terminé, comme si le temps ne s'était pas écoulé depuis la naissance. Maintenant encore, dans mes moments de fatigue, je me sens totalement dériver à l'égard du temps. Pour l'enfant, il y a également un problème du côté du temps, de l'âge. Quelle est cette date de naissance inconnue, ce signe zodiacal auquel on n'avait pas pensé lors de l'attente... et qui doit pourtant devenir une référence spontanée ? Quel est l'âge de cet enfant ? Quel âge faut-il dire aux autres ? Pour ma part, j'ai très vite résolu de ne pas dire l'âge « corrigé [1] », mais l'âge « réel » pour justement, tous les deux et la famille avec, nous enraciner dans le réel. Mais, entre cette décision, prise avec mon mari, les médecins, et la mise en acte, que de difficultés, que d'hésitations quand on me demandait à l'improviste l'âge précis de mon tout-petit. Je crois que, chez moi, ce décrochement par rapport au temps aurait pu être très grave, d'autant que la situation d'incertitude a été tout particulièrement longue et que, pendant deux mois, aucun point de repère fixant l'espoir n'a pu être donné. Heureusement, la vie continuait tout autour : les autres enfants, mon travail, les amis, et cela m'a beaucoup aidée. Mais j'aurais également pu rester immobile dans l'attente au milieu du temps qui s'enfuyait ; j'ai failli le faire. Heureusement, l'allaitement m'a donné ce rythme de succession des heures dont j'avais besoin. Il m'a aidée à me réenraciner dans le déroulement de la vie. C'était parfois dur, épuisant. Il fallait placer, dans une journée chargée par les autres enfants, le travail, les allées et venues à l'hôpital, les quatre « tirages » par jour. Mais c'était l'instant de pause nécessaire, l'obligation de se raccrocher à une date, de l'écrire sur les petites

1. N.D.L.R. L'âge corrigé tient compte de la prématurité. Par exemple, un enfant né à 30 semaines de gestation aura, un mois (âge légal) après sa naissance, un âge corrigé de 34 semaines.

bouteilles dans lesquelles je gardais le lait que j'emportais tous les jours.

L'allaitement m'a aussi préservée d'un autre risque : celui de fuir dans le travail et l'hyperactivité ; celui de tenter d'oublier l'angoisse et la mort en abandonnant cet enfant menacé. Un tel désir de fuite se comprend. J'aurais pu l'éprouver. Mère stérile, mère blanche, sans enfant à bercer, que signifiait ce congé de maternité ? Pourquoi, pour qui me reposer ? Après mes autres accouchements, je me suis toujours sentie revenir au stade du nouveau-né que je venais d'enfanter, désirer un cocon, de la douceur et du silence, un bercement, un rythme sécurisant. Ce besoin, sans doute profondément ressenti par toutes les femmes, se légitime dans la présence effective de l'enfant, dans le rythme des soins effectifs à lui donner. Quand l'enfant n'est pas là, quelle peut en être la légitimation ? Pour les autres, comme pour la mère, que signifierait ce repli devant un berceau vide, sur un chemin que généralement on parcourt avec son enfant ? Moi, j'ai eu la chance de devoir m'arrêter quatre fois par jour, de tirer mon lait vingt à quarante minutes chaque fois. C'était pesant, difficile, cela me limitait dans mes déplacements, mais cela me mettait dans la situation d'une nouvelle mère, dans cet état très particulier d'ensommeillement, de lassitude, d'euphorie et de sentiment d'enchaînement que nous connaissons toutes. De cela même j'avais besoin. La liberté que m'aurait causée une sortie de maternité sans enfant ni allaitement à assurer nous aurait été sans doute néfaste à tous deux.

En fait, je refusais de couper le cordon. Je ne voulais pas que cet enfant soit déjà né. La nuit, dans mes rêves, je le portais encore en moi. Par le lait, un lien était maintenu. En fait, moi à ma machine, lui à sa machine, nous n'étions pas encore tout à fait séparés. Le risque était d'ailleurs dans ce rapport à la machine, médiatisé par la machine. Valentin ne pouvait plus s'en séparer. Moi, quand Valentin allait bien, elle me rassurait ; quand il allait mal, je me ressaisissais contre elle ; ses tractions mécaniques, régulières, sans âme, m'enlevaient tout désir, me laissaient figée, de devoir, comme morte. Il fallait que s'instaure une relation instrumentale, technique. Aussi, un espoir fou m'a traversée, celui qu'en continuant à entretenir en moi le lait, j'attendais le moment des retrouvailles, le moment où je pourrais enfin allaiter mon enfant. Espoir démentiel... un mois, deux mois... Je n'osais en parler, c'était encore plus fou que l'espérance de vie non encore formulable. Cela s'est pourtant réalisé, à sa sortie de couveuse, au bout de deux mois et demi. Personne n'y croyait. Lui et moi, si ! Il a su tout de suite. Je l'ai senti calmé et heureux. Cela a été un grand moment de bonheur : j'ai su qu'il était mieux, qu'il était bien. Cette certitude heureuse m'a aidée à surmonter les périodes angoissantes qui suivirent : les nouveaux arrêts respiratoires, une trop grande faiblesse pour pouvoir téter le biberon ou le sein. A son retour à la maison, il a recommencé à prendre le sein, de temps en temps, pour son plaisir et le mien. Il n'y avait pas grand-chose pour s'y nourrir, mais c'était pour la chaleur, pour la tendresse. « A l'enfant il faut la chaleur de la mère », je vivais dans ma chair la justesse de ce proverbe gascon ancien. A son cinquième mois, quand lui-même en a décidé ainsi, il a repoussé de lui-même le sein, rompant de lui-même le cordon, effectuant tout seul le passage du nourrisson au bébé. Cela aussi nous a aidés tous les deux à grandir.

Enfin, allaiter Valentin m'a permis de ne pas désespérer, de me sentir participer à la lutte que menaient mon enfant et les médecins. Je savais ma présence, notre présence, nécessaire. Voir Valentin, le caresser était le moment fort de la journée. Mais ce n'était pas, concrètement, l'aider à lutter ; cela ne se traduisait pas, directement, par une amélioration de son état, même si maintenant j'en mesure l'importance et si, intellectuellement et affectivement, j'en étais intimement persuadée. Le lait, c'était le lien qui nous unissait, la chose concrète que je lui donnais, la preuve effective, à la maison, pour les autres enfants, que le petit frère n'était pas un mythe. C'était la traduction de ma nécessité intérieure de ne pas laisser passer un jour sans le voir. Il fallait porter le lait, c'était l'argument simple pour tous ceux qui ne pouvaient comprendre qu'il m'était impossible de couper le cordon, cette impression que j'avais de le tenir à bout de bras en le voyant chaque jour. Le lait, c'était la vie, en quelque sorte. Ce l'était d'autant plus que mon lait n'était pas reversé à un lactarium anonyme. Je savais que, si peu qu'il y en ait, il serait donné à mon enfant. Je me souvenais de la correspondance intime que l'on établissait autrefois entre le lait d'une mère et son enfant. Je la ressentais profondément en moi. Comment ne pas y croire, d'ailleurs, quand je voyais que la seule chose qui allait bien était qu'il digérait sans problème, que cet écueil, dont on m'avait dit la gravité, ne semblait pas se présenter ? Aussi, je me suis accrochée, jour après jour, à cette courbe de poids qui augmentait. Je savais bien que ce n'était pas là le vrai problème, mais je recopiais cette courbe, je la regardais avec impatience, jour après jour. C'était, en fait, la seule chose sur laquelle j'avais l'impression d'avoir un peu prise, à laquelle je pouvais me raccrocher.

Je m'y raccrochais tellement que, là, est apparu un cercle vicieux dont je n'aurais su me dégager seule. Quand Valentin allait bien ou mieux, j'étais plus détendue et j'avais plus de lait ; quand il allait plus mal, je ressentais davantage le poids de ma fatigue intense dont j'éprouve encore les effets. Alors, mon lait diminuait. Je pouvais le tirer une demi-heure à une heure même sans recueillir plus de 20 à 30 grammes. J'avais peur qu'il ne tarisse. Cela mettait beaucoup plus en jeu que le lait lui-même. Aussi, je cherchais les moyens d'en avoir. Là, les conseils des amis, les vieilles recettes anciennes m'ont été utiles : du galactogène à la tisane d'orge, en passant par la bière sans alcool, j'ai ingéré beaucoup de choses, avec sûrement un certain succès puisque, malgré tout, j'ai continué à avoir un peu de lait. Sur ce point, j'aurais quand même aimé me trouver en face de médecins connaissant les mécanismes de la lactation et susceptibles de me donner des conseils. Mais, en fait, dans ce domaine comme dans beaucoup d'autres, on ne savait pas tout, et le grand mérite de l'équipe médicale a été de ne jamais me jouer la comédie. Je crois cependant que personne — moi-même non plus — n'a pleinement réalisé ce que représentait pour moi l'allaitement. On essayait de me consoler, surtout quand Valentin n'était plus en couveuse, en me disant qu'il était devenu capable de passer à un autre mode d'alimentation et qu'en cas d'urgence, on pouvait faire appel au lactarium. En fait, ce n'était pas là uniquement le fond du problème. Bien sûr, cela me désangoissait de savoir que la vie de mon enfant ne dépendait pas de ma faculté à avoir ou non du lait. Mais, en même temps, je craignais que l'on ne me dise d'arrêter de tirer du lait : pour moi, cela aurait signifié la menace d'arrêter la machine qui aidait Valentin à lutter. Je pense que tout ce contexte a été intuitivement senti par l'équipe soignante remarquable qui a toujours pu me faire exister dans un rôle défini. Sans que jamais le problème du peu de lait soit directement abordé par eux, ils ont su me laisser faire.

Un peu bêtement pour un observateur extérieur, tout le temps que Valentin était en danger, j'ai suivi rigoureusement les consignes qui m'avaient été données au départ : pas d'excitants — adieu au café ou au thé du matin — pas de médicaments, y compris l'aspirine, pas de tranquillisants bien sûr. Cela a été dur. Quand, dans une conversation avec une interne, j'ai compris que cela était inutile, j'ai repris avec beaucoup de bonheur mon cher café. Cela dit, à côté de la nécessité médicale, je retrouvais là la vieille importance des rituels scrupuleusement exécutés, des interdits respectés dont dépendait la vie de l'enfant. En fait, allaiter me faisait penser à la vie, me détournait de l'idée de la mort. C'est en partie sans doute à cause de cet espoir sans cesse maintenu que Valentin a trouvé la force de vivre et va maintenant si bien... S'il n'avait pas vécu, je crois que le deuil aurait été facilité par cette existence qui aurait été, par ce souci qui en aurait été pris... Mais, comment savoir ?...

J'ai plusieurs fois fait allusion aux pratiques anciennes. En effet, deux ans environ avant cet accouchement, donc bien avant qu'il soit question de Valentin, j'avais rédigé un livre, conclusion d'une série de travaux sur les rapports mère-enfant dans la France traditionnelle. J'y avais été confrontée à l'anxiété des mères face à la fragilité et à la mort de leurs enfants, aux rituels compensatoires qu'elles effectuaient pour les protéger. Le livre était sous presse au moment de la naissance. Sur le moment, une telle coïncidence entre mes recherches et ma vie personnelle m'a terrorisée. J'ai eu, profondément, le sentiment d'une relation de cause à effet :

la transgression du savoir ou la contagion de l'angoisse ancienne m'aurait précipitée dans une situation identique à celle que je dépeignais. Cette impression s'imposait d'autant plus que l'on ne trouvait pas de causes médicales à mon accouchement prématuré : j'allais très bien au moment d'un déclenchement que rien, aux visites précédentes, ne laissait prévoir. Au début, j'ai eu un sentiment de répulsion par rapport à ce livre. Les choses ne se sont renouées que petit à petit. Je n'ai pu me remettre à un article sur mes travaux précédents qu'après le retour de Valentin à la maison. Maintenant, je ne refuse plus cette coïncidence : le présent article en est la première manifestation. En fait, cette expérience personnelle m'a permis d'entrevoir — et je n'en prends pleinement conscience que maintenant — l'impact que peuvent avoir les traditions anciennes sur l'actuel. J'étais dans une situation de science-fiction pour ainsi dire ; pourtant, sans d'ailleurs m'en rendre tout à fait compte, je me retrouvais sœur des femmes d'autrefois, dans mes gestes, dans les rituels que j'adoptais. Bien sûr, nous étions objectivement semblables : nous étions rapprochées par la proximité de la mort et l'anxiété par rapport à elle. Mais il y avait bien plus : l'attitude de l'entourage à l'égard de sa familiarité. Pour la société d'autrefois, la mort d'un enfant était fréquente, presque inévitable. Pour notre société, un fœtus de 5 mois et demi ne peut vivre, il s'agit d'une simple fausse couche. Tout cela, comme j'avais essayé de le dire dans ce livre écrit quelques années avant, n'exclut pas l'anxiété, la tristesse, la douleur, quelque aberrant que cela puisse paraître à des observateurs extérieurs. Dans l'un et l'autre cas, l'allaitement était central. Autrefois, il était la condition indispensable de survie d'un nouveau-né. Maintenant, il n'en est plus de même, mais pour moi, dans la réalité comme dans mon imaginaire, allaiter mon enfant était ce qui lui donnait la vie. Je pense cependant que ce parallélisme n'est pas une aventure fortuite où, dans des cas exceptionnels comme le mien, passé et présent se retrouvent autour de la menace qui pèse sur un enfant. Mon anxiété, la nécessité d'allaiter, ont été le miroir grossissant qui m'a permis de comprendre la profondeur et la vérité des rituels anciens concernant la petite enfance. Heureusement, sans doute, avant cette naissance, mon travail scientifique avait franchi une première étape. Dans le cas inverse, j'aurais probablement eu du mal à échapper à l'écueil de projeter mes propres sentiments sur ceux des mères d'autrefois. Il s'agit là d'un problème réel. On ne peut s'empêcher, au départ d'une recherche, d'impliquer ses propres désirs, ses propres incertitudes, dans les hypothèses que l'on cherche à tester. Il s'agit là d'un préalable sans doute nécessaire pour que la recherche soit fructueuse. Ce n'est pas par hasard si ce sont des historiens hommes qui ont insisté sur les méfaits des nourrices, en prenant le point de vue de la médecine savante, et si ce sont des femmes qui ont cherché à comprendre les pratiques effectives des mères. Mais, il faut parvenir à dépasser ce point de départ ou à le contrôler assez pour que la recherche puisse avoir ses propres finalités. Pour moi, ce n'est que deux ans après le choc de cette naissance que je peux porter dessus un regard moins passionné, permettant une analyse et une écriture.

De façon plus générale, l'écueil est double quand on met en rapport les traditions anciennes avec notre présent. On peut juger et condamner ces traditions à l'aune de notre propre savoir, estimer, par exemple, comme négligence le fait de laisser sale la tête des jeunes enfants alors qu'il s'agit simplement d'une autre rationalité [1]. On peut également déconnecter ces traditions, ces rituels, du contexte de temps et d'espace social dans lequel ils sont enracinés et — en confondant forme et contenu — vouloir les reproduire tels quels à notre époque. C'est, là également, un point de vue extérieur et dangereux. Ce qui est nécessaire comme préalable, même dans un souci d'application actuel, c'est de comprendre ces comportements, ces attitudes, ces rituels anciens, dans la cohérence qui leur est propre. C'est à partir de là que la signification symbolique qui en surgit se met à résonner profondément en nous. A nous, à ce moment, d'en faire naître nos propres rituels, nos propres objets, nos propres gestes. Cela est possible, même dans un contexte différent, hospitalier et techni-

1. Nous ne développerons pas ce point dont l'analyse fait justement l'objet de l'étude précédemment citée : *Le Jeune Enfant et son corps dans la médecine traditionnelle*, Paris, Flammarion, 1978.

que et non familial et corporel, ma propre expérience en est le témoin.

Que nous apprennent donc les femmes d'autrefois, ces « nourrices » auxquelles on a tant reproché ? Jusqu'à la mise au point de techniques alimentaires fiables, un enfant ne pouvait survivre que s'il était alimenté au sein. Garde des enfants et nourriture se confondaient donc, si bien que le terme « nourrice », encore employé, s'adresse à la personne qui s'occupe d'un jeune enfant. Nous n'entrerons pas ici dans le débat très controversé de la mise en nourrice par les femmes des villes. Notre propos est plutôt de partir de ces nourrices, de ces femmes de la campagne à qui on confiait les enfants des autres justement parce qu'elles allaitaient leurs propres enfants. Elles ont été accusées de négligence pour leurs pratiques, considérées comme responsables de la mortalité infantile par leur indifférence et leurs attitudes mercenaires. Cette condamnation englobe en fait toutes les mères rurales dans la même réprobation comme si la familiarité de la mort entraînait nécessairement une indifférence à l'égard de la vie, comme si le fait de travailler, d'être épuisée, entraînait nécessairement des comportements infanticides et destructeurs. Bien sûr de telles pulsions ont existé, mais, comme nous avons essayé de le montrer, les pratiques des mères ont une rationalité différente. En fait, on retrouve de nos jours la même attitude culpabilisante à l'égard des femmes, surtout quand elles travaillent et sont heureuses de le faire, comme si leurs désirs étaient nécessairement contraires au bien de l'enfant, comme si elles ne pouvaient avoir à la fois deux centres d'intérêt et d'affection.

L'allaitement était donc la pratique centrale et vitale pour l'élevage du nouveau-né autrefois. Mais c'était bien plus qu'une nourriture, il revêtait une autre signification, celle d'achèvement de l'enfant, de prolongement du cordon ombilical. D'où toute une dialectique entre l'allaitement et le sevrage, entre le lien avec la mère et la socialisation, dont une série de rituels rend compte.

Autrefois, en milieu rural, il était évident qu'une mère devait allaiter son enfant. C'était sa seule possibilité de survie. Cela faisait donc partie de son rôle économique et social, c'était le prolongement de son rôle d'enfantement : « Pain d'homme et lait de femme font venir les enfants forts », dit le proverbe. Ce proverbe, au sens littéral comme au sens métaphorique, renvoie à la complémentarité nécessaire de l'homme et de la femme, indispensable à l'équilibre de la maisonnée, en milieu agricole. Ce rôle de la femme, non facultatif comme maintenant, est si indispensable, si essentiel qu'on y prépare parfois les petites filles dès la naissance. Ainsi, il arrivait que l'on façonne les mamelons d'une petite fille dès la naissance afin que plus tard elle soit une bonne nourrice. Maintenant encore, cette idée de posséder en soi, dès la plus petite enfance, une aptitude à nourrir les enfants est fortement enracinée. Ainsi, dans une enquête récente en Normandie, on nous a expliqué que l'aptitude à nourrir un enfant était en quelque sorte héréditaire : « Si une mère a nourri elle-même sa petite fille, cette petite fille devenue mère pourra elle-même nourrir ses enfants ; sinon, cela ne sera pas possible, elle n'aura pas de lait. » Cette remarque peut faire sourire. Au-delà de sa matérialité, ne contient-elle pas, comme le rituel de façonnage des mamelles dont il faut dépasser la brutalité et le caractère néfaste, un pressentiment que, dans les rapports mère-nourrisson, quelque chose peut passer, une certaine chaleur, une certaine tendresse, qui accompagnera l'enfant toute sa vie durant ?

Actuellement, une femme qui ne peut ou ne veut nourrir son enfant conclut souvent : « De toute façon, ce n'est pas possible, je n'ai pas assez de lait. » Trop souvent son entourage, infirmières y compris, n'insiste pas, ne cherche pas à approfondir, sous cette réponse, ce que cela signifie des rapports avec son enfant, avec sa vie propre. Autrefois, quand une femme avait peu de lait, cela pouvait être dramatique. Aussi, on connaissait beaucoup de procédés qui, comme toujours dans la médecine populaire, allient l'empirique et le symbolique. Ce sont les nombreuses infusions de plantes, c'est aussi la « bière de nourrice ». Mais ce sont aussi les remèdes de type magico-religieux, indissociables des premiers : l'invocation à sainte Agathe à qui le martyre des seins arrachés a conféré le pouvoir d'intercéder pour les nourrices auprès de Dieu. C'est également l'agate — doublement symbolique du fait de son nom et de sa couleur laiteuse — médaillon qui se transmet dans les familles et que les jeunes mères se suspendent au cou afin que leur lait soit abondant et de bonne qualité.

Mais, le fait d'être vital n'empêche pas à l'allaitement d'avoir d'autres significations, plus proprement symboliques. Au contraire, sans doute, de même que pour le corps son emploi quotidien comme instrument de travail le rend d'autant plus apte à assurer une fonction symbolique, de même, autour de l'importance vitale de l'allaitement, se cristallise tout un ensemble de rituels fondamentaux.

L'allaitement est ainsi central dans l'image que l'on se fait du petit enfant dans ses rapports avec sa mère. A la naissance, en effet, l'enfant n'apparaît pas comme achevé, et toute la tâche de l'entourage va être de l'aider à pénétrer, une fois terminé, dans la société des hommes. A cela, sa mère est indispensable, d'une double manière ambiguë. Elle l'aide à s'achever, et on ne peut que difficilement la remplacer dans ce rôle ; elle doit accepter qu'une fois terminé, il la quitte et entre dans la société : c'est le sevrage. Cette acquisition d'autonomie est progressive et se fait pendant toute la petite enfance.

L'enfant qui naît, comparé à un petit animal, n'est ni achevé ni autonome. Cela préoccupe beaucoup les mères ; et le maillot puis les porte-bébé sont en fait des instruments préventifs destinés à leur maintenir les jambes et à les aider à tenir debout. Avant la naissance, la mère et l'enfant étaient censés former un organisme unique : les émotions, les désirs de la mère, ses craintes également se répercutaient directement sur le corps de l'enfant. Telle était l'explication des envies ou de certaines « monstruosités ». Cette relation étroite n'est pas rompue à la naissance avec le cordon ombilical. Elle est prolongée par l'allaitement. Tant que la mère nourrit son enfant, il ne peut former un organisme autonome car il ne saurait survivre. Son rapport au sein prend la succession du rapport au cordon. Ce parallélisme est si évident que plusieurs pratiques jouent sur cette équivalence. Ainsi, très souvent, pour préserver les accouchées du mal de sein, on les frottait avec le cordon ombilical (on met donc en relation les deux systèmes nourriciers) ; ou encore, dans deux régions différentes de France, sang du cordon et lait du sein ont une position homologue : dans les hautes Vosges, on passe trois fois le cordon sur les yeux de l'enfant afin de lui éclaircir la vue ; en Normandie, pour combattre les ophtalmies, la jeune mère fait jaillir une ou deux gouttes de son premier lait dans chacun des yeux de son bébé.

La transmission héréditaire n'est pas achevée à la naissance. Par le lait « passe » encore quelque chose des qualités ou des défauts de la mère. De là viennent toutes les recommandations, présentes également dans la médecine savante de l'époque, pour le choix d'une nourrice [1]. Elles sont moins détaillées dans la culture rurale traditionnelle dans la mesure où la mère elle-même allaitant son enfant, la transmission par le lait continue tout naturellement la transmission « par le sang ». On pensait également qu'il y avait une conformité parfaite entre le lait de la mère et son enfant, tant du point de vue de la qualité intrinsèque que du point de vue de l'âge du lait. Il paraissait, par exemple, tout à fait mauvais de donner à un enfant nouveau-né du lait d'une nourrice ayant accouché depuis cinq ou six mois, qui aurait donc été « trop fort ». Cette croyance persiste en ce qui concerne l'alimentation artificielle. Par exemple, dans l'enquête récente en milieu rural que nous citions plus haut, les agricultrices disaient faire très attention au lait de vache dont elles nourrissaient leurs enfants, elles veillaient non seulement à ses qualités sanitaires, mais également à une conformité selon l'« âge du lait ». Pour cela, soit elles attribuaient à l'enfant une vache nourrice dont elles étaient sûres en ce qui concerne la régularité de la qualité du lait, soit elles mélangeaient attentivement le lait de plusieurs vaches afin d'annuler les inconvénients.

Mais il se passait beaucoup plus dans cet attachement continu entre mère et enfant. « A l'enfant il faut la chaleur de la mère », dit le proverbe. Cette chaleur, c'est tout d'abord la chaleur matérielle, indispensable aux êtres faibles, malades, vieillards, enfants. Mais c'est également la chaleur *in utero,* la tendresse qui fait

1. Voir GELIS (J.), MOREL (M.-F.) et LAGET (M.) : *Entrer dans la vie*, Paris, Gallimard, 1978.

vivre : « Le chaud est la vie, le froid est la mort », dit un autre proverbe. En fait, allaitement, tendresse et chaleur sont sans cesse confondus dans les pratiques anciennes. C'est souvent au coin du feu que la mère allaite son petit, faisant coïncider ce moment avec celui du change, où elle joue avec le petit corps libéré du maillot. La nuit, elle garde son tout-petit près d'elle, dans le lit, « de peur qu'il ne lui arrive quelque chose » ; elle le protège dans la chaleur de son corps, de son odeur, elle le nourrit à sa demande.

Pendant toute la période où la mère allaite son enfant, ses intérêts sont orientés essentiellement vers lui. La société l'admet car c'est là une question de survie. Elle ne peut avoir d'autres désirs, d'autres passions. On croit d'ailleurs que des émotions trop violentes pourraient tarir ou gâter le lait. D'où le tabou sur les relations sexuelles pendant l'allaitement, tabou parfois enfreint d'ailleurs, mais dont l'importance est certaine au niveau du discours. La mère est trop tendue dans l'achèvement du petit être qui vient de naître pour avoir d'autres désirs. D'où, également, le problème si — enfreignant ce tabou — elle est enceinte avant le sevrage. Elle ne peut nourrir deux enfants de son sang et de son lait à la fois. L'enfant le plus vieux « suce les pieds à l'autre », dit-on. Elle se trouve alors devant un choix insupportable : risque de fausse couche on risque de mort d'un enfant non encore assez mûr pour être séparé.

En fait, tout le sevrage se fait progressivement. Du point de vue matériel, très tôt l'enfant est habitué à une nourriture mixte. Si le lait maternel en constitue l'élément principal, on lui donne cependant des petites bouillies, des panades mijotées lentement et avec tendresse au coin du feu : « La bouillie du petit enfant, la Sainte Vierge a mis le doigt dedans », dit un joli proverbe breton. Quoi que l'on puisse penser de cette pratique, sans doute dangereuse d'un point de vue médical, elle avait l'intérêt de préparer progressivement l'enfant à une nourriture solide. D'un point de vue plus symbolique, le sevrage, c'est la séparation d'avec la mère, le passage de l'enfant d'une cohésion charnelle à une relation plus socialisée. Toute la petite enfance y prépare la mère comme le nourrisson : en fait, le sevrage n'est pas un moment mais une période. Ainsi, la socialisation commence au moment de la naissance par une série de rituels où le village, la famille, le père enfin, accueillent l'enfant. Mais, la première étape, très importante, est celle du baptême, seconde « venue au monde », mais au monde social, de l'enfant. A ce moment, l'enfant reçoit un nom qui le rattache souvent à la lignée familiale, un parrain, une marraine ; il prend une existence dans la société. Il rentre ainsi au rang des hommes, quittant le règne de la nature pour celui de la culture. Entre la naissance et le baptême, il erre, en fait, entre deux mondes, il est en danger, proie du démon, cible des ancêtres défunts qui risquent de le rappeler à lui. C'est dans cette optique que l'on peut comprendre la coutume de laisser l'enfant à jeun après la naissance. En fait, les théories médicales sur le colostrum sont un discours parallèle ou rationalisant des craintes et croyances beaucoup plus profondes. Dans la culture rurale, la mise à jeun de l'enfant ne s'explique pas en relation avec le colostrum mais avec la date du baptême : on attendait que l'enfant soit baptisé pour le nourrir. En premier lieu, on craignait que le démon ne profite du lait pour pénétrer à l'intérieur de l'organisme de l'enfant et l'attirer à lui, dans cette période intermédiaire où il en était la proie facile. Notons à ce propos que le lait, nourriture douce, est celle où s'engendrent les vers, mais aussi celle dont raffolent les serpents, donc, pourquoi pas ? les démons dont c'est l'apparence de prédilection. Ainsi, un ex-voto de remerciement à sainte Anne d'Auray représente un enfant rejetant un ver à deux têtes ; ce ver peut encore être un serpent bifide : de nombreuses légendes parlent de serpent ayant plongé dans le gosier d'un enfant pour y rechercher le lait dont il est friand ; ce peut être aussi un démon dont l'enfant aurait été possédé.

Mais, en cette période intermédiaire, le jeûne de l'enfant pouvait également signifier un moment de rupture symbolique par rapport à sa mère, un moment d'attente afin que l'enfant naisse vraiment, acquière une existence sociale pour que sa symbiose avec sa mère se transforme en relation d'achèvement.

Pour la mère comme pour l'enfant, le sevrage est une période difficile et dangereuse. Il convient donc de le préparer progressivement et soigneusement. Le désir de la mère est en effet ambigu et dangereux. Elle désire conserver la chaleur de son enfant tout petit, mais elle veut également le mener à une autonomie sans laquelle il ne peut vivre. La période du sevrage proprement dit est donc difficilement vécue, même si elle a été préparée soigneusement.

C'est l'apparition des dents qui marque cette période, que ce soient les premières, les vingt premières ou les dernières, le plus généralement. Les mères ont toujours tendance à retarder cette limite qui, quelle qu'elle soit, met toujours les dents en jeu. L'explication donnée, surtout par des auteurs savants comme Buffon, est que l'apparition des dents est la « signature » extérieure de ce que l'enfant est apte à la nourriture solide. Il a également été dit que l'enfant denté risque de faire mal à sa mère. Ces deux explications sont un peu rapides, mais, en les approfondissant, on avance dans la compréhension du problème du sevrage et de ses significations symboliques. On se trouve, en effet, devant un paradoxe. La coïncidence de l'époque du sevrage avec celle de l'apparition des dents rend particulièrement dangereuse cette période car deux sortes de menaces y coïncident : celles qui sont liées au changement de nourriture (troubles digestifs graves dont la fameuse « diarrhée verte »), celles qui sont liées à la percée des dents (cris prolongés dont on craignait qu'ils n'entraînent des convulsions, affaiblissement général de tout l'organisme). Il fallait donc des motivations bien puissantes pour faire coïncider ces deux périodes.

L'enfant qui a des dents est en tout premier lieu un enfant achevé, ce qui renvoie à la première explication. Généralement, les dents sont la dernière acquisition corporelle de l'enfant. Un enfant denté, achevé, est donc un enfant autonome prêt à se mouvoir dans la société sans le secours constant de sa mère. Mais, la dent a un symbolisme phallique évident, ce qui renvoie à l'agressivité, sous-jacente à la deuxième explication. Un enfant denté est donc un enfant sexué. Il ne lui est plus permis d'avoir des rapports charnels étroits avec sa mère qui deviendraient incestueux. Aussi, l'apparition des dernières dents marque la fin des relations privilégiées entre la mère et son enfant. Le tabou sur les relations sexuelles avec le mari est donc levé ; une nouvelle grossesse est alors souvent entamée. Le proverbe le dit bien : « Qui a des dents de bonne heure a bientôt des frères et sœurs. » Le symbolisme phallique est ici évident : la dent, c'est à la fois l'acte sexuel et l'enfant.

Cependant le sevrage, cette coupure, est redouté car il fait peser une menace sur l'enfant : « Qui a bientôt les dents, bientôt perd ses parents. » C'est une perte symbolique, celle du lien privilégié qui est noué entre la mère et son dernier-né. C'est également une perte concrète, celle de la chaleur corporelle qui risque de se terminer par la perte la plus radicale qui soit : la mort.

Aussi les mères ont toujours peur de sevrer leurs enfants, d'autant plus que l'allaitement leur confère une série de prérogatives : un travail moins dur et moins soutenu, pour pouvoir suivre le rythme de l'enfant et pour avoir un lait de bonne qualité, une certaine contraception. Le proverbe : « Tant que l'on nourrit, l'on rit » évoque bien cette joie de l'allaitement, joie charnelle à une tendresse sans failles en même temps que moment de répit dans la dureté de la vie.

C'est également en cela que l'allaitement est central et actuel puisqu'il cristallise les rapports entre société et maternité. Tant qu'il est nécessaire à la survie de l'enfant qu'une femme allaite, cela est tout à fait admis. Quand cela se prolonge, pour son plaisir, cela n'est plus toléré car cela nuit à ses autres tâches. Ainsi, de nos jours, sauf pour les enfants particulièrement fragiles, il est rare qu'une femme rurale allaite car cela l'empêche de poursuivre ses activités quotidiennes avec la même célérité. En effet, la motivation n'est plus la survie de l'enfant mais son désir et celui de sa mère. Une suspicion de même nature entoure d'ailleurs la mère qui travaille non par besoin mais par plaisir. Toute une connotation idéologique embrume le problème de l'allaitement dans ses rapports avec la société. C'est, en fait, le rapport de la femme avec le travail et le monde extérieur qui est en cause. L'appel véhément de Rousseau aux mères est significatif de cet impact idéologique. C'est une analyse du problème en termes individuels de tout et de rien ; c'est une culpabilisation des mères et de leurs désirs, souvent ambigus, et non une remise en cause du fonctionnement de la société. Dans ce cas, l'allaitement maternel devient symbole du maintien des femmes au foyer et constitue un excellent argument dans des périodes de chômage. L'intérêt des mères rurales — et la raison idéologique profonde du dénigrement dont les nourrices ont fait l'objet — est qu'il ne s'agit pas de tout ou rien, il s'agit d'une conciliation entre le travail et l'allaitement, parfois chèrement acquise, certes, mais sans dislocation du corps entre travail et maternité.

Aussi, petit à petit, l'enfant passait de la chaleur presque exclusive qui l'unissait à sa mère à une socialisation plus grande, dans les rapports avec son père, ses frères et sœurs, le voisinage. Ce passage était souvent bien fait, facilité par l'absence de frontières entre vie domestique et vie professionnelle, par tout un réseau de gestes et de rituels.

Personnellement, dans d'autres circonstances, j'ai éprouvé l'importance centrale, concrète et symbolique à la fois, de l'allaitement. Dans cet exemple extrême, j'ai pu me rendre compte de la nécessité de ce temps rituel qui prolonge le duo mère-enfant pour en amorcer la séparation. Me souvenant de mes autres maternités, il me semble que cette expérience, bien qu'extrême, est généralisable, qu'elle reflète, enrichie des rituels passés, beaucoup de nos rapports confus, dans l'allaitement, avec notre propre corps, celui de nos enfants ; avec la société. A nous maintenant de découvrir, dans notre cadre social actuel, de nouveaux gestes, de nouveaux rituels qui, tenant compte de la spécificité d'un allaitement coupé de la nécessité de survie, en retrouveraient le symbolisme.

Où en est-on ?

- L'évolution de l'allaitement maternel en Occident
- Situation actuelle dans le monde
- Allaitement maternel en France : 1972-1976

L'évolution de l'allaitement maternel en Occident

E. Alfred Sand

Laboratoire d'épidémiologie
et de médecine sociale
Bruxelles

Introduction

Depuis un demi-siècle environ, dans les pays industrialisés, comme dans les pays en voie de développement, de jeunes enfants ne bénéficient plus de l'allaitement maternel. Quand cet allaitement est instauré, il l'est habituellement pour peu de temps et, pour diverses raisons, les mères renoncent rapidement à ce mode d'alimentation. Auparavant, depuis des millions d'années, l'enfant humain était, au contraire, pendant de longs mois, pendant des années, nourri au lait maternel (1,10,20,27) [1].

Certes, personne n'a pu, jusqu'à présent tout au moins, démontrer que, dans les zones tempérées, en Europe occidentale en particulier, l'allaitement artificiel comportait des risques majeurs pour le développement physique et mental de l'enfant.

Si cette démonstration n'a pu être faite, l'innocuité de l'allaitement artificiel généralisé n'a pas davantage été démontrée (16).

De plus, à l'heure actuelle, les pédiatres, les psychologues, qui plaident pour un retour à cet allaitement, se trouvent comme en situation d'accusés. Tout se passe comme si c'était à eux de démontrer le bien-fondé d'un mode d'alimentation parfaitement adapté qui existe

1. Dans cet article, les chiffres entre parenthèses renvoient aux références bibliographiques de la p. 60.

depuis une période extrêmement longue. En réalité, il faudrait se demander dans quelle mesure ce n'est pas aux défenseurs de l'allaitement artificiel d'apporter des preuves fondées sur des recherches à long terme de la supériorité de ce mode d'alimentation.

Notons en passant que ces réflexions sont en accord parfait avec les recherches actuelles sur les influences à long terme de certains facteurs nocifs de l'environnement physique sur la santé de l'homme, facteurs qui agissent en petite quantité, à petites doses, mais pendant de longues périodes.

Notre propos n'est pas de prôner un retour général à l'allaitement au sein, ni d'obliger qui que ce soit à pratiquer ce mode d'alimentation et encore moins de culpabiliser de jeunes mères qui préfèrent pour de bonnes raisons recourir à l'allaitement artificiel.

L'expérience montre cependant de façon claire qu'une proportion extrêmement élevée de jeunes femmes et de jeunes pères, ignorent complètement les avantages et les inconvénients des diverses modalités d'allaitement de leur enfant. Les décisions prises à ce propos le sont très souvent pour des motifs peu clairs, d'ordre secondaire ou sur la base de conseils fournis par des personnes peu compétentes.

Il est vrai également que la recherche scientifique dans ce domaine est difficile, que les conclusions des travaux de recherche sont souvent nuancées et que leur diffusion n'est pas aisée. Quoi qu'il en soit, les résultats des meilleures recherches faites jusqu'à ce moment méritent d'être connus, notamment du grand public.

Remarquons aussi qu'il est sans doute dangereux de généraliser à l'ensemble des pays occidentaux les conclusions des travaux de recherche, notamment en raison de la persistance de coutumes qui varient considérablement selon les pays, les régions ou les familles. Ainsi la proportion d'enfants nourris artificiellement ou nourris au sein varie considérablement selon les classes sociales par exemple ; elle varie selon l'état de santé des mères, selon les options religieuses, etc. (17, 21, 23, 28).

Toutefois, il importe de nous demander ce que l'on peut affirmer à ce sujet à l'heure actuelle et dans quel sens conseiller ou du moins informer les jeunes familles pour leur permettre de prendre une décision en connaissance de cause.

Terminons cette introduction en rappelant des options prises par l'Assemblée mondiale de la Santé à propos de l'allaitement maternel, notamment dans les pays en voie de développement. Ces options sont extrêmement claires et sont fondées sur les informations réellement alarmantes en ce qui concerne les ravages provoqués par l'allaitement artificiel dans ces pays (20).

Evolution de l'allaitement maternel en Occident

Toutes les recherches récentes sur ce thème indiquent une baisse continue et régulière de la fréquence de l'allaitement au sein depuis environ un demi-siècle. Cette évolution a débuté dans les classes sociales aisées, puis s'est étendue à l'ensemble des classes sociales européennes et nord-américaines. Depuis peu d'années pourtant, une tendance inverse semble apparaître (19), du moins dans certains groupes de population et notamment parmi les familles les plus instruites d'Europe et d'Amérique du Nord.

Est-il possible de cerner les raisons majeures qui permettent d'expliquer cette évolution ? En réalité, aucune étude systématique n'a été faite sur ce point. Les avis proposés par les divers chercheurs se réfèrent à de nombreux facteurs qui rendent plausible cette évolution ; mais en aucun cas on ne voit se dessiner une hypothèse d'ensemble. Les raisons mentionnées sont de divers ordres : social, médical, diététique, psychologique, etc. (10, 14, 15, 19, 21, 26).

Parmi les *raisons sociales*, il faut sans doute mettre l'accent sur l'évolution de la structure familiale. Il est vrai que la fragmentation de la grande famille en famille nucléaire a souvent entraîné l'obligation du travail professionnel pour la jeune mère. Comme par un syllogisme évident, on a tenté d'expliquer ainsi le recours implicite à l'allaitement artificiel. Des recherches plus approfondies semblent montrer toutefois que la fragmentation de la famille n'explique qu'une faible partie du phénomène. Le travail professionnel de la mère ne l'explique pas davantage ! Ainsi, en Union soviétique, une large majorité des jeunes mères exercent une activité en dehors de leur foyer et pourtant les jeunes enfants soviétiques sont plus fréquemment nourris au sein qu'en Occident (16).

En ce qui concerne l'*aspect diététique*, il est hors de doute que la mise au point de laits adaptés de façon plus judicieuse aux besoins digestifs du bébé a favorisé le recours à l'allaitement artificiel. La bonne qualité des conditionnements, de la conservation de ces laits, la possibilité pour les mères de stériliser effectivement les biberons ont également joué un rôle important dans cette évolution. Il est vrai que grâce à une bonne utilisation de ces laits spécialement adaptés, notamment des laits dits maternisés, les bébés se développent sans problèmes apparents.

Cette évolution doit être liée à une tendance générale à faire confiance aux découvertes de la science. On peut dire ainsi que l'approche rationnelle, « scientifique » prend le pas sur les habitudes ancrées, culturelles, sociales, psychologiques, affectives. En réalité par exemple, le recours à une alimentation artificielle dont la composition a été « judicieusement adaptée aux besoins des enfants selon les découvertes les plus récentes de la science » peut calmer les appréhensions de parents inquiets, rassurer ceux qui souhaitent échapper, pour des raisons peu claires, à une méthode d'allaitement ressentie comme trop empirique ou comme dépassée. Il s'agit là dans une certaine mesure d'un processus de confiance dans les découvertes des chercheurs. L'aspect rationnel de ces options a été ingénieusement décrit par Jeliffe qui parle d'un processus « linéaire » : « La supériorité implicite, automatique des produits de la machine fait partie de la linéarité occidentale et a conduit à un culte de la boîte (de conserve) ; tout ce qui sort d'une boîte de conserve est automatiquement considéré comme de bonne qualité. En ce qui concerne l'alimentation de l'enfant, ceci a signifié qu'une approche d'ingénieurs mathématiciens a pris le dessus (14). »

Dans le *domaine médical* proprement dit, les extraordinaires découvertes en matière de thérapeutiques médicamenteuses, chirurgicales, etc., ont, dans une large mesure, mis à l'ombre les découvertes moins spectaculaires des psychologues et des médecins, plus particulièrement en ce qui concerne le développement de l'enfant. Il est vrai que, en dépit des découvertes de la médecine, les jeunes enfants continuent largement à se développer à leur propre rythme, tant sur le plan psychologique que sur le plan physique.

Cette évolution cependant a conduit à négliger l'importance des simples phénomènes naturels, oubli qui a persisté pendant un certain nombre de décennies.

Une illustration de ce qui vient d'être cité se retrouve dans la faible part que prennent dans les ouvrages médicaux et dans les ouvrages pédiatriques les considérations sur l'allaitement maternel. Ce n'est que depuis peu de temps qu'une certaine attention est à nouveau accordée à ce problème.

D'autre part, ce n'est que dans de très rares cas, que l'allaitement maternel peut être contre-indiqué pour des raisons médicales. Celles-ci existent sans aucun doute et le médecin peut devoir en tenir compte pour décider de l'instauration d'un allaitement artificiel. Mais notre propos n'est pas ici d'aborder une problématique de diagnostic médical.

Envisageons à présent quelques *aspects psychosociaux* et, notamment, l'évolution des rôles de la mère et du père dans la dynamique familiale. Tout d'abord, sans doute en raison de la fragmentation de la famille, la préparation de la mère à son rôle futur est de plus en plus réduite. De plus en plus rarement, des enfants, des jeunes femmes ont-elles l'occasion de participer effectivement au développement des relations mère-enfant par l'observation d'autres membres de leur famille (14). Jadis, cette observation faisait partie de la vie quotidienne. Ainsi que le rappelle Jeliffe, d'autre part, les grand-mères qui apportaient jadis ce type d'information ne sont plus disponibles pour ce rôle. Elles aussi actuellement, de plus en plus souvent, exercent des activités en dehors de la famille et accomplissent d'autres tâches que de contribuer à l'éducation de leurs petits-enfants.

Les rôles respectifs, en matière d'éducation et de soins des enfants et des nouveau-nés, du père et de la mère restent à définir ou plutôt à redéfinir. Depuis quelques années déjà, notamment dans des familles de niveau d'instruction élevé, parmi les ménages d'étudiants par exemple, on voit apparaître un partage de plus en plus dynamique des tâches éducatives. Le père y prend un rôle actif, la mère renonce à certaines tâches et en accepte d'autres. Ce nouveau partage ne peut sans doute apporter que des bénéfices à l'enfant pris en charge ainsi affectivement par ses deux parents dès son plus jeune âge. Il est vrai toutefois que parmi l'ensemble de ces tâches, l'allaitement au sein ne peut être nullement partagé, pas plus bien entendu que la grossesse et l'accouchement lui-même. Il est intéressant de noter que, dans ces mêmes familles on observe un retour à l'allaitement maternel. Ce retour est associé, semble-t-il, à la prise de responsabilités plus importante par le jeune père. Cependant des études plus systématiques de cette évolution restent à faire.

De nombreux travaux mentionnent également l'évolution de l'attitude du public occidental vis-à-vis du *sein* et de ses fonctions alimentaire et érotique (14). Le malaise qu'éprouvent encore beaucoup de jeunes femmes à donner le sein en public semble lié à une attitude ambiguë du public à ce propos (19). A cela, il faut ajouter que notre société, décidément difficile à éduquer au point de vue psychosexuel, semble accepter avec difficulté l'idée que l'allaitement maternel puisse procurer à la jeune mère un réel plaisir à la fois physique et psychique lié au contact intime avec son enfant. Cela a été montré clairement dans un certain nombre d'enquêtes récentes (3, 5).

Voici quelques citations extraites d'une intéressante étude menée en France il y a quelques années (5) :

Questions à de jeunes mères :

- Pensez-vous qu'une mère ressente du plaisir à allaiter son enfant ?

OUI	195
NON	9
X	5
	209

- Avez-vous déjà vu une femme allaiter son enfant ?

OUI	167
NON	42
	209

- Qu'avez-vous ressenti ?

Ou bien la femme est restée indifférente, elle hausse les épaules, elle rit, elle répond : « Rien du tout » (N = 40).
Ou bien elle sourit, son visage s'illumine, elle répond :

— Une impression de bonheur, de beauté	42
— Une émotion intense	28
— Une impression de tendresse	28
— C'est tout à fait normal, c'est naturel	16
— Plaisir	8
— Envie	5
	127

Ces remarques faites par de jeunes mères ne nécessitent aucun commentaire et sont suffisamment explicites.

Une remarque encore à propos de la fonction érotique du sein. Y est associée, de façon quasi implicite, une compétition entre cette fonction et la fonction nourricière, le rôle alimentaire.

On doit se demander dans quelle mesure il existe réellement une contradiction entre ces deux types de fonction. Très peu d'études ont été réalisées sur ce thème précis et l'on imaginera aisément pourquoi. Les facteurs affectifs, voire passionnels, exprimés à ce propos tant par des hommes que par des femmes paraissent tellement prédominants qu'il semble difficile d'étudier cela d'une façon calme et objective. Il faut se demander néanmoins pour quelles raisons certains jeunes pères, certains maris, pourtant adultes, ayant dépassé leurs conflits infantiles, formulent des objections à l'allaitement maternel de leur propre enfant ? Ce qui est clair, c'est que les pères, dans la mesure où ils le souhaitent, en tout cas doivent pouvoir s'associer à la prise de décision sur le mode d'alimentation de leur enfant.

Sous forme de rationalisation peut-être, certains évoquent le risque de ptôse mammaire liée à la pratique de l'allaitement maternel [1]. Aucune étude sérieuse n'a pu montrer d'association entre allaitement et ptôse, sauf peut-être chez de grandes multipares.

Arrêtons-nous quelques instants aux problèmes des dépenses, aux *aspects économiques* des allaitements artificiel et maternel. Des études récentes ont montré que les dépenses liées à l'achat des laits artificiels sont environ trois fois plus élevées que celles nécessitées par un bon allaitement maternel (20, 22). Il est clair que dans les pays en voie de développement, cet accroissement des dépenses familiales peut conduire à des impasses budgétaires graves (12).

Un dernier point mérite d'être évoqué pour rendre compte de la baisse de fréquence de l'allaitement maternel. Il s'agit de l'influence considérable qu'exercent *les attitudes et les convictions du personnel médical et paramédical* des hôpitaux et des maternités (6, 7, 18).

De nombreuses recherches ont montré à quel point les jeunes mères et leur comportement actuel et futur sont tributaires des instructions ou des attitudes de l'équipe de soins en maternité. Il faut souligner également que l'expérience de l'organisation des maternités indique que l'instauration de l'allaitement artificiel est plus facile que celle de l'allaitement maternel. Celui-ci nécessite en effet du temps, un effort d'éducation sanitaire plus prolongé, de la patience et une réelle disponibilité d'esprit (1, 4, 20, 25).

En réalité, le rôle joué par le personnel soignant, notamment par les médecins et les infirmières des maternités, fut souvent extrêmement discret. Il semble qu'une proportion réduite de médecins, de membres du

1. A propos des conséquences éventuelles de l'allaitement sur l'esthétique des seins, voir p. 269.

personnel paramédical soit régulièrement informée des travaux de recherche récents faits dans ce domaine. Une proportion réduite également du personnel joue un rôle actif dans l'éducation des mères, que ce soit en matière d'allaitement maternel ou en matière d'allaitement artificiel.

Il est vrai aussi que des médecins comme d'autres membres de l'équipe soignante peuvent être influencés dans leur comportement et dans leurs attitudes par les informations — sans doute orientées de façon partiale — reçues de la part de représentants de firmes pharmaceutiques ou de firmes d'alimentation. Si à l'heure actuelle les informations provenant de ces firmes sont souvent nuancées, il n'en a pas été toujours ainsi.

A cela on pourrait ajouter sans doute également une tendance chez certains médecins à faire exagérément confiance à des formules alimentaires mises au point selon des « méthodes scientifiques rigoureuses ».

Remarquons ici que dans certaines cliniques, selon des observations personnelles et selon d'autres enquêtes, des équipes de soins, des médecins, semblent décider de la suppression de l'allaitement maternel sans même en informer la mère. Des jeunes mères effectivement signalent avoir reçu des traitements médicamenteux en vue de la suppression de leur lait sans que personne les ait consultées (22).

Il faut noter enfin que l'information des mères doit être faite précocement. Une recherche actuellement en cours à Bruxelles indique que les décisions en faveur de l'une ou l'autre méthode d'alimentation sont fréquemment prises dès le début de la grossesse.

Si l'on reprend les divers points évoqués en vue d'expliquer la baisse de l'allaitement maternel, on se rend bien compte qu'aucun d'entre eux n'emporte la conviction. Tout se passe comme si les décisions des jeunes mères et des jeunes futures mères étaient prises plus souvent en fonction d'éléments mal définis, voire même inconscients.

Les mouvements pour l'émancipation de la femme ont influencé de leur côté les attitudes des jeunes femmes envers la maternité et envers l'allaitement au sein (3, 14).

A juste titre, un certain nombre d'obligations, de « servitudes » imposées à la femme ont été remises en question, ou rejetées tout simplement.

L'allaitement, la grossesse, l'accouchement sont devenus pour certaines des symboles de ces servitudes. Dès lors, et pour autant que la famille ou le couple accepte la grossesse, la naissance et l'enfant, l'allaitement, et lui seul, peut encore être refusé.

Ici, il nous semble que l'on a créé un faux problème, une fausse alternative entre l'accomplissement d'une fonction sociale (travail, carrière professionnelle ou politique) de la femme et l'exercice d'une fonction maternelle et d'éducation. La durée de l'allaitement au sein, qui ne doit pas excéder six mois [1], n'entre pas nécessairement en compétition avec la profession, ni avec des loisirs... Mais il est vrai que sur ce point encore bien des problèmes restent sans solution, ne fût-ce que les moyens d'assistance sociale aux jeunes mères (lieux d'allaitement, crèches, congés de grossesse et de maternité, etc.).

Avantages et inconvénients de l'allaitement maternel

Est-il possible à l'heure actuelle de mettre en lumière certains avantages liés à la pratique de l'allaitement maternel ?

Des travaux récents soulignent effectivement divers avantages, au point de vue de la santé physique de l'enfant, de l'allaitement maternel sur l'allaitement artificiel : moindres risques d'infections, meilleur apport protéique et d'oligo-éléments en vue d'une croissance optimale du tissu cérébral, prévention de l'obésité, prévention de la mort subite du nourrisson, de la sclérose vasculaire (4, 11).

Toutefois de telles recherches méritent d'être poursuivies et étendues, les différences mises en évidence n'étant pas toujours significatives. Il faut également rappeler une nouvelle fois qu'il ne s'agit pas dans cette

1. Cette précision dans la limitation de la durée de l'allaitement est en désaccord avec ce qui est exprimé dans d'autres articles de ce numéro et notamment avec les opinions de la Leche League. (N.D.L.R.)

approche ni de culpabiliser ni de rendre anxieuses les mères qui souhaitent pour de bonnes raisons nourrir leur enfant au biberon.

Quant au développement psychologique, il échappe de façon encore plus marquée aux investigations systématiques. Il est certain que le choix de l'allaitement maternel n'est qu'un des aspects des relations profondes et complexes qui se créent d'abord entre la mère et son enfant, puis entre elle, le père et leur enfant. Il est clair aussi qu'il existe de multiples façons d'allaiter un enfant, soit de façon exclusive au lait maternel, soit de façon partielle, à heures régulières, à heures irrégulières, etc. (17).

Des travaux récents ont pourtant montré que l'enfant, au cours des premiers moments de la vie, peut-être déjà au cours des premières minutes de celle-ci, bénéficie de contacts proches, immédiats avec sa mère. Ainsi, un véritable dialogue suivi s'installe entre la mère et son enfant, dialogue qui, semble-t-il, une fois amorcé, continue à se développer d'une façon de plus en plus vive et de plus en plus active (3, 8, 18). Certaines études faites en Suède à ce propos par P. De Chateau sont particulièrement convaincantes. Cet auteur a mis en contact, peau contre peau, dès les premières minutes après la naissance, de jeunes bébés avec leur mère (22 mères primipares). Les relations entre celles-ci et leur enfant ont été comparées à celles d'un groupe contrôle examiné en même temps. Cette étude a été poursuivie durant une période de trois mois ; au terme de cette période d'observation, les modalités de contact et la qualité des contacts entre les deux groupes de mères et leurs enfants étaient significativement différentes ; notamment, une proportion moins importante de mères du groupe contrôle nourrissaient encore leur enfant au sein à l'âge de 3 mois. Les mères du groupe « contacts précoces » passaient davantage de temps à regarder leur bébé en face, à le caresser et à l'embrasser. Leurs enfants souriaient plus souvent et pleuraient moins souvent. De telles recherches méritent évidemment d'être poursuivies pendant des périodes d'observation plus prolongées.

Il est sans doute important de souligner également que cette relation plus étroite qui s'installe entre la mère et l'enfant est favorable non seulement à l'enfant, mais aussi à la mère (17).

Quant aux inconvénients de l'allaitement maternel, pour la mère, c'est principalement sa présence obligatoire auprès de son enfant au moment de chaque tétée qui peut créer des difficultés.

Par ailleurs, en dehors de l'existence de problèmes de santé précis, un allaitement maternel de quelques mois ne nuit pas à la santé physique de la mère (3).

Quant aux inconvénients éventuels pour l'enfant, personne n'a pu en montrer l'existence en dehors de contre-indications médicales spécifiques extrêmement rares (infection de la glande mammaire, tuberculose, etc.).

Conclusion

Rappelons tout d'abord à quel point il est important d'éviter des options simplistes. Il faut éviter aussi que ne s'installe dans l'esprit de certaines mères nourrissant leur enfant au biberon un sentiment d'inadéquation. Un biberon peut être donné à un enfant de façon tout aussi chaleureuse, tout aussi « proche » que le sein. Sans doute est-ce un peu plus difficile, peut-être est-ce un peu moins spontanément évident. Mais ici encore, ce qu'il faut à la jeune mère, c'est une information efficace sur ce point et une aide que le personnel médical devra de toute évidence pouvoir lui apporter.

Pour revenir enfin à l'évolution des modes d'allaitement dans nos pays, il importe de souligner en conclusion l'évolution actuellement plus favorable des attitudes des jeunes familles et même de certains médecins. Ainsi une représentation graphique élaborée par M.-J. Bonnal (19) montre une recrudescence en faveur de l'allaitement maternel sous l'influence notamment de mesures légales, d'une réorientation des services de santé, de la formation du personnel de santé, d'une éducation de la population. Dans certaines communes de Bruxelles, dans certains arrondissements de Paris, à l'heure actuelle, on assiste à un regain de faveur de l'allaitement maternel (9, 21).

Cela peut être l'expression d'une réorientation des

politiques en faveur de l'allaitement maternel appliquées dans des maternités ou d'autres organisations médicales. Il s'agit peut-être également de l'expression d'une meilleure information du grand public.

La pratique plus générale de la planification familiale intervient sans doute aussi. Nous avons pu montrer que des enfants désirés bénéficient plus fréquemment et plus longtemps de l'allaitement maternel que des enfants « non désirés » (23).

Il faut également mettre en lumière, à ce propos, le regain d'intérêt que suscitent, tant dans le grand public qu'au niveau du public scientifique, l'étude de l'environnement et la promotion de la qualité de cet environnement en vue de la promotion de la santé humaine, ainsi que le succès des mouvements en faveur de la protection de l'environnement animal et végétal, et de la protection de la nature.

Ce mouvement ne doit pas conduire à une méfiance absurde vis-à-vis des recherches et découvertes de la médecine, de la psychologie, mais à une juste valorisation de processus naturels, biologiques, dont on n'a jamais pu montrer que les bienfaits.

Soulignons enfin les points suivants :

1. L'allaitement, maternel ou artificiel, n'est qu'un des modes relationnels liant mère et enfant. L'évolution des modalités d'allaitement doit être située dans un contexte beaucoup plus large et, notamment, dans l'évolution démographique des pays industrialisés, caractérisés par une baisse continue et générale des taux de natalité. Celle-ci également est due à des causes multiples et partiellement peu claires. Il est évident que la simple existence de moyens contraceptifs n'explique pas tout le phénomène. Problématique à étudier de façon plus approfondie !

2. L'éducation pour la santé, l'information du personnel soignant doivent être considérablement renforcées. Il ne s'agit pas, bien entendu, de diffuser des slogans, mais bien de faire connaître l'ensemble des aspects des relations mère-enfant, père-enfant, etc.

3. L'éducation la plus dynamique se fait non par des leçons fondées sur une connaissance livresque des faits, mais par la transmission d'expériences vécues. Il est clair que l'information et l'éducation sur les méthodes d'allaitement devraient être fournies de préférence par des femmes, infirmières, médecins..., qui ont elles-mêmes connu ce qu'elles font connaître et qui, bien entendu, ont également pu étudier les publications scientifiques.

Eléments de bibliographie

1. BRIMBLECOMBE (F.S.W.) : « Influences on a mother's choice of method of infant feeding », in *Public Health* (London), 1977, *91*, p. 117-126.
2. Centre international de l'enfance (Paris) : Colloque sur l'allaitement maternel, Abidjan, 14-16 nov. 1972, Paris, C.I.E., 1973.
3. CIBA Foundation Symposium 45 (New Series) : « Breast-feeding and the mother », Amsterdam, Elsevier-Excerpta Medica, 1976.
4. CUNNINGHAM (A.S.) : « Morbidity in breast-fed and artificially fed infants », in *J. Pediatr.*, 1977, *90*, p. 726-729.
5. DABEZIES-COUTET (C.M.) : *Motivations, refus et causes d'échec de l'allaitement maternel* (thèse dr. méd.), Bordeaux, Ed. Bergeret, 1974.
6. DE CHATEAU (P.), HOLMBERG (H.) et WINBERG (J.) : « Relationship between feeding routine at the maternity ward, weight, development and duration of breast-feeding », in *Acta Paediatr. Scand.*, 1973, suppl. 236, *29*.
7. DE CHATEAU (P.), HOLMBERG (H.), JAKOBSSON (K.) et WINBERG (J.) : « A study of factors promoting and inhibiting lactation », in *Develop. Med. Child Neurol.*, 1977, *19*, p. 575-584.

8. De Chateau (P.) et Winberg (J.) : « Long-term effect on mother-infant behaviour of extra contact during the first hour post partum. I. — First observations at 36 hours. II. — A Follow-up at three months », in *Acta Paediatr. Scand.*, 1977, *66*, p. 137-143 et 145-151.
9. Eliot (N.), Deniel (M.) et Rumeau-Rouquette (Cl.) : « Résultats d'une enquête sur l'allaitement maternel dans les centres de P.M.I. du XIVe arrondissement de Paris », in *Arch. franç. pédiatr.*, 1975, *32*, p. 681-694.
10. Hennink (M.P.) : *Borstvoeding. Een onderzoek te Leiden naar enkele sociaal-geneeskundige aspecten met betrekking tot borstvoeding* (Proefschrift), Leiden, Drukkerij V/H Batteljee & Terpstra, 1966 (108 p.).
11. Jackson (R.L.) : « Longterm advantages of optimal nutrition in early life », in *Acta Paediatr. Belg.*, 1978, *31*, p. 185-194.
12. Jeliffe (D.B.) et Jeliffe (E.F.P.) : « Human milk nutrition and the world resource crisis », in *Science* (Washington, D.C.), 1975, *188*, p. 557-561.
13. Jeliffe (D.B.) et Jeliffe (E.F.P.) : « The dyadic nature of mother and child nutrition », in *Carnets de l'enfance* (U.N.I.C.E.F., Genève), 1976, *35*, p. 104-109.
14. Jeliffe (D.B.) : « Community and sociopolitical considerations of breast-feeding », in *Ciba Foundation Symposium*, *45* (New Series), p. 231-255, 1976.
15. Jeliffe (D.B.) et Jeliffe (E.F.P.) : *Human milk in the modern world*, London, Oxford University Press, 1978.
16. MacKeith (R.) et Wood (C.) : *Infant feeding and feeding difficulties*, 5th. ed., London, Churchill Livingstone, 1977, 330 p. (p. 95-120).
17. Newton (N.) : « Psychologic differences between breast and bottle feeding », in *Am. J. Clin. Nutr.*, 1971, *24*, p. 993-1004.
18. Lozoff (B.), Brittenham (G.M.) et al. : « The mother-newborn relationship : Limits of adaptability », in *J. Pediatr.*, 1977, *91*, p. 1-12.
19. Pechevis (M.) : « Elements for a policy promot-

ing breast-feeding », in *Carnets de l'enfance* (U.N.I.C.E.F., Genève), 1975, *32*, p. 33-49.

20. Raimbault (A.M.) : « L'allaitement maternel : influence sur le développement de l'enfant. I. — L'évolution de l'allaitement maternel : La situation actuelle », in *Enfant en milieu tropical*, 1974, *96*, p. 3-24.
21. Rumeau-Rouquette (Cl.) et Deniel (M.) : « L'allaitement maternel au cours de la période néonatale », in *Arch. franç. pédiatr.*, 1977, *34*, p. 771-780.
22. *Salubritas* (rev.), éditorial : « Mais pourquoi n'allaitez-vous pas votre enfant ? », *Salubritas*, 1978, *2* (3), p. 1-3.
23. Sand (E.A.) : *Contribution à l'étude du développement de l'enfant. Aspects médico-sociaux et psychologiques*, V. : Allaitement maternel, p. 55-100, Université libre de Bruxelles, Editions de l'Institut de sociologie, 1966.
24. Sand (E.A.) et Emery-Hauzeur (C.) : « Prévalence de l'allaitement maternel en Belgique », in *Arch. franç. pédiatr.*, 1973, *30*, p. 363-380.
25. Sloper (K.), McKean (L.) et Baum (J.D.) : « Factors influencing breast-feeding », in *Arch. Dis. Child.*, 1975, *50*, p. 165-170.
26. Vahlquist (B.) : « Evolution de l'allaitement maternel en Europe », in Centre international de l'enfance, 1973.
27. Vis (H.L.) et Hennart (Ph.) : « Decline in breast-feeding », in *Acta Paediatr. Belg.*, 1978, *31*.
28. Hindley (C.B.), Filliozat (A.M.), Klackenberg (G.), Nicolet-Meister (D.) et Sand (E.A.) : « Some differences in infant feeding and elimination training in five samples », in *J. Child Psychol. Psychiat.*, 1965, *6*, p. 179.

Situation actuelle dans le monde [1]

Résumé des études collectives de l'O.M.S. sur l'allaitement au sein

Manuel Carballo

Maternal and Child Health
Organisation mondiale de la Santé
Genève

1. Cet article est la transcription (corrigée par l'auteur) d'un exposé que le Dr Carballo a fait le 8 décembre 1978 au Centre international de l'enfance, à Paris, dans le cadre d'un séminaire sur l'allaitement maternel organisé par le Club de pédiatrie sociale (dont le président était, à cette époque, le Pr E.A. Sand).

Introduction

La santé du nourrisson et du jeune enfant requiert une alimentation saine et la protection contre les infections. Au cours des siècles, l'allaitement maternel remplit, pour la majeure partie, ces deux conditions.

Toutefois, contrairement à ce qui se passe chez les autres mammifères, l'allaitement maternel fait partie des comportements appris chez la femme et, en tant que tel, il est influencé par l'environnement social dans lequel elle évolue : par la préparation et l'information qu'elle reçoit sur la façon de nourrir un nouveau-né, par l'encouragement et l'aide que la société lui donne ; par l'attitude de la société envers le rôle de l'allaitement et enfin selon le degré où les alternatives à l'allaitement maternel sont connues et agréées.

Jusqu'au début de ce siècle il n'existait pas d'alternatives sûres au lait maternel. L'allaitement au sein faisait partie intrinsèque du processus de la reproduction et était essentiel à la survie du nourrisson et du jeune enfant. Des tentatives d'introduction de lait de vache non traité et de brouets comme substituts au lait maternel obtinrent des résultats négatifs. Et même dans notre siècle, dans les pays industrialisés, les séquelles de l'usage répandu de substituts alimentaires au lait maternel se faisaient sentir. Aux Etats-Unis, Woodbury déclare en 1922 que la mortalité infantile est bien plus élevée parmi les nourrissons nourris autrement qu'au sein que parmi ceux qui sont allaités. Des constatations similaires avaient été faites en 1905 par Hawarth en Angleterre. Leurs conclusions se voient confirmées par des travaux ultérieurs aux Etats-Unis (Grulee, 1935) et en Suède (Mannheimer, 1955).

L'Assemblée mondiale de la Santé a exprimé à plusieurs reprises son inquiétude au sujet des conséquences du déclin de l'allaitement maternel et, en 1974, a réaffirmé son intention de faire un effort spécial pour sensibiliser les populations au fait que l'allaitement maternel est le mode d'alimentation le plus approprié au développement physique et mental des enfants.

A cette fin, et conformément à son programme actuel pour l'alimentation des nourrissons et des jeunes enfants, l'Organisation mondiale de la Santé a mis sur pied un programme en trois points visant à promouvoir l'allaitement (voir figure p. 67).

Afin de fournir l'information nécessaire à une campagne nationale pour l'allaitement, l'O.M.S. a collaboré, avec les institutions nationales et les chercheurs de neuf pays, à une étude sur la fréquence et la durée de l'allaitement maternel [1]. L'accent a été mis sur les pays en voie de développement, car c'est dans ceux-ci qu'un déclin de l'allaitement maternel peut être le plus nuisible à la santé du nourrisson et du jeune enfant.

L'étude avait pour objet de déterminer, parmi des populations données dans chaque pays, la proportion de mères qui allaitaient au sein et la durée de la période d'allaitement. Des données sur les pratiques de suppléments alimentaires et de sevrage, sur l'historique de la reproduction et sur les facteurs qui influent sur l'allaitement ont aussi été récoltées. En tout, 24 000 mères, chacune avec son enfant, ont été étudiées. A cause des contraintes économiques et techniques inséparables

1. Institutions et chercheurs : *Chili* (Dr Alfredo Patri, Hospital Roberto de Rio, Santiago), *Ethiopie* (Dr Zewdie W. Gebriel, Institut éthiopien de nutrition, Addis-Abeba), *Guatemala* (Dr Juan José Urrutia, Instituto de Nutrición de Centro America y Panama, Guatemala), *Hongrie* (Dr Odön Gal, Institut national pour l'alimentation et la nutrition, Budapest), *Inde* (Dr Bhavani Belavady, National Institute of Nutrition, Hyderabad), *Nigeria* (Pr Ade Omolulu, université d'Ibadan), *Philippines* (Dr Virginia B. Guzman, Institute of Public Health, Manille), *Suède* (Pr Yngve Hofvander, Hôpital universitaire, Uppsala) et *Zaïre* (Pr H.L. Vis, Institut de recherches scientifiques, Kinshasa).

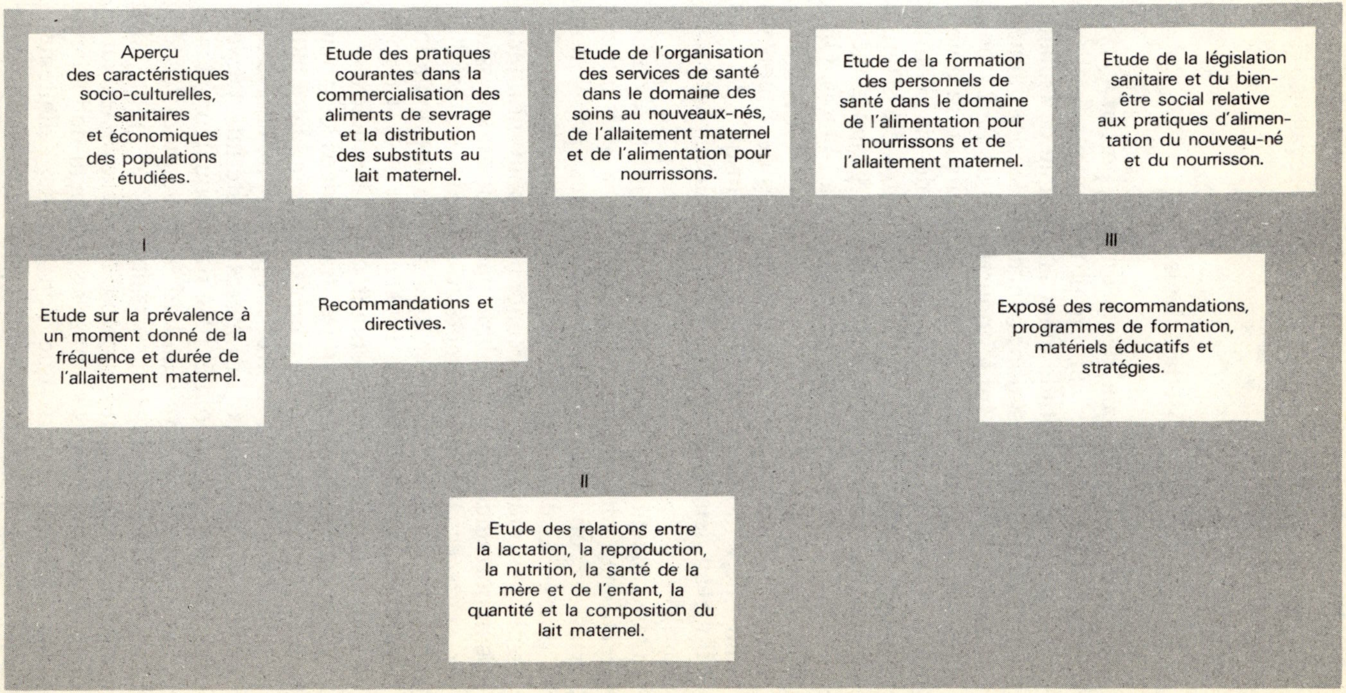
Aperçu des caractéristiques socio-culturelles, sanitaires et économiques des populations étudiées.
Etude des pratiques courantes dans la commercialisation des aliments de sevrage et la distribution des substituts au lait maternel.
Etude de l'organisation des services de santé dans le domaine des soins au nouveaux-nés, de l'allaitement maternel et de l'alimentation pour nourrissons.
Etude de la formation des personnels de santé dans le domaine de l'alimentation pour nourrissons et de l'allaitement maternel.
Etude de la législation sanitaire et du bien-être social relative aux pratiques d'alimentation du nouveau-né et du nourrisson.
I
III
Etude sur la prévalence à un moment donné de la fréquence et durée de l'allaitement maternel.
Recommandations et directives.
Exposé des recommandations, programmes de formation, matériels éducatifs et stratégies.
II
Etude des relations entre la lactation, la reproduction, la nutrition, la santé de la mère et de l'enfant, la quantité et la composition du lait maternel.

d'études longitudinales de cette ampleur, il a été décidé de faire une étude transversale sur la prévalence à un moment donné.

Méthodologie

L'étude a été conçue de façon à apporter le type d'information fournie par un projet longitudinal. Le centre d'intérêt de l'étude étant la pratique de l'allaitement maternel, on s'est donc penché sur les deux années initiales de la vie, soit sur les nourrissons de 1 à 24 mois. Dans les pays où l'allaitement se poursuit rarement jusqu'à 24 mois, l'étude s'est limitée à de plus courtes périodes. L'échantillonnage mère-enfant a été stratifié afin de fournir des nombres égaux de groupes mère-enfant à l'intérieur de chaque mois de 1 à 24 mois. On a donc choisi, dans chaque pays, un nombre à peu près similaire de mères avec des enfants âgés de 1 mois ou moins, de 2 mois, 3 mois, 4 mois, etc., jusqu'à 24 mois (s'il y avait lieu, comme nous l'avons indiqué précédemment).

Dans chacun des pays participants, on a choisi de sélectionner des groupes appartenant à des milieux variés — populations urbaines favorisées, populations urbaines défavorisées et populations traditionnelles rurales — le niveau socio-économique pouvant affecter le comportement face à l'alimentation des nourrissons. Six cents échantillons composés d'une mère et d'un enfant ont été choisis dans chaque groupe de population, ce qui fait une moyenne de 1 800 cas par pays. En tout, 24 000 échantillons mère-enfant ont été étudiés.

Un questionnaire standardisé, traduit dans les langues locales et ayant fait l'objet d'un essai préliminaire, a été élaboré en collaboration avec les principaux chercheurs des instituts nationaux. Les mères ont été interviewées chez elles et l'enfant étudié, pesé par l'enquêteur à l'aide d'une balance portative standard. Aux données recueillies grâce à l'étude transversale, on a ajouté des renseignements obtenus auprès d'autres services, sur la façon dont les services sanitaires s'occupent de l'allaitement maternel, le cas que l'on fait de l'allaitement maternel lors de la formation des personnels de santé, la nature des législations sociales et sanitaires relatives à la maternité et aux soins de santé, et la commercialisation des aliments pour nourrissons produits industriellement.

Résultats

Les données indiquent que la tendance à la diminution de l'allaitement maternel que l'on observe dans les pays industrialisés commence à se manifester dans les pays en voie de développement. Ainsi, 20 à 30 % des mères de milieux urbains, interviewées au Guatemala et aux Philippines, n'avaient pas donné le sein à leur dernier-né. Bien que la tendance ne soit pas aussi marquée dans les autres pays étudiés, on peut néanmoins y observer une orientation similaire.

Le mouvement est particulièrement fort chez les groupes de population les plus éduqués et les plus riches dans les régions urbaines. Cependant, ces groupes ont vraisemblablement accès à de l'eau potable, à des services sanitaires, à un approvisionnement régulier en aliments de substitution au lait maternel, et savent s'en servir adéquatement ; par conséquent, les nourrissons de ces groupes ne courent pas de risques plus grands que ceux des pays industrialisés de souffrir de malnutrition ou de maladies infectieuses. Il faut toutefois se souvenir que le comportement de ces femmes ne manquera pas d'influencer, par son exemple, celui des mères venant de groupes moins favorisés. On peut déjà observer un mouvement semblable parmi les familles urbaines défavorisées du Chili, du Guatemala et des Philippines.

La fréquence de l'allaitement maternel chez les populations rurales des pays en voie de développement demeure élevée et la durée de l'allaitement y est encore relativement longue.

Il est important de noter qu'en Suède et en Hongrie, où l'on a adopté une politique spécifique pour promouvoir et faciliter l'allaitement maternel, la fréquence de l'allaitement dans tous les groupes sociaux est plus élevée que parmi les populations urbaines étudiées aux Philippines et au Guatemala.

Les données indiqueraient donc que l'allaitement maternel n'est pas incompatible avec l'organisation

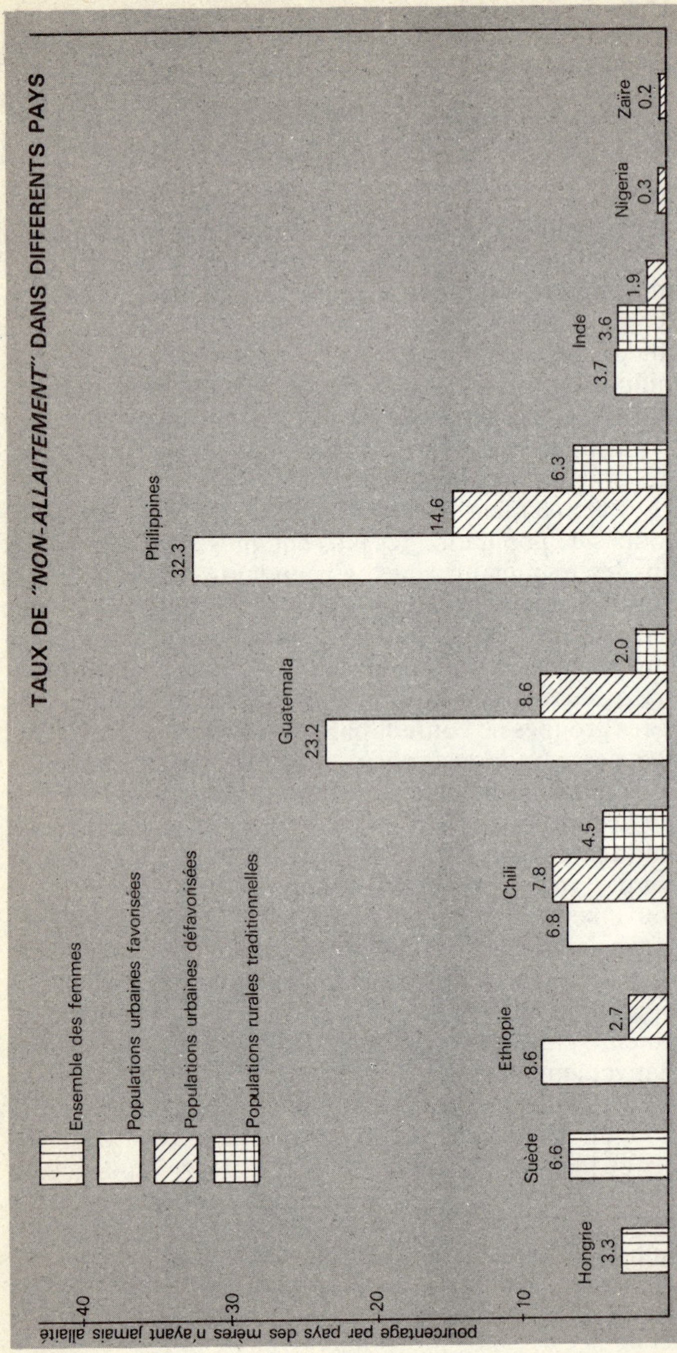
TAUX DE "NON-ALLAITEMENT" DANS DIFFERENTS PAYS
Ensemble des femmes
Populations urbaines favorisées
Populations urbaines défavorisées
Populations rurales traditionnelles
pourcentage par pays des mères n'ayant jamais allaité
40
30
20
10
Hongrie
3.3
Suède
6.6
Ethiopie
8.6
2.7
Chili
6.8
7.8
4.5
Guatemala
23.2
8.6
2.0
Philippines
32.3
14.6
6.3
Inde
3.7
3.6
1.9
Nigeria
0.3
Zaïre
0.2

sociale moderne des pays industrialisés. Il est plutôt fonction de l'importance qu'on y attache et de l'aide qu'on apporte aux mères afin de les y encourager.

Influence de divers facteurs sur l'allaitement

Précocité de la première tétée [1]

Parmi les facteurs qui favorisent et accroissent la pratique de l'allaitement maternel, il faut noter le fait de commencer à allaiter très tôt après l'accouchement. On a constaté que les mères qui commencent à allaiter pendant les 12 premières heures ont une plus grande fréquence et durée d'allaitement que celles qui allaitent après les 12 premières heures. De même, le fait de garder l'enfant dans la chambre maternelle est généralement associé à une plus grande fréquence et à une durée plus longue d'allaitement. Ces constantes se retrouvent dans tous les pays étudiés.

Allaitement « à la demande »

Les données tendent à démontrer que l'allaitement fréquent, disons l'allaitement « à la demande », peut être associé à une succion plus vigoureuse, à une plus grande production de prolactine et donc à une plus grande durée de lactation. Les mères qui pratiquent l'allaitement « à la demande » continuent à allaiter plus longtemps.

Caractéristiques de la famille

Les données actuelles ne nous permettent pas de confirmer l'idée souvent émise que le type de famille dans lequel évolue la mère influence le fait qu'elle allaite ou pas. Mais on a pu constater, au Guatemala, une différence significative dans les fréquences d'allaitement

1. Les sous-titres sont de la rédaction.

chez les femmes venant de familles élargies par rapport à celles qui sont d'une famille nucléaire. On a souvent remarqué que la famille nucléaire ne favorise pas l'allaitement maternel parce que la mère n'est ni soutenue ni préparée par l'exemple de parentes. Toutefois, si l'on excepte le Guatemala, nous n'avons guère trouvé de relation entre la situation familiale et l'allaitement maternel.

Niveau éducatif

En ce qui concerne le niveau d'éducation des mères, les résultats diffèrent selon les pays étudiés. En Suède, par exemple, le niveau d'éducation est lié d'une façon positive à la fréquence et à la durée de l'allaitement maternel. On constate une situation similaire aux Etats-Unis et en Angleterre où, dans les milieux les mieux informés, les mères allaitent maintenant leurs enfants.

En revanche, nous constatons une situation inverse dans les autres pays. On pourrait donc se demander si en Suède la situation n'est pas due à ce que l'information et l'éducation font une grande part à la santé, ce qui ne semble pas être le cas dans grand nombre de pays. Il faudrait donc se poser des questions sur les fins auxquelles servent l'information et l'éducation.

Age de la mère — Enfants précédents

Quant aux particularités physiologiques de la lactation, il avait été suggéré que, comme dans les autres aspects de la reproduction humaine, l'efficacité de la lactation atteignait son apogée avant l'âge de 20 ans chez les primipares et déclinait lentement par la suite. Les données de notre étude montrent d'une façon générale qu'on n'a aucune preuve que l'âge de la mère ou le nombre d'enfants qu'elle a eus influe d'une manière importante sur son allaitement. On a constaté toutefois l'influence des pratiques antérieures : les mères ayant déjà allaité un enfant se prêteront le plus souvent à en allaiter un autre. Ce fait est très intéressant pour l'organisation clinique et prénatale. Il faut aussi ajouter que, si les femmes qui ont allaité le refont volontiers, l'inverse est aussi vrai et les mères qui n'ont pas allaité leur premier-né allaitent rarement les suivants.

Soins prénatals — Facteurs sociaux

Il n'existe pas d'association positive entre les soins prénatals fréquents et l'allaitement maternel. En fait, on peut dire *grosso modo* que les groupes qui bénéficient de la plus grande quantité de soins prénatals présentent la plus faible fréquence et la durée la plus courte d'allaitement. Mais il y a peut-être là un problème de sélection et de méthodologie. Dans plusieurs pays, les femmes appartenant aux couches sociales les plus privilégiées utilisent plus fréquemment les services de soins prénatals. Ce sont souvent aussi celles qui se prêtent le moins à l'allaitement. Comme nous l'avons dit plus haut, la fréquence d'allaitement dans ce groupe tend à être plus basse que dans les autres groupes. Tout cela indique bien que les services de soins prénatals ne se prévalent guère de cette opportunité pour promouvoir l'allaitement maternel et y préparer les futures mères. Les maternités ne semblent pas non plus jouer un rôle actif dans ce domaine. Dans les pays où il a été possible de faire une étude comparative, on a observé que les accouchements en maternité étaient associés à une fréquence plus faible d'allaitement que les accouchements à domicile ou en centre de santé [1].

1. N.D.L.R. — Il semble y avoir là des discordances avec les données françaises, rapportées dans l'article qui suit, en ce qui concerne les relations entre l'allaitement maternel et des facteurs tels que les soins prénatals, le milieu social, le lieu d'accouchement.

Soulignons que :

1. Les données semblent concorder en ce qui concerne la France (Cl. Rumeau-Rouquette et coll.) et la Suède (M. Carballo, p. 72).
2. Les méthodologies des deux études sont différentes : étude de l'allaitement au 5e jour dans un cas, durées plus longues dans l'autre.
3. La dynamique particulière des évolutions des taux d'allaitement peut jouer un rôle : les taux évoluent parallèlement mais avec des décalages dans le temps et dans l'espace : ici les taux remontent *déjà*, alors que là ils diminuent *encore*.

Diversité des habitudes

Comme pour l'éducation des mères lors des visites prénatales, le fait pour le nourrisson de partager la chambre maternelle, l'heure de la tétée initiale, la fréquence des tétées et les contacts possibles entre la mère et l'enfant semblent être laissés, dans presque tous les pays, à la discrétion des administrateurs. Il n'y a pour ainsi dire aucune politique de santé sur tous ces points dans la plupart des pays étudiés — tout semble dépendre du bon vouloir des médecins qui dirigent les hôpitaux.

L'information — Les pressions publicitaires

Dans certains pays qui ont fait l'objet de cette étude et en particulier au Nigeria, aux Philippines et au Guatemala, il est fréquent que les mères reçoivent gratuitement, pendant leur séjour à l'hôpital, des aliments pour nourrissons. Elles reçoivent également la visite de personnes qui se disent « infirmières maternelles [1] ».

La distribution gratuite de substituts alimentaires au lait maternel ou de biberons est assez répandue, en particulier parmi les groupes urbains du Nigeria, du Guatemala et des Philippines. Aux Philippines par exemple, 27 % des mères urbaines, à revenus élevés, ont reçu ce genre de cadeau. Et parmi les mères des régions rurales qui ont accouché dans des hôpitaux, 40 % ont reçu des cadeaux de l'industrie.

Quant à l'information sur ces aliments, on a pu constater que dans les zones rurales de tous les pays étudiés, plus de 80 % des mères connaissaient les noms des produits alimentaires pour nourrissons vendus dans le pays. Cela montre combien l'information se répand dans les milieux ruraux de ces pays.

Ces données ne sont pas toutes nouvelles, mais il nous semble important de les présenter, car c'est la première fois qu'une étude d'aussi grande envergure, utilisant une méthodologie standardisée et examinant le problème de

1. Infirmières au service de l'industrie des aliments pour nourrissons.

façon systématique et dans diverses cultures, est réalisée. Elle regroupe, entre autres, les résultats que d'autres études, plus succinctes, avaient déjà mis en évidence.

Les données recueillies au terme de l'étude indiquent clairement que l'allaitement maternel, bien qu'activité naturelle, a besoin du support actif de la société pour être valorisé et praticable.

Discussion

E. ALFRED SAND :

Je voudrais poser une question à M. Carballo à propos de ce qu'il a dit à la fin de son exposé de l'absence de politique dans les pays. Nous sommes tous d'accord sur toutes les variables scientifiques. On a tout démontré, on sait tout sur l'aspect scientifique de l'allaitement... Seulement les choses ne se passent pas. On sait ce qu'il faudrait faire mais personne ne le fait. Alors, je trouve extrêmement inquiétant qu'à la fin d'une enquête aussi complète, aussi globale et aussi intéressante, on en arrive à constater que dans tous ces pays... il ne se passe rien parce que personne ne s'y intéresse. Nous savons tout de même que dans beaucoup de pays en voie de développement, les ministères de la Santé publique sont souvent relativement peu puissants, c'est peut-être encore un euphémisme, par rapport au ministère de l'Economie ou à d'autres. Je voudrais savoir s'il y a quelque part une lueur d'espoir pour qu'une politique apparaisse. Y a-t-il une stratégie qui se développe, par exemple au sein de l'O.M.S., ou au sein d'autres organisations qui essaient de faire passer dans les faits toutes ces découvertes scientifiques sur lesquelles on est bien d'accord et qui n'ont plus à être démontrées ?

MANUEL CARBALLO :

Il existe déjà une politique d'allaitement maternel en Suède et en Hongrie. En Hongrie, cependant, la situation est en quelque sorte ambiguë. Les autorités accordent des congés maternité de longue durée qui devraient favoriser l'allaitement maternel. Or, les alimentations supplémentaires sont à tel point subventionnées par l'Etat que beaucoup de mères les achètent.

Dans les pays où il n'existe pas encore de politique pour promouvoir l'allaitement maternel, il serait utile de considérer la valeur économique de l'allaitement et son apport à la santé de l'enfant. Il faudrait transformer la politique de santé en politique économique et démontrer qu'il est économiquement avantageux de nourrir au sein. Parce que, enfin, comme vous venez de le dire, ce sont les ministères de la Santé qui ont le moins de puissance dans les pays. Il faut donc s'adresser aux ministères du Travail, de l'Economie, des Affaires sociales. C'est dans cette voie que l'O.M.S. se dirige.

S'il est essentiel de promouvoir l'allaitement maternel, il ne faut toutefois pas perdre de vue le fait qu'il existe des situations sociales qui rendent l'allaitement difficile sinon impossible. Or, pour que l'allaitement maternel soit bénéfique, il faut mettre en place des structures le favorisant, c'est-à-dire établir des législations pour les maternités, des systèmes d'organisation des services sociaux et de santé qui encourageraient et aideraient les mères, dépisteraient celles qui courent le risque de malnutrition et prendraient en charge les femmes sous-alimentées. Le problème doit donc être envisagé de façon globale, sinon on n'arrivera qu'à susciter un fort sentiment de culpabilité chez les mères qui ne peuvent de fait allaiter. *Il faut bien reconnaître que dans la conjoncture actuelle, dans certains pays, il peut être plus rationnel pour des mères de familles modestes de travailler afin de suppléer au budget familial plutôt que de rester à la maison avec leur nourrisson.*

PIERRE SATGÉ :

Je suis frappé par ce chiffre de 6 % de femmes non intéressées par l'allaitement maternel en Suède. Je voudrais vous demander si ce sont des intentions ou bien des réalités. Faut-il traduire que 94 % des Suédoises allaiteraient au départ ? Et si c'est vrai, est-ce que ce sont toutes les classes de la société ou bien simplement les classes les plus favorisées ?

MANUEL CARBALLO :

C'est de l'ensemble des classes sociales qu'il s'agit, car il n'existe pas de réelles différences socio-économiques en Suède, pas même entre les milieux urbains et ruraux. Cela veut dire que le taux est très élevé dans tout le pays.

PIERRE SATGÉ :

Quelles sont les méthodes qui sont employées pour ariver à 94 % d'allaitement ?

MANUEL CARBALLO :

La Suède a établi, il y a dix ans, des programmes très intensifs à des niveaux variés et notamment au niveau des infirmières et des médecins. Cela a une grande importance, car notre étude a révélé qu'au cours des dernières années, la place accordée à l'allaitement maternel dans la formation médicale a grandement diminué. Les Suédois ont établi simultanément un programme intensif pour éduquer le corps médical et un programme pour renseigner le public. La facilité de la communication dans le pays a présenté un atout majeur dans la réussite de cette campagne. De plus, la population, déjà sensibilisée aux questions de santé, possède un niveau d'éducation lui permettant d'assimiler des informations complexes sur l'alimentation maternelle. Reste à savoir s'il est possible de faire la même chose dans d'autres pays. Mais nous sommes tous d'accord qu'il faut commencer par éduquer les services de santé en la matière. C'est après tout avec le service de santé que la mère a le contact le plus important dans la reproduction, l'accouchement, et au cours de la période postnatale.

Cela ne doit pas éclipser le fait que l'allaitement

maternel doit être assumé par la société entière et que tous les secteurs — éducation, travail, sécurité sociale... — doivent être sensibilisés au problème et au rôle qu'ils ont à tenir.

Éléments de bibliographie

WOODBURY (R.M.) : « The relation between breast and artificial feeding and infant mortality », in *American J. of Hygiene*, 1922, *2*, p. 668-687.

GRULEE (C.G.) et al. : « Breast and artificial feeding : influence on morbidity and mortality of twenty thousand infants », in *JAMA*, 1935, *103*, p. 735-748.

HAWARTH (W.J.) (1905) : « The influence of feeding on the mortality of infants », in *The Lancet*, *i*, p. 210-213.

MANNHEIMER (E.) (1955) : « Mortality of breast fed and bottle fed infants — a comparative study », in *Acta Genet. Med.*, *5*, p. 134-163.

Allaitement maternel en France
évolution entre 1972 et 1976

Claude Rumeau-Rouquette

Monique Crost

Gérard Bréart

Groupe de recherches épidémiologiques
sur la mère et l'enfant
U 149 de l'I.N.S.E.R.M.
Le Vésinet

Après une diminution très importante de l'allaitement maternel, de nombreux pays industrialisés enregistrent un renouveau d'intérêt pour ce type d'alimentation. Il est donc important de connaître les facteurs influençant ce comportement, ainsi que l'évolution en France, de façon que d'éventuelles actions incitatrices soient plus efficaces.

I. — MATERIEL ET METHODE

Cette étude porte sur les données de deux enquêtes nationales réalisées sur l'ensemble du territoire métropolitain.

La première réalisée en 1972 portait sur un échantillon représentatif de 11 220 naissances. Elle s'est déroulée successivement dans 13 zones constituées de une ou plusieurs régions. Dans chaque zone l'enquête durait un mois et portait sur un échantillon représentatif des maternités publiques ou privées (premier degré de sondage) ; dans les maternités retenues, on effectuait un tirage au sort des naissances (deuxième degré de sondage). Des médecins et des sages-femmes établissaient un dossier systématique décrivant l'accouchement et la période néonatale [1], ils interrogeaient en outre les mères sur leurs antécédents et sur le déroulement de la grossesse.

La deuxième enquête a été réalisée en 1976 selon les mêmes principes à deux différences près : le sondage à deux degrés a été réalisé de telle sorte que l'échantillon final soit de 4 685 naissances ; la région Rhône-Alpes a été examinée un an plus tôt (juin 1975 au lieu de juin 1976) pour des raisons tenant à l'évaluation des programmes de santé.

Dans ces deux enquêtes, les questions concernant l'allaitement ont été posées de façon absolument similaires : on demandait à la mère les différents types de nourritures données à l'enfant au cours des cinq premiers jours de la vie. *C'est l'allaitement maternel au 5e jour qui sera envisagé ici, qu'il soit complet ou mixte.* Dans les deux cas on a exclu de l'enquête les enfants décédés ou transférés dans un autre service avant le 6e jour, les jumeaux qui font l'objet d'une étude spéciale et les non-réponses dont le total est inférieur à 2 % des effectifs. Les accouchements à domicile ne sont pas inclus dans cette enquête, mais ils représentent moins de 1 % des naissances en France.

II. — RESULTATS

1. Facteurs conditionnant l'allaitement

En 1972, 37 % des femmes allaitaient leur enfant au 5e jour. En 1976, ce chiffre est passé à 46 %.

Mais ce taux d'allaitement est influencé par de nombreux facteurs qui peuvent être divisés en cinq groupes :

a) *Les attitudes héritées de la tradition* qui différencient les étrangères des Françaises : 58 % des premières allaitaient en 1972 pour 33 % des

1. Il s'agit, précisément, de la période néonatale précoce, c'est-à-dire de la première semaine.

secondes, en 1976 ces chiffres sont de 66 % et 42 % ;

b) *Les éléments de type socio-culturel* (tableau I) qui conditionnent l'attitude générale envers la reproduction et, notamment, l'usage de méthodes modernes de contraception, le choix du responsable de la surveillance de la grossesse et du lieu d'accouchement : la liaison est dans le sens d'un allaitement plus fréquent quand le niveau socioculturel est plus élevé (de 40 à 63 % en fonction du niveau d'étude) ;

c) *Le lieu d'accouchement* et la qualification des spécialistes ayant surveillé la grossesse et assisté la femme au cours de l'accouchement et de l'hospitalisation (tableau II) : l'allaitement est plus fréquent quand la femme a accouché dans une grande maternité ou que la surveillance de la grossesse a été assurée par un obstétricien ;

d) *L'état de l'enfant à la naissance* (tableau III) : plus l'enfant est de faible poids ou loin du terme, plus l'allaitement est important ;

e) *Le lieu d'habitat* (fig. 1) : en 1972 la distribution de l'allaitement maternel fait apparaître des différences très nettes : à l'est d'une ligne Calais-Marseille, plus de 36 % des femmes allaitent leur enfant. Ces pourcentages supérieurs à la moyenne nationale s'élèvent jusqu'à 51 % à Paris. A l'ouest de cette ligne, la proportion de femmes allaitant varie de 12 % à 27 % ; seule l'Aquitaine fait exception.

2. Évolution entre 1972 et 1976

Comme le montrent les tableaux I, II, III, l'évolution entre 1972 et 1976 a été assez homogène et n'a donc pas réduit les disparités. Un seul groupe s'isole, c'est celui des ouvrières où on ne constate pas de progression significative. En revanche, la distribution régionale s'est modifiée (fig. 2), et le « front » de l'allaitement a progressé vers l'ouest.

L'ALLAITEMENT MATERNEL AU 5e JOUR : DIFFERENCES REGIONALES

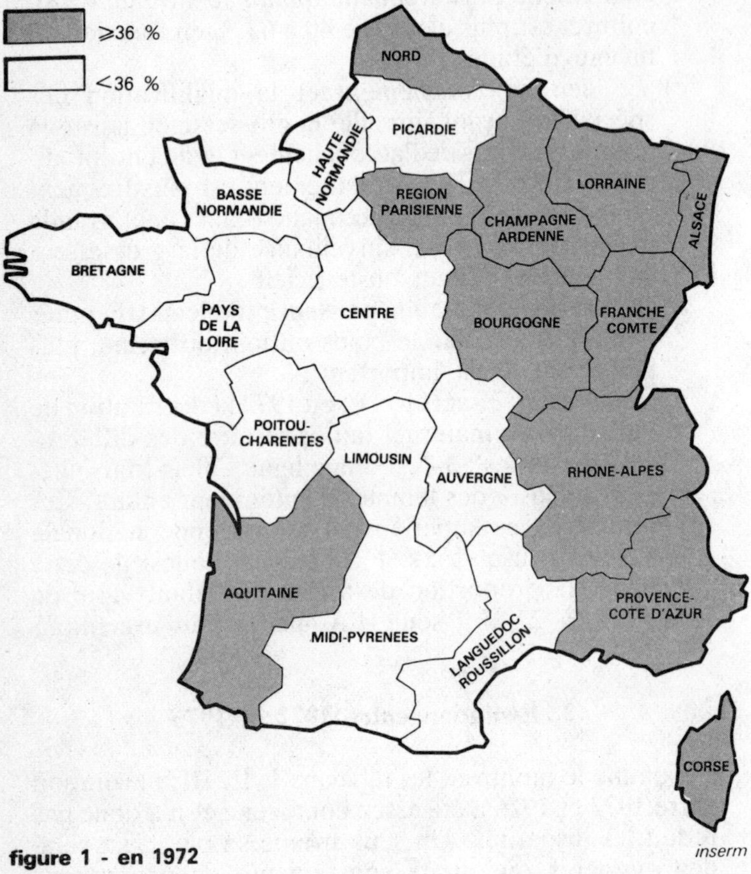

figure 1 - en 1972 *inserm*

L'ALLAITEMENT MATERNEL AU 5e JOUR : DIFFERENCES REGIONALES

figure 2 - en 1975-1976

III. — CONCLUSION

Sur le plan pratique, trois constatations peuvent être faites :

1) L'allaitement maternel s'intègre dans le contexte général de l'attitude de la femme envers la reproduction ; dans ce cadre il n'apparaît pas, chez les Françaises, comme une survivance du passé ; il s'apparente, au contraire, aux techniques modernes ;
2) Les femmes semblent plus faciles à sensibiliser sur ce sujet que sur beaucoup d'autres méthodes de prévention, dans la mesure où la progression a été importante de 1972 à 1976 ;
3) L'influence de l'équipe qui suit la femme et qui l'accouche est déterminante.

Pour en savoir plus

Le détail des résultats concernant 1972 a été publié dans les *Archives françaises de pédiatrie* (1977, *34*, p. 771).

L'évolution 1972-1976 devrait y être publiée prochainement.

TABLEAU I. — ÉVOLUTION DE L'ALLAITEMENT MATERNEL EN FONCTION DES CARACTÉRISTIQUES SOCIO-CULTURELLES

	1972 %	1975-1976 %	Signification [1]
NIVEAU SCOLAIRE :			
— Primaire	32,6	40,2	***
— Secondaire	40,0	42,3	—
— Technique	35,4	53,8	***
— Universitaire	51,7	62,8	***
	***	***	
EXERCICE D'UNE PROFESSION :			
— Non	35,7	45,3	***
— Oui	37,6	48,0	***
	NS	NS	
PROFESSION :			
— Agricultrice	18,1	32,4	*
— Commerçante	18,4	36,4	**
— Cadre supérieur	51,7	65,8	*
— Cadre moyen	49,0	64,3	***
— Employée	36,8	45,9	***
— Ouvrière	32,1	36,7	—
— Personnel de service	42,0	52,3	**
	***	***	
PROFESSION DU PÈRE :			
— Agriculteur	25,7	32,6	
— Commerçant	31,2	39,7	*
— Cadre supérieur	46,7	58,0	***
— Cadre moyen	41,7	53,5	***
— Employé	37,0	46,5	**
— Ouvrier	34,7	44,4	***
	***	***	

1. * = p< 0,05 ; ** = p< 0,01 ; *** = p< 0,001 ; p = 0,001 signifie que l'on a moins de une chance sur 1 000 que la différence soit due au hasard.

TABLEAU II. — ÉVOLUTION DE L'ALLAITEMENT MATERNEL EN FONCTION DE LA SURVEILLANCE DE LA GROSSESSE ET DU LIEU D'ACCOUCHEMENT

	1972 %	1975-1976 %	Signification [1]
RESPONSABLE DE LA SURVEILLANCE PRÉNATALE :			
— Uniquement un généraliste	26,3	35,5	***
— Obstétricien	39,4	49,7	***
— Autre	42,3	36,3	
	***	***	
LIEU D'ACCOUCHEMENT :			
— Hôpital public	40,3	48,5	***
— Maternité privée	34,6	45,4	***
— Hôpital rural	19,5	27,6	
	***	***	
NOMBRE DE LITS DE MATERNITÉ :			
⩾ 40	47,2	53,6	***
20 — 39	34,8	45,0	***
< 20	29,1	36,9	***
	***	***	

TABLEAU III. — ÉVOLUTION DE L'ALLAITEMENT MATERNEL EN FONCTION DE L'ÉTAT NÉONATAL

	1972 %	1975-1976 %	Signification [1]
POIDS DE NAISSANCE :			
≤ 2 500 g	46,5	67,5	***
2 501 - 3 000 g	42,2	55,5	***
3 001 - 3 500 g	36,1	44,4	***
3 501 - 4 000 g	33,8	44,2	***
> 4 000 g	29,4	33,3	
	***	***	
AGE GESTATIONNEL :			
≤ 36 semaines	41,4	49,6	
37 - 41 semaines	36,4	46,5	***
> 41 semaines	34,4	45,3	***
	*		

Contrepoint

« Madame, vous ne savez pas ! »

Françoise Seigneur

C'est elle. J'en suis sûre. Maintenant, je la reconnais. Oui, c'est elle qui pleure, là, juste derrière la vitre qui nous sépare.

Ils appellent, tous ces tout-petits.
Ils appellent comme elle, en vain.
Et leurs cris désespérés se confondent dans la nuit.
Je sonne. Personne.
Je sonne, j'espère.
Tu vas voir, mon bébé, quelqu'un va venir te donner un grand coup à boire.
Attends.
Toujours personne.
Que cette nuit. Que ces petits paquets qui hurlent et désespèrent. Je viens mon tout-petit. C'est moi qui vais venir. Tu vas voir. Attends.
L'épisiotomie a resserré ma chair dure comme la pierre. J'ai mal, je m'accroche au mur, le sang coule. Je viens. Tu vois, il n'y a plus que la porte qui nous sépare. Ils ont cru qu'on avait besoin d'être séparées l'une de l'autre !
Voilà, tu vois, c'est moi. Je suis là, ma puce.
Mais oui, c'est ça, il y a trop de bruit, ils ne t'ont pas entendue.
Viens, oui, contre moi. Là oui, c'est fini. Comme ça. Viens, je t'emmène, viens boire un coup.
Comme on est bien toutes les deux dans mon lit ! Tu vois.
Installe-toi bien dans mon creux, oui là, non, non, ne

pleure plus. C'est fini. Allez, ne pleure plus. C'est fini. C'est fini.
Enroule-toi bien contre moi. Oui comme ça, c'est ça. Continue de téter, ma goulue, c'est bon. Prends ton temps.
Oui, oui. C'est bon.
Petits yeux de charbon.
Mais qui t'a appris à téter comme ça, petit fripon ?
Ma fripounette, ma gourmande.
Tu t'endors ?
Dors, fais un bon gros dodo ma dodue. Dors, dors.
Comme tu es douce maintenant.
Dors. Dormons.
Tu sens bon.

Les oiseaux commencent à se réveiller et chuchotent au jour de se lever. Repue, ma petite mère, tout alourdie de chaleur, dort contre moi. Son souffle léger continue de me bercer.

Soudain, dans notre havre, la tempête.
Une infirmière saisit Marion : « Mais, madame, enfin madame, vous auriez pu l'étouffer, vous ne savez pas ! »
L'ouragan. La bourrasque. Je ne comprends rien.
Marion illico est remise dans son berceau.
Elle hurle. Je n'entends plus qu'elle.
Elle, de l'autre côté de sa vitre, à nouveau. Dans son berceau transparent.
A l'heure d'une nouvelle tétée, remise dans la faim.
Remise dans le froid par la violence.
De mon côté, je pleure.
En silence.

Une mère et son bébé venaient de naître.
C'était l'été, en 1971.
Marion n'avait pas encore les premières dents qu'elle vient de perdre.

Trop d'échecs

L'enquête de l'I.N.S.E.R.M. que nous avons vue montre donc une remontée entre 1972 et 1976 du nombre de femmes qui allaitent (allaitement complet ou allaitement mixte) au 5e jour. La méthodologie de ce travail ne permettait pas d'aller au-delà de cette date.

Mais peut-on se contenter d'étudier l'allaitement au 5e jour ?

D'autres travaux montrent que l'allaitement est souvent, actuellement, de courte durée. Dans sa thèse L'Allaitement maternel : un exploit ?, Françoise Julien estime que près de 50 % des femmes qui avaient tenté d'allaiter ont dû cesser avant le 15e jour. Ceci n'est pas de l'ordre du choix, mais de l'échec.

Pourquoi tant de femmes n'ont-elles plus de lait ?

Pourquoi les femmes n'ont-elles plus de lait ?

Françoise Julien

Pourquoi les femmes n'ont-elles plus de lait ?

Cette question, j'ai commencé à me la poser dès le début de mes remplacements de pédiatre en ville.

Lors des consultations pour le premier examen de leur nourrisson, à la sortie de la maternité, de nombreuses jeunes mères me racontaient qu'elles avaient voulu allaiter leur enfant au sein, qu'elles avaient essayé, mais que rapidement elles avaient dû abandonner parce qu'elles n'avaient pas assez de lait. Parfois le lait s'était rapidement tari après l'apparition de crevasses ou d'un engorgement des seins ; parfois il leur semblait qu'elles n'avaient pas eu de montée de lait. Au moment où je voyais ces mères, l'enfant était déjà au biberon, parfois encore à l'allaitement mixte. Les femmes étaient découragées devant des difficultés qu'elles n'avaient pas prévues et n'avaient pas pu surmonter. Elles considéraient leur expérience comme un mauvais souvenir ; elles avaient subi un échec qu'elles ne s'expliquaient pas.

Le pourcentage de ces jeunes mères qui avaient choisi d'allaiter, mais avaient échoué dans leur tentative, m'a paru d'emblée très important. Cette impression subjective s'est révélée exacte lorsque, au terme de mon travail [1], j'ai recensé tous les dossiers des nourrissons suivis par notre groupe de pédiatres et nés en 1977 : sur l'ensemble des mères, 76,5 % avaient choisi l'allaite-

1. JULIEN (F.) : *L'Allaitement maternel : un exploit ?*, thèse pour le doctorat en médecine, Paris, Université de Paris VII, 1978.

ment maternel. Or, parmi celles-ci (en excluant les femmes ayant accouché aux Lilas et à Pithiviers), *presque la moitié (43,6 %) étaient mises en échec et arrêtaient le sein avant le 15e jour.*

Moi non plus je ne comprenais pas pourquoi des femmes qui exprimaient le désir d'allaiter, qui avaient « choisi » l'allaitement au sein venaient me voir en disant : « *J'aurais voulu allaiter, mais je n'ai pas pu.* »

Pour essayer d'y comprendre quelque chose, j'ai commencé alors à interroger systématiquement les femmes qui venaient me consulter avec leur enfant nouveau-né : celles qui avaient choisi de donner le biberon d'emblée, celles qui avaient choisi l'allaitement maternel, celles qui avaient des problèmes, celles qui n'en avaient pas.

J'ai cherché dans toutes les directions :

— *Les facteurs personnels et familiaux :* histoire de la mère (avait-elle été nourrie au sein ?), intervention du mari, des autres enfants, importance du désir d'allaiter, éducation... ;
— *Les facteurs sociaux :* mode de vie, travail, indépendance, milieu socio-culturel... ;
— mais aussi *les facteurs directement liés à la naissance :* accouchement, règlement de la maternité, place du lit de l'enfant par rapport à la mère, conditions de la première mise au sein, qualité d'écoute du personnel, interventions médicales, horaires, pesée des tétées...

Très rapidement, je me suis aperçue que dans ce type d'enquête (200 dossiers), les facteurs personnels n'intervenaient pas de manière évidente. En revanche, l'importance de l'environnement à la maternité (accouchement, date de la première mise au sein, rigidité des horaires, pesée, utilisation du tire-lait, liberté de la mère dans ses rapports avec l'enfant) apparaissait massivement. Ainsi grâce au témoignage des mères, j'ai été informée de façon détaillée sur ce qui se fait et se dit dans les maternités à propos de l'allaitement maternel. J'ai été informée... et en même temps stupéfiée par ce que j'apprenais, tellement la pratique, en matière d'allaitement maternel, est éloignée de la théorie.

Un témoignage, parmi d'autres

Cela se passe en 1978 ; Mme B..., qui vient d'accoucher dans une maternité hospitalière parisienne réputée pour son efficacité technique, me raconte :

— Je m'étais dit : « Si ça marche, je l'allaiterai. » En fait c'est beaucoup plus compliqué que je ne l'imaginais...

Au moment de l'entretien, l'enfant avait trois semaines, elle pratiquait l'allaitement mixte depuis la naissance.

— Comment s'est passé l'accouchement ?

— L'accouchement a été long. Les contractions ont commencé le matin et puis, dans la nuit, la dilatation s'est bloquée à sept ou huit centimètres. Je n'ai accouché que le lendemain matin et, dans un sens, c'était bien parce que, ainsi, mon mari a pu assister à la naissance...

— Votre mari n'a pas pu rester auprès de vous ?

— Non, dans cette maternité, les maris n'ont pas le droit de rester pendant la nuit. C'était drôlement décevant de le voir partir et de me retrouver toute seule la nuit au moment le plus dur...

— Qu'a-t-on fait de l'enfant à la naissance ?

— A la naissance, on m'a posé le bébé quelques secondes sur le ventre, puis la sage-femme l'a emporté pour le laver, le peser, le mesurer et puis l'habiller.

— On a eu de la chance, dit le père, parce qu'à ce moment-là il y avait un autre accouchement dans la salle d'à côté ; alors on me l'a mis dans les bras et on est restés environ une demi-heure ensemble tous les trois.

— Et ensuite ?

— Après on l'a descendu en chambre chaude.

— C'est quoi une chambre chaude ?

— C'est une salle où on réunit tous les nouveau-nés. Dans cette maternité, tous les enfants sont mis systématiquement en chambre chaude pendant trois jours.

— La chambre chaude était-elle à proximité de votre chambre ?

— Elle était à l'étage au-dessous de celui de ma

chambre. De cette façon j'ai été séparée du bébé pendant les trois premiers jours. C'était dur, d'autant plus que j'étais toute seule.

— Aviez-vous le droit de prendre l'enfant quand vous en aviez envie ?

— Pendant les vingt-quatre premières heures, on n'avait pas le droit de rentrer ni de toucher le bébé. J'avais envie de le prendre. Souvent dans l'après-midi, je suis descendue mais on ne me l'a pas donné. On l'a regardé tous les deux à travers la vitre...

— Mais le premier jour, vous ne l'avez pas allaité ?

— Non. J'ai demandé si on lui avait donné à manger ; on m'a répondu qu'on lui avait donné deux biberons : de l'eau sucrée puis du lait.

— Vous n'aviez pas dit que vous vouliez l'allaiter ?

— Si et on m'a seulement dit : « Venez demain matin à 9 h 30. » C'est ce que j'ai fait et pendant les deux jours suivants, j'ai pu l'approcher, mais seulement à l'heure des tétées.

— Comment se sont passées les premières tétées ?

— A la première tétée il n'a absolument rien pris, alors déjà on a complété au biberon. Ensuite on m'a fait venir à 12 h 30, 15 h 30 et 18 h 30. Si je venais un peu à l'avance et qu'il pleurait, je n'avais pas le droit de le prendre.

— Pourquoi ?

— Je devais attendre qu'il soit pesé. Même le bercer était plus ou moins interdit... en tout cas on nous faisait sentir qu'on était gênantes.

— Vous a-t-on aidée lors de ces premières tétées ?

— Mon bébé dormait souvent, c'était un problème pour le réveiller... car je n'avais droit qu'à dix minutes en tout pour le faire téter... L'infirmière chronométrait et au bout de dix minutes le reprenait pour le peser et donner le complément au biberon...

— Au bout de trois jours, on l'a mis dans votre chambre ?

— Oui, derrière la vitre. Mais le règlement était sensiblement le même : je n'avais le droit de le prendre qu'aux heures des tétées dix minutes en tout à chaque fois. En principe deux tétées supplémentaires étaient prévues : une à 6 h 30 le matin, une à 21 h 30 le soir.

— Vous l'avez donc mis au sein le deuxième jour,

d'abord quatre fois par jour pendant deux jours, puis six fois par jour, dix minutes à chaque fois... Et la nuit ?

— La nuit on les mettait tous à la nursery. Là tous les enfants étaient réveillés à 1 h 30 et on leur donnait un biberon...

— Savez-vous pourquoi ?

— Non. Un jour, j'ai demandé s'il pleurait la nuit ; on m'a seulement répondu : « Il n'est pas des plus méchants. » C'est tout ce que j'ai su.

— Dans la journée avait-il systématiquement un complément de lait artificiel à chaque tétée ?

— Oui et j'étais inquiète pendant les tétées quand je voyais qu'il dormait, parce que je savais qu'au bout de dix minutes on allait me le reprendre. Surtout à la tétée de 18 h 30, c'était classique : il n'arrivait pas à se réveiller. Or quand il ne prenait pas assez au sein à 18 h 30, on ne me le donnait pas aux tétées suivantes, ni à 21 h 30, ni à 6 h 30.

— Pourquoi ?

— L'explication était : « pour que les seins aient le temps de se remplir ».

— Qui vous disait ça ?

— Les « aides-puéricultrices ».

— Le pédiatre aussi ?

— Le pédiatre je ne l'ai vu qu'au moment de sortir, le septième jour.

Elle continue :

— J'avais du lait, mais le problème c'était un problème de temps : il fallait qu'il se réveille parce que, au bout de dix minutes, on le reprenait. Il n'y a que le soir qu'on le laissait un peu plus longtemps : dix minutes à chaque sein... pour les vider. Sinon c'était dix minutes à un sein et à la tétée suivante dix minutes à l'autre sein. De cette façon on a été obligé de compléter au biberon pratiquement à chaque fois.

— Vous n'avez pas protesté ?

— Ce n'était pas possible d'enfreindre toutes ces règles, parce que c'est l'organisation du service : à 15 h 30 par exemple, c'est la tétée pour tout le monde et puis après c'est fini. Moi, j'ai essayé de discuter pour pouvoir lui donner une tétée à 21 h 30, même quand je n'avais pas assez de lait à 18 h 30... Mais ça dépendait des infirmières. Il y en avait qui comprenaient, d'autres qui ne comprenaient pas. La femme qui était à côté de moi avait de la chance : elle avait beaucoup de lait, elle était sûre d'avoir son bébé à chaque tétée. Moi je me disais : « Vivement que je puisse rentrer à la maison et faire comme j'ai envie. »

— Et quand vous êtes rentrée à la maison, comment avez-vous fait ?

— J'ai arrêté de le réveiller la nuit, mais j'ai continué à le réveiller toutes les trois heures, à le peser et à compléter au biberon après chaque tétée. Ma mère me disait de ne pas le réveiller et de ne pas compléter (elle a allaité tous ses enfants pendant des mois). Mais moi on m'avait dit de faire comme ça et je pensais que les pédiatres, enfin tous les gens qui étaient là-bas, en savaient plus que ma mère là-dessus.

Et elle termine en disant :

— Maintenant je voudrais arrêter. Si je ne lui donne que des biberons, ce sera plus simple.

Le témoignage d'une pédiatre

Cela se passe en 1979 ; Mme X... vient d'accoucher dans une maternité des plus « cotées ». L'enfant est âgé de quelques heures lorsqu'une amie pédiatre est appelée pour l'examiner parce qu'il a froid. Elle examine l'enfant qui est bien, rassure la mère. Celle-ci lui dit vouloir allaiter au sein. La puéricultrice qui a assisté à l'entretien demande à la pédiatre :

— On le met à quel lait ?

— Quel lait ? Mais cette femme veut donner le sein...

— Oui. Mais quel lait de complément ?

— Ne lui donnez pas de biberons de complément, et laissez-la mettre son enfant au sein chaque fois qu'il réclame...

La puéricultrice visiblement ahurie continue :

— Mais elle n'aura pas de lait ! Il faut d'abord lui donner des biberons...

— Elle aura du lait si vous lui laissez mettre son enfant au sein à la demande.

Dépassée la puéricultrice s'en va. La mère demande :

— Alors, je le mets au sein quand ?

— Maintenant si vous voulez.

— Tout de suite ?
— Tout de suite.

La mère met l'enfant au sein. Ce dernier commence à téter immédiatement et efficacement. Arrive une autre puéricultrice qui, ne sachant qui est la personne assise à côté de cette mère qui allaite, se précipite sur l'enfant, le retire du sein et le remet dans son berceau en disant :

— Il faut le laisser se reposer. Ce n'est pas l'heure de boire...

La pédiatre se fait alors connaître, demande des explications :

— Cet enfant a froid, contre sa mère il se réchauffe. Cet enfant a faim, en tétant il se nourrit, se fait plaisir, fait monter le lait. Expliquez-moi pour quelles raisons vous le remettez dans son berceau.

Aucune explication n'est bien sûr possible. C'est le désarroi parmi les puéricultrices... et l'angoisse qui commence pour la mère et l'enfant.

Dans ces témoignages, comme dans la plupart de ceux que j'ai recueillis, on constate que beaucoup de conseils sont donnés dans les maternités, beaucoup d'attitudes et d'habitudes y sont prises, qui « se donnent l'air » de s'appuyer sur des arguments médicaux, scientifiques ; arguments qu'on ne songerait donc pas à discuter, mais arguments qui sont faux. Qu'en est-il en fait de la physiologie de la lactation, connue des médecins depuis des dizaines d'années — dans les revues et articles scientifiques — mais semblant tout à fait méconnue dans les maternités ?

Physiologie de la lactation

Le sein est à la fois un organe glandulaire qui sécrète le lait, et un organe musculaire susceptible d'excréter vers l'extérieur le lait qu'il a fabriqué.

a) *La sécrétion du lait*

Le déclenchement de la sécrétion lactée, la *montée laiteuse*, est sous la dépendance d'un processus hormonal qui ne fait jamais défaut : c'est sous l'influence de la prolactine, hormone sécrétée par l'ante-hypophyse, que le lait est sécrété [1]. Toutes les femmes ont une sécrétion lactée après la naissance de leur enfant.

Mais dans le phénomène de la lactation, il est absurde de considérer séparément d'une part la mère et d'autre part l'enfant. Pour que la montée laiteuse se fasse bien, il faut que l'enfant soit mis au sein et tète. Elle dépend, comme les autres phases de la lactation, de la présence du bébé, de ses besoins, de l'efficacité de sa succion. La satisfaction qu'exprime le bébé en tétant fait sécréter le lait de sa mère.

D'où l'importance de la première succion précoce :

— Plus l'enfant est mis au sein tôt, plus la montée laiteuse se fera précocement et harmonieusement : il saura se diriger vers le sein, attraper le mamelon et téter grâce au réflexe de fouissement, réflexe qui est présent dans l'heure qui suit la naissance, qui disparaît ensuite pour ne réapparaître que beaucoup plus tard [2] ;
— Grâce à la mise au sein précoce, l'enfant bénéficie du colostrum liquide sécrété par le sein à ce stade très précoce de la lactation, qui, même s'il est en quantité relativement faible, a des propriétés essentielles [3] ;

1. En dehors de la période de lactation, la sécrétion de prolactine est inhibée par l'action de l'hypothalamus et du « prolactin inhibiting factor ». Pendant la grossesse notamment, tant que le placenta continue à fonctionner, il n'y a pas de montée laiteuse.

En revanche, après la délivrance, la chute dans le sang maternel du taux des hormones œstrogènes et progestérones entraîne obligatoirement la sécrétion de prolactine, et la prolactine la sécrétion du lait.

2. Voir à ce propos ODENT (M.) : « L'expression précoce du réflexe de fouissement », in *Naître... et ensuite ?*, *op. cit.*, p. 169.

3. Sur les propriétés du colostrum, voir p. 229 et p. 235.

— Pour la mère enfin, la succion précoce du mamelon entraîne, par l'intermédiaire de la sécrétion d'ocytocine, la contraction de l'utérus contribuant à limiter le saignement utérin.

Après la montée laiteuse, la sécrétion continue...

Pendant les premières semaines, l'entretien de la sécrétion lactée est encore sous la dépendance de la prolactine. C'est la succion du mamelon entraînant périodiquement une levée de l'inhibition hypothalamique qui joue un rôle essentiel dans le maintien et l'abondance de la sécrétion lactée. (Il semble qu'après ces premières semaines la région hypothalamo-hypophysaire n'intervienne plus.)

La quantité du lait sécrété est réglée par la demande de l'enfant. Plus l'enfant a faim, plus il tète efficacement et plus la mère produit de lait. C'est l'enfant qui produit sa propre nourriture en tétant le sein. Ce n'est qu'en faisant téter le bébé fréquemment et régulièrement que la lactation pourra se maintenir.

b) *L'éjection du lait*

La bonne marche de l'allaitement est sous la dépendance d'un autre phénomène : l'éjection du lait. Contrairement à ce qui se passe avec le biberon, au cours de la tétée c'est le sein qui *éjecte activement* le lait qu'il contient, mécanisme provoqué par la succion de l'enfant [1]. Or l'éjection est très liée aux facteurs psychologiques, sensoriels et affectifs entourant le couple mère-enfant. Il s'agit là encore d'un réflexe neuro-hormonal où intervient une autre hormone, l'ocytocine [2]. Les stimuli positifs qui activent la sécrétion d'ocytocine, donc l'éjection du lait, sont la vue de l'enfant, ses cris, son comportement lorsqu'il a faim. Mais il n'y a pas que des stimuli positifs ; certains phénomènes tels que la douleur, l'inquiétude ou la crainte de ne pas avoir assez

1. Cela apparaît avec évidence dans le témoignage de Mme L...., p. 311.
2. Sécrétée par le lobe postérieur de l'hypophyse.

de lait suffisent à inhiber le réflexe d'éjection. Malgré la succion efficace de l'enfant apparaissent la stase, l'engorgement, les crevasses (le bébé affamé irrite le mamelon en suçant), la douleur, la lymphangite, etc., entraînant de nouveaux sujets d'inquiétude et ainsi de suite. On comprend alors combien il est important d'aider la mère, de la rassurer sur ses capacités à allaiter son enfant... Ce point est souvent négligé, ce qui est peu dire ! En fait, l'attitude des équipes soignantes, dans les maternités modernes, est parfois en contradiction avec les lois les plus élémentaires de la physiologie de la lactation.

Quelques causes (évitables) d'échec

Certes, les maternités où l'on affiche une attitude hostile à l'égard de l'allaitement maternel sont rares ; la plupart du temps, les équipes soignantes se disent favorables à l'allaitement maternel mais...

Dans la plupart des maternités, la femme, qui déjà n'a absolument pas été préparée à son statut de mère, se voit dépossédée de son enfant à la naissance : tant qu'elle est à la maternité, l'enfant appartient au personnel soignant. La jeune mère est considérée comme totalement ignorante pour ce qui est du bien-être et de la santé de son enfant. Fondamentalement, on ne lui fait pas confiance, on lui impose des règles rigides, elle doit s'y plier. On attend d'elle obéissance et discipline. Ce « rapt d'enfant » qui s'opère quotidiennement dans les maternités a été déjà dénoncé et continue pourtant. « Emprunter » l'enfant à sa mère, « pour s'en occuper mieux qu'elle », n'est pas fait pour lui donner confiance en elle, point dont nous avons déjà souligné l'importance. *Mais il y a, de plus, des facteurs « techniques » d'échec :*

a) *Le retard de la première mise au sein* d'au moins 24 heures, souvent 48 heures, est généralisé dans la plupart des maternités parisiennes

La possibilité pour l'enfant de prendre le sein dès la

naissance sur la table de travail n'existe qu'exceptionnellement. C'est pourtant la condition indispensable à la manifestation du réflexe de fouissement, permettant la première succion précoce, dont on a vu combien elle facilitait les mises au sein ultérieures. Tous ceux qui se sont intéressés à l'allaitement maternel sont d'accord : « Ce retard dans la mise au sein entraîne une involution rapide de la lactation chez la mère, ce retard étant, entre autres, un des éléments qui condamne la majorité des femmes à ne plus pouvoir allaiter normalement leur petit... », écrit le Pr Lestradet.

Alors... Pourquoi ce retard à la mise au sein ?

Il ne nous appartient pas de discuter ici des arguments tels que le risque d'inhalation pulmonaire en cas de détresse respiratoire ou neurologique, ou en cas d'atrésie de l'œsophage. Ce sont là des sujets de discussion qui semblent être inépuisables [1]. Contentons-nous de souligner d'une part que l'on soumet une immense majorité de nouveau-nés normaux à des règles adaptées à des cas très exceptionnels, et d'autre part que ces cas exceptionnels peuvent être dépistés à temps pourvu que l'on prenne la peine d'observer les nouveau-nés avec suffisamment d'attention. Ce retard à la première tétée ne semble pas reposer sur des arguments techniques très solides [2].

En fait, dans l'éloignement de la mère et de l'enfant pendant les premiers jours passe sans doute le besoin de se sécuriser pour le personnel médical : il lui est nécessaire de penser qu'il est plus compétent que la mère pour surveiller l'enfant dans cette étape de transition qui suit immédiatement la naissance. Par ailleurs, l'ignorance est souvent totale en ce qui concerne le colostrum puis la montée laiteuse. Ignorance également du réflexe de fouissement puisque les conditions généralement présentes lors de la naissance n'en permettent pas l'observation. On attend pour mettre

1. Sujet largement abordé dans *Naître... et ensuite ?*, *op. cit.*, p. 176 et suiv.

2. Sur l'aspect technique de ce retard, voir notamment H. Lestradet, p. 229 et suiv. L'aspect psychologique, symbolique, est abordé dans la table ronde, notamment p. 337 et suiv. (N.D.L.R.).

l'enfant au sein que la mère soit remise de la fatigue de l'accouchement. . On admet que la femme pendant les premiers jours n'a pas de lait. Or, dire à une femme dans les premiers jours : « Vous n'avez pas de lait » est un torpillage pur et simple d'une lactation débutante.

b) *Les tétées à heures fixes*

Les inconvénients des tétées à heures fixes ont déjà été signalés en 1946 par Waller, en 1955 par Lelong :

« Au début, et tant que la montée laiteuse n'est pas parfaitement déclenchée, le but est d'assurer l'augmentation de la sécrétion ; pour réaliser ce plan, il ne faut suivre aucune règle rigide, mais retenir que la sécrétion augmente d'autant plus que les mises au sein sont plus fréquentes et qu'à chaque tétée le sein est mieux vidé : offrir le sein à l'enfant chaque fois qu'il crie avec insistance, ne donner que des tétées courtes, cesser dès que l'enfant se détache du sein et s'endort. »

Or, cette notion — plus l'enfant suce le sein et plus la mère fabriquera du lait — est encore parfaitement méconnue. J'ai entendu dire, il y a quelques mois, par le médecin-chef d'une maternité à une femme qui avait des problèmes d'allaitement : « Ne donnez surtout qu'un seul sein à chaque tétée et complétez à chaque fois, ainsi vous garderez le lait de l'autre sein pour la tétée suivante. »

Dans une grande maternité parisienne, on supprime la moitié des tétées si les femmes ont peu de lait... On ignore ou l'on feint d'ignorer que la glande mammaire répond à la demande aux besoins de l'enfant. Beaucoup de femmes, à qui on n'a pas expliqué ce mécanisme, pensent qu'en donnant des biberons elles vont faire une « réserve de lait » dans leurs seins, pour enfin donner à leur enfant une « bonne tétée » qui le satisfera. Ce mécanisme de feed-back — « plus votre enfant tétera et plus vous aurez de lait » — est à expliquer à toutes les femmes qui allaitent. *C'est l'enfant qui fabrique le lait...*

c) *La pesée des tétées et son corollaire : les suppléments de lait artificiel*

La pesée des tétées a pour « résultat le plus tangible » de « perturber la lactation », écrit le Pr Lafourcade. De quoi s'agit-il ? On pèse l'enfant bien emmailloté, après l'avoir changé, on le donne à sa mère pour la tétée, on le repèse après. Or, le calcul de sa ration a été prévu à l'avance : d'après les « spécialistes », un enfant « doit » prendre six fois 10 grammes le premier jour, six fois 20 grammes le deuxième jour, six fois 30 grammes le troisième jour, moyen mnémotechnique facile pour l'étudiant en médecine ou l'élève infirmière, mais qui, appliqué sans souplesse et sans discernement, est parfaitement grotesque.

J'ai ainsi pu voir dans une maternité, il y a quelques jours, un bébé de 8 jours pesant plus de 4 kilos à la naissance, qui hurlait de faim depuis trois jours... il avait la même ration que son voisin de 2,5 kg, petit appétit, qui finissait tout juste ses biberons et que l'on forçait à boire... Il a fallu se battre contre le personnel de la maternité pour que le premier enfant mange à sa faim et pour que l'on ne force pas celui qui ne finissait pas ses biberons.

Cette pratique de rationner de façon rigide les nouveau-nés est déjà contraire au bon sens chez un enfant élevé au lait artificiel, mais étendre ce contresens aux bébés nourris au sein atteint le comble du ridicule : ainsi, quand un enfant au sein prend « plus que sa ration », c'est tout juste si on ne lui appuie pas sur l'estomac pour lui faire rendre ce qu'il a bu en « trop », en tout cas, on « gronde la mère ».

Une femme m'a en effet raconté qu'« elle s'est fait disputer » parce que sa fille avait pris 80 grammes lors d'une tétée alors qu'elle n'aurait dû en prendre que 40 grammes. Cette mère d'origine guadeloupéenne et ayant déjà allaité plus de six mois un premier enfant, n'a pas été très impressionnée par ce qu'on lui disait. « Je sais bien que mon lait est pour elle », m'a-t-elle confié avec un sourire.

Mais que se passe-t-il pour les autres femmes, celles

dont la lactation s'établit lentement, dont le réflexe d'éjection est déjà troublé par l'inquiétude qu'elles ont de ne pas avoir assez de lait ? On leur apporte leur enfant, elles donnent le sein à cet enfant parfois endormi, l'infirmière repasse quelque temps après, pèse à nouveau l'enfant et donne systématiquement la différence, entre sa ration et ce qu'il a pris, en lait artificiel, « pour qu'il tienne trois heures ». Ainsi le feed-back est troublé entre l'offre et la demande et, surtout, l'inquiétude que cette pratique entraîne peut à elle seule troubler le réflexe d'éjection. De là naît une nouvelle inquiétude, avec ses conséquences, ce qui conduira souvent à dire plus tard que « la mère n'avait pas assez de lait et qu'elle ne pouvait nourrir son enfant ».

d) *Les appareillages destinés à tirer le lait*

Il s'agit d'une pratique relativement récente et qui consiste à tirer le lait avec un appareil électrique que l'on utilise avant la montée laiteuse pour la favoriser (?), ou au moment de cette montée laiteuse pour soulager la mère. On retire ainsi à l'enfant son rôle fondamental et l'on fausse probablement tous les réflexes naturels. Dans la plupart des cas, ce procédé inquiète la mère plus qu'il ne la soulage et aboutit en fait au résultat inverse de celui que l'on était censé rechercher. Rares sont les femmes qui traversent victorieusement cette nouvelle épreuve.

J'ai été très étonnée par le fait que dans certaines maternités, l'usage du tire-lait électrique est presque systématique. Dès qu'il y a le moindre problème, on conseille aux femmes de remplacer les tétées par la « tireuse ».

Du lait maternel... pour quoi faire ?

Le désintérêt pour le lait maternel, voire le mépris total, apparaît dans les témoignages de ces femmes.

Effectivement, quand les femmes tirent leur lait, c'est très rare qu'il parvienne jusqu'à leur enfant. Ce problème n'est souvent pas pris en compte dans l'organisation des services de pédiatrie où le lait maternel est considéré comme « plein de microbes ».

Une infirmière, qui venait de prendre ses fonctions dans une petite maternité privée, m'a rapporté l'histoire suivante :

Une jeune femme avait accouché d'un enfant prématuré qui avait été transporté en pédiatrie. Cette femme voulait allaiter et tirait régulièrement son lait. L'infirmière, voyant les biberons de lait maternel s'accumuler dans un coin, demande à la surveillante ce qu'elle doit en faire. Et la surveillante répond, comme si c'était une évidence : « Mais on les jette, bien sûr. Que voulez-vous qu'on en fasse ? »

Dans ces conditions, on peut toujours faire de beaux discours sur la valeur unique du lait humain et se demander pourquoi les femmes sont insensibles aux arguments des pédiatres...

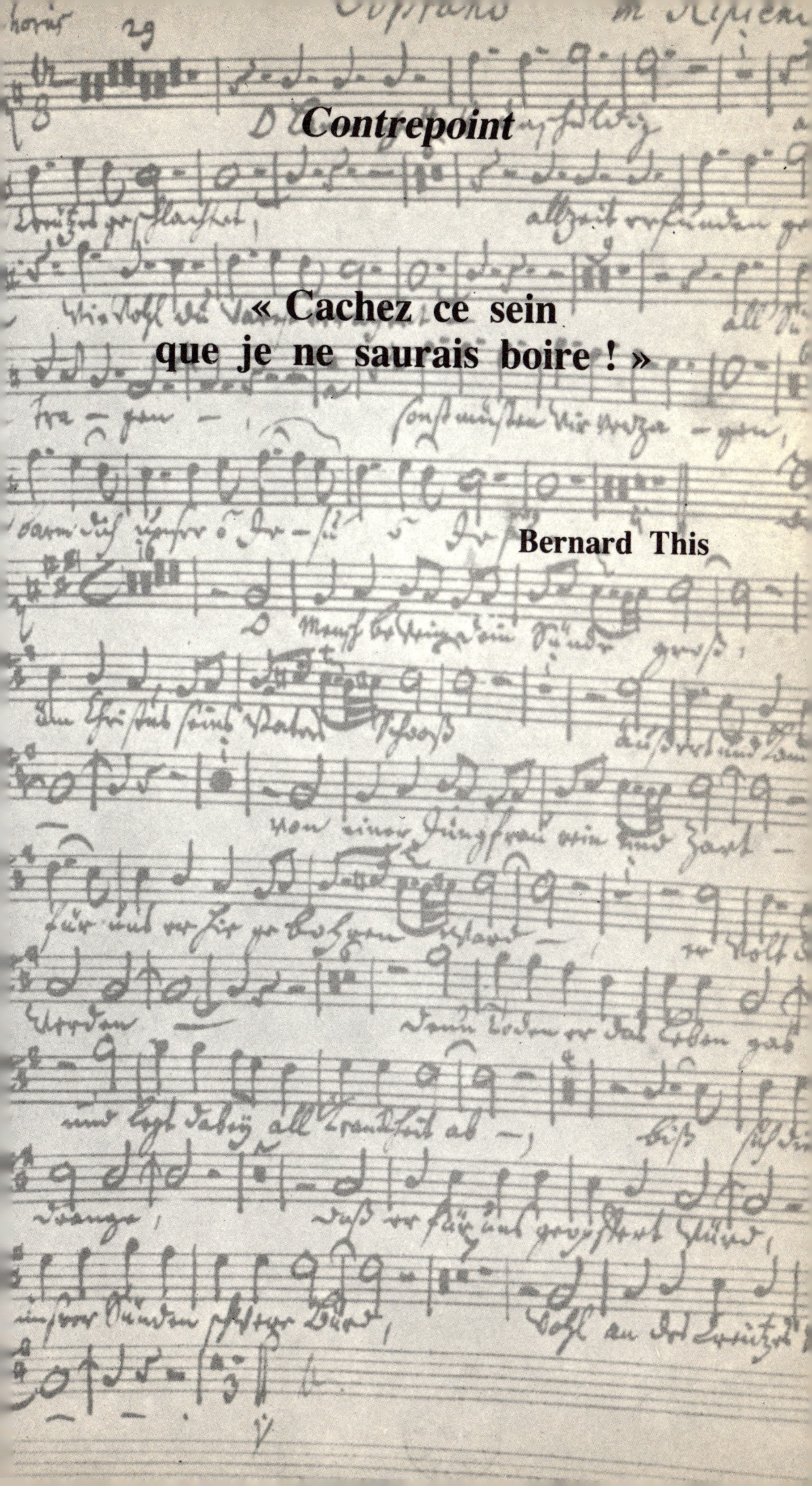

Contrepoint

« Cachez ce sein que je ne saurais boire ! »

Bernard This

Sein, sain, saint, ceint, seing... cinq mots, un seul phonème ! C'est dire l'importance de ce signifiant dans la langue française.

Convient-il de parler du sein avant d'évoquer l'allaitement ? Avant d'être dans les mains de l'enfant, n'est-il pas sous la main de l'amant, en ces « convis d'avant-naissance, de caressante jouyssance » ?

L'œil ne peut voir rien de plus doux
Bienheureuse la main qui les tient à son aise !
Et plus encore la bouche qui les baise !
Hélas, pourquoi gêner leur liberté ?
Nul ajustement ne les pare
Comme l'entière nudité.
Ce qu'il faut d'embonpoint, leur élasticité,
L'intervalle qui les sépare,
Ce poli du satin, cette aimable rondeur,
Du bouton incarnat de la rose naissante,
Ce bouton surpassant la forme et la couleur,
Ce transparent tissu de neige éblouissante,
Et l'azur qui dessous se divise et serpente,
Tout est vu, pressé, dévoré...

Et l'homme qui chante le « beau tétin », amoureux de sa belle, pour clore son poème ne peut que s'écrier :

Faible mortel, renonce à chanter leur empire,
Tout l'Olympe assemblé n'y pourrait pas suffire ;

Et ce qui fait leur prix, ce qui fait mon bonheur,
Auprès de ces tétons je sens... je sens un cœur [1].

Dans la poitrine, un cœur ! « Avoir du cœur au ventre. » Nous sommes là, à l'aube du langage, interrogeant les mots, leur origine, et nous émerveillant de leur richesse, lorsque nous comprenons « ce que parler veut dire ». Mammifères-porteurs de mammes (hommes ou femmes), nous parlons et la langue fait de nous des « parlêtres », des *êtres de désir*, qui n'existent que représentés par un signifiant pour un autre... signifiant.

C'est pourquoi nous irons de mot en mot, d'un sein à l'autre, ne sachant auquel nous vouer, caressant ceux qui nous sont chers d'être ainsi faits de chair.

Qu'est-ce qu'un *sein ?* demande l'essaim des saints. Est sein ce qui est sain ? Etymologiquement parlant, un sein n'est qu'un *sinus*, c'est-à-dire un *creux*, un *vide*. Est *sein*, primitivement, toute *concavité*, toute courbure de vêtement, tout creux de vague, tout enfoncement de la mer dans la terre (le « sein persique » ou le *golfe* persique, du grec Κολπος).

Par quelle aberration de langage, le « fond de la chose », ce qui se trouve « dans le pli de la toge », est-il devenu cette courbure sinusoïde qui désigne en termes de marine la partie de la voile gonflée, arrondie par le vent ?

Nous sommes habitués à considérer les seins comme des *convexités*, mais l'étymologie, « science du vrai », nous impose l'idée d'une *concavité*, d'un manque : le sillon mammaire, vallécule séparant les deux « mammes », a donné son nom à ce qui l'entoure, aux sommets. Faut-il s'en étonner ?

La même aventure est advenue en ce qui concerne la nomination des deux parties charnues de notre fondement ; ce qui s'appelle « fesses » était primitivement nommé « naches » ou « nages ». La *fesse* c'est ce qui est *fendu* — *fissus*, la fente, l'intervalle séparant les masses musculaires qui permettent à l'homme de nager ou de marcher. Les muscles « fessiers » ont reçu le nom de la

1. M. GUICHARD in *Les Blasons du corps féminin*, Club des libraires de France, p. 85.

« fente » qui les séparait. Curieuse migration nominale ! La nature a, dit-on, « horreur du vide ».

Concave-convexe, l'esprit humain semble hésiter en ce qui concerne les *sinuosités :* on confond l'intérieur et l'extérieur, la coupole et le dôme, la maison de Dieu — *Domus Dei* — étant souvent surmontée d'une construction hémisphérique, coupe renversée (*cupula* — petite cuve) qui peut être observée de l'intérieur ou de l'extérieur. Notons en passant que le périnée, c'est ce qui se trouve *autour* du *temple* (περι-ναος).

Dedans-dehors, quand l'homme est à l'extérieur, « au sein », il fait comme s'il était encore à l'intérieur, « dans le sein », dans le bas-sein (bassin), dans le ventre.

Dans la prière adressée à la Vierge Marie, « bénie entre toutes les femmes », Jésus est désigné comme « le fruit des entrailles ». En italien, cela se dit : *E benedetto sia il frutto del* seno *tuo, Gesu.* Un même mot désigne le sein-ventre et le sein-poitrine, confondant le haut et le bas. Rien de plus « flottant » que la désignation de cette partie du corps ! Quand une femme, dans le décolleté de sa robe, laisse apparaître ce qu'elle ne peut ou ne veut cacher, on parle de « gorge pigeonnante », de « poitrine généreuse ». « Y a du monde au balcon », disent les plaisantins !

Au XVIIe siècle, on nommait « estomac » cette partie du corps [1] qui se cache, de nos jours, dans un « soutien-gorge ».

La « gorge », en latin *gurga* — le gouffre ! Le médecin vous demande d'ouvrir la bouche pour examiner votre *gorge.* Vous buvez une gorgée, vous égorgez ou vous dégorgez, vous regorgez et vous vous rengorgez ! Où convient-il de situer la gorge [2] ? Au niveau du cou, au niveau de la poitrine ? Une voix de gorge, quel organe !

> *Doncque, ô gorge, en qui gist ma pensée,*
> *Dès le menton justement commencée,*

1. Le ventre, au Moyen Age, désignait aussi la poitrine, d'où l'expression « avoir du cœur au ventre ». Selon d'Aubigné, l'assassin d'Henri IV « tira de sa manche un couteau duquel il lui donna dans le petit ventre ».

2. En fauconnerie, la gorge est « le sachet supérieur de l'oiseau, qu'ailleurs on nomme poche, et lorsque l'oiseau est repu, on dit qu'il est gorgé. On appelle *gorge chaude* la viande qu'on donne aux oiseaux, du gibier qu'ils ont pris » (Furetière).

Tu t'élargis en un blanc estomach,
Qu'est l'eschiquier qui fait eschec et mact
Non seulement les hommes mais les Dieux,
Qui dessus toy jouent de leurs beaulx yeulx.
Gorge qui sert à Madame d'escu,
Par qui amour plusieurs foys fut vaincu...
Gorge de qui amour fait un pulpistre,
Où plusieurs fois venus chante l'épistre,
Qui les amans eschauffe à grand désir,
De parvenir au souhaité plaisir...

Dans son « blason de la gorge », Maurice Scève [1] chantait la « gorge yvoirine et très blanche, ronde et unie », par laquelle le « plasmateur de ce corps admirable » prolongea la beauté de la face.

« Gorge qui sert à Madame d'escu », la *poitrine*, étymologiquement bien sûr, est l'armure, le *pectoral* protégeant le cœur et les poumons. Mais *pectus*, en latin, c'est aussi le harnais, bande de cuir placée au bas du cou de l'animal de trait, sur son *poitrail :* harnaché il peut ainsi tirer d'énormes charges.

En haut le poitrail, en bas les entrailles : où situer ce sein baladeur dont l'enfant est le fruit ? Rabelais se moquait des seins tombants « grots et moletz » plus ou moins haut placés, qui donnaient au nouveau-*né* un *nez* plus ou moins redressé. « Pourquoi, dit Gargantua, est-ce que frère Jean a si beau nez ? Tout avant ! dit le moyne. Selon vraie philosophie monastique, c'est parce que ma nourrice avait les tétins moletz : en la laictant mon nez s'y enfondroit comme en beurre, et là s'eslevoit et croissoit comme la paste dedans la mer ! Les durs tétins de nourrice font les enfants camus ! »

Clément Marot, dans *Le Blason du tétin,* est plus câlin, plus amoureux des « tétons pleins d'appas ». Il reconnaît, quand il les voit, qu'« il vient à maints une envie, dedans les mains » de les tenir, mais il se faut bien contenir d'en approcher... car il viendrait une autre envie...

Hémisphérique, pour être contenu par la main d'un gentilhomme, le gauche étant généralement plus volumi-

1. M. Scève, in *Les Blasons du corps féminin, op. cit.*, p. 77.

neux que le droit [1], le sein ne peut qu'inspirer le poète amoureux de sa dame : c'est un fruit à nul autre pareil, principal ornement du corps :

O beau jardin que l'on arrose
Pour en avoir fruict, fleurs et feuilles,
Je te supplie que tu veuilles
A jour propice m'estre ouvert,
Pour y donner la cotte verd
A celle, par ma loyauté
Qui passe ung jardin en beaulté [2].

La manufacture *royale* de Sèvres avait créé, pour la laiterie de Rambouillet, un « bol-sein » moulé sur la poitrine de la reine. La manufacture *nationale* n'a pas sevré les républicains de cet objet : présenté en 1953 à l'exposition de Marie-Antoinette, à Versailles, il est encore reproduit de nos jours.

Mais trêve de plaisanterie, délaissons les bains de fraises et de framboises, écrasées, dont on faisait usage pour conserver le volume harmonieux des « glandes mammaires » (désignées dans les anciens écrits sous le nom de mamelles, du latin *mamilla*, petites mammes), et remarquons, dans les croquis de Léonard de Vinci, qu'une circulation veineuse imaginaire réunit le sein et l'utérus. « Les veines de la mamelle ont une grande sympathie avec la matrice », disait-on. Curieuse anatomie de la maternité qui confond le haut et le bas.

Celles qui ont nourri leurs enfants avec plaisir savent qu'une femme peut jouir quand l'enfant tète. Mais silence, les hommes n'en veulent rien savoir ! Le plaisir ne doit-il apparaître que dans les bras de l'amant ?

En caressant les seins de son amie, l'homme assurait l'érection des mamelons, mais ces jeux de « boutons mammaires », « le temps d'un sein nu entre deux chemises », ne pouvaient que solliciter le « bouton clitoridien », et l'on sait le plaisir des jeux de la porte, « des nuages et de la pluie », quand les amants

1. Dans 80 % des cas.
2. G. Corrozet, in *Les Blasons du corps féminin*, *op. cit.*, p. 265.

Essayans s'il serait possible
Que leurs nombrils, ensemble mys,
Devinssent un, de deux demys
Comme ils étaient premièrement,
En grand désir d'eulx réunir,
S'entrebaisent amoureusement.

Quand, neuf mois plus tard, l'enfant est déposé sur le ventre de sa mère, il découvre le volume paisible des mammes odorantes, monts jumelés, satinés de tendre chaleur ; sa joue sensible s'approche du mamelon, il tourne la tête, ouvrant tout grands les yeux... la bouche : il tète, il respire, écoute, devenant un petit amant. *Nouveau nez*, il inspire, *nouveau-né* il aspire, déglutissant le lait qui s'écoule généreusement.

Si la succion est un plaisir, comment vous décrire l'odeur du sein, le goût du lait, ce que l'enfant sent et ressent ? Erotisme des lèvres, du palais, de la langue ? Pourquoi localiser à l'orée du tube digestif les sensations érotiques ? *L'olfaction prime* la déglutition, elle l'annonce. Exposé au souffle de l'air, aux parfums, aux odeurs, il se sent à l'aise quand la respiration, berceau du rythme, s'est emparée de son corps ; caressé par les mains et la voix, il s'abandonne au creux d'un ventre pulsatile, nid chaud, vallonné, qui berce et protège. Et la *peau*, si sensible à la pression, à la chaleur des corps, au rythme qui les habitent, qu'en direz-vous, malheureux humains insensibles qui vivez de théories desséchées ! Si la peau aime les caresses, qui la font chair offerte à la chaleur ou à la douceur d'un contact amical, pourquoi oublirions-nous que le nouveau-né, si sensible, est le fruit de l'amour ? Sa sensibilité, « à fleur de peau », est un poème en qui gémit d'amour l'âme de ceux qu'il rassemble, poème en qui j'ai mis des mots « heureux de faire l'amour », poème en qui j'aime, parents, indéfiniment retrouver vos caresses et ce souffle que vous avez bien voulu m'accorder.

Qui oserait soutenir que le sein n'assure qu'une fonction digestive quand, observant l'enfant ivre d'amour, qui vient écraser son désir sur le sein maternel, pour tenter de récupérer cet objet perdu dont il faisait partie, nous pouvons constater qu'il s'endort dans les bras de sa mère, rouge de plaisir, en semiérection ? Et n'avons-nous pas remarqué que l'utérus de la petite fille se contracte au moment des tétées, des petites règles apparaissant parfois, témoignage de l'activité utérine ? Le corps d'une femme qui nourrit son enfant ne peut que se souvenir de ses premiers émois de nouveau-né, ne cessant de s'émerveiller de l'étonnante disponibilité de la bouche et du sein.

Quand la faim et la soif sont apaisées, le besoin satisfait, l'enfant paraît s'endormir, mais poursuivant sa conversation avec une mère intériorisée, il rêve et se laisse bercer. Se « laissant aller », il marque son territoire, l'élimination du méconium, au moment de la première défécation, témoignant de la mise en jeu du clavier digestif quand le nouveau-né se sent en sécurité. « Changé », mis au sec, réveillé par des soins inhabituels, l'enfant ouvre à nouveau les yeux : ils sont là, père et mère, extasiés, prêts à s'émerveiller du moindre rot, du plus léger soupir, des premiers vagissements. Ils chantent, bercent, parlent, sourient, mais, quand l'enfant répond par un sourire, son premier sourire, quelle émotion !

Le père est-il *jaloux* de cet enfant au sein, petit « amant » qui réjouit celle qui le nourrit ? Se sent-il rejeté, dévalorisé, infériorisé, ne se vivant plus que comme un inséminateur inutile, un géniteur incapable de rivaliser avec celui qui s'est emparé du sein ? Devenu père, il est toujours l'époux, le conjoint, mais parfois il n'est plus celui qui compte pour elle, le numéro un. Elle ne s'occupe que de « son » enfant, mère triomphante. Alors la jalousie « flambe », culpabilisée.

Il faut reconnaître que nos structures hospitalières ne font rien pour favoriser la relation enfant-père ! Nous faisons tout pour qu'il se sente rejeté, inutile : « Les visites sont terminées ! Allez ouste ! Déguerpissez, dégagez, débarrassez le plancher. On n'a pas besoin de vous ! »

Nous nous moquons de ces « pays sauvages » où l'homme est soumis aux rites de la couvade, s'occupant de l'enfant, mais « sauvagement » nous séparons le père de sa femme et de son enfant, nous lui interdisons de s'en occuper, faisant tout, à notre insu, pour que l'agressivité apparaisse et que l'homme régresse, *s'infantilise*. La femme se sent alors abandonnée, piégée dans une maternité vêlante et une féminité animale, reproductrice, dépréciée, endolorie.

Et l'on s'étonne ensuite des dépressions du post-partum ! On ne se demande même pas pourquoi les femmes refusent de nourrir ! On prêche, du bout des lèvres, l'allaitement maternel, mais on s'empresse de donner des biberons. L'allaitement artificiel est un « pis-aller », concède-t-on, sans entendre, dans cette expression, « pis à lait », la volonté délibérée de retirer le sein de la bouche de l'enfant. « Cachez ce sein que je ne saurais... boire ! »

On se plaint de la dénatalité et l'on veut faire de la procréation une obligation civique, de l'allaitement un devoir, mais, en même temps, dans les hôpitaux on fait tout pour « torpiller » la montée laiteuse, en séparant l'enfant de ses parents. Un prêchi-prêcha moralisant ne pourra résoudre les problèmes *institutionnels*, le rejet de la subjectivité, et du père, étant exigé, *structuralement*, par le *discours scientifique*. Bien entendu, on incriminera le mari comme étant l'instigateur du refus d'allaitement. C'est, dit-on, un *problème de couple :* « Je ne veux pas que ma femme abîme ses seins... Je veux conserver ma poitrine pour mon mari... ! Le biberon peut aussi bien faire l'affaire... Des laits " maternisés " assurent une courbe de croissance régulière et satisfaisante... L'industrie pharmaceutique peut prendre le relais... laboratoires, enrichissez-vous en libérant la femme de la maternité ! »

Avant d'être un problème de couple, l'allaitement est un *problème social :* dans les services hospitaliers où l'accueil amical des parents et des enfants est convivialement institué, les mères nourrissent spontanément, et le personnel médical n'a pas besoin de vanter pendant des heures la richesse du lait maternel. L'allaitement n'y est plus un exploit [1] puisque la *structure hospitalière* ne vient plus faire obstacle à l'établissement de la relation parents-enfant, le personnel médical étant, réellement, au service de l'enfant et de ses parents. Il est évident que le père, quand il reçoit l'enfant dans ses mains pour le déposer délicatement sur le ventre de son épouse, quand

1. JULIEN (F.) : *L'Allaitement maternel : un exploit ?, op.cit.*

il coupe le cordon ombilical avant de baigner l'enfant, participe activement à la naissance, et ne se sent pas agressivement rejeté : il n'est pas dévalorisé, et l'expérience nous montre qu'il est parfaitement capable de s'occuper activement et intelligemment de l'enfant. Quand le nouveau-né réchauffé s'est détendu dans le bain, quand il a bâillé et souri, son père est heureux de le placer sur le sein de l'épouse, et la première tétée, réveillant des émois archaïques, est pour lui aussi un plaisir. Les seins de son épouse étaient attractifs, objets de séduction, d'appel, au service d'un érotisme génital *incorporatif ;* ils sont maintenant le lieu d'un jaillissement *excorporatif,* dans une génitalité active, érotisée, centrée sur l'enfant, fruit de la relation amoureuse.

Le père en prend-il ombrage ? Est-il forcément exclu de cette relation mère-enfant, incapable de la trinifier ? S'il est piégé dans une *identification à la mère* de sa petite enfance, si le signifiant du « nom du père » n'est pas venu l'arracher à l'imaginaire de la « toute-puissance » maternelle, il se déprime, somatise, et va chercher ailleurs son objet perdu, cause de son désir. Le lait n'est plus ce *trait d'union* qui jaillit d'un sein dans une bouche, sous le regard heureux du père. (Voyez Rubens [1] et ses tableaux *Minerve défendant la paix contre Mars* ou *Mars, Vénus et Cupidon ;* le guerrier enlève son armure et contemple Vénus assise, nourrissant l'amour. Elle appuie sa main sur son sein et fait jaillir le lait que l'enfant attrape au vol. Ils se regardent et le lait coule, *trait liquide* que l'artiste ose tracer.) Si le *lait* n'est pas l'objet du *lai,* poème chanté, il est *laid,* écœurant, objet déprécié dont la *laie* abreuve *les* petits marcassins, qui cheminent dans la *laie* forestière. Curieuse langue française ! Voilà qu'après l'homonymie du *sein,* le signifiant « lait » surabonde, ô frère *lai* (laïque — de αος le peuple) émerveillé par les multiples sens de ce mot qui ne cessent de s'échapper du *laie* — coffre ou « tiroir » qui contenait la layette, c'est-à-dire les vêtements de ce nouveau-né qui s'endort

1. Comme le note André Guyaux dans « Le lait de la mère », in la revue *Critique,* n° 383, p. 368, Rubens a peint saint Augustin entre le Christ et la Sainte Vierge (Madrid). Va-t-il boire le sang du Christ ou le lait de la Vierge ? Elle lui tend son sein droit qu'elle extrait d'une robe rouge.

dans le berceau, « lez » sa mère, *près* de sa mère, sous le regard d'un père heureux, homme dont le sourire *lé* (large) réjouit tous ceux qui l'entourent.

On s'étonnera peut-être des divers sens de ce précieux signifiant que la langue ne peut oublier puisqu'il est à l'origine de la vie et de l'amour. Alain disait que « le premier hymne d'amour fut cet hymne au lait maternel, chanté par tout le corps de l'enfant, accueillant, embrassant, écrémant de tous ses moyens la précieuse nourriture. Et cet enthousiasme à téter est physiologiquement le premier modèle et le vrai modèle de tout enthousiasme au monde. Qui ne voit que le premier exemple du baiser est dans le nourrisson ? Il n'oublie jamais rien de cette piété première ; il baise encore la croix. Car il faut bien que nos signes soient de notre corps [1] ». Descartes affirmait que « nos premiers sentiments d'amour provenaient de ce que notre cœur recevait abondance de nourriture qui lui était convenable [2] ».

Mais certains voudraient penser que l'allaitement maternel n'est que mode passagère imposée à l'opinion publique par quelques écologistes, doux rêveurs perdus dans leur nostalgie du sein maternel !

A lire ce « Cahier du nouveau-né », on se surprendra à rêver d'une humanité enfin réconciliée, hommes et femmes joyeusement engagés dans leur paternité et leur maternité, soucieux d'accueillir plus amicalement leurs enfants. Mais avant de pouvoir vivre, tous ensemble, ce rêve, *alma mater*, que d'épreuves devrons-nous traverser? Les hommes et les femmes de notre civilisation croiront-ils longtemps encore que la Science est faite pour le bonheur de l'humanité ? Ouvrant les yeux sur cette réalité d'un *Objet* ou d'un paradis définitivement perdu, cesseront-ils d'invoquer quelque divinité pour se décider enfin à bâtir un monde plus amical où l'enfant — promesse de l'avenir — sera reçu moins agressivement, par des humains enfin *à l'aise avec le sein et le nombril !* Bonaventure Des Périers, dans son « blason du nombril », souhaitait déjà un monde « de chatouil-

1. ALAIN : *Propos*, « L'hymne au lait », 21 janvier 1924.

2. DESCARTES : *Traité de l'homme*, Œuvres complètes, édit. Adam Tannery, t. XI, p. 123

leuse jouyssance », où le petit poupin pourrait croître sans être endolori :

O l'ancienne cicatrice
De la rongneuse [1] *doloreuse*
Que déité trop rigoureuse
Fcit jadis au povre homefenin [2]
Animal sans fiel, ne venin !
Lequel contre toute piété
Fut divisé par la mytié
Et faict, d'un entier trop heureux
Deux demys corps trop langoreux,
Qui depuis sont toujours errans,
Et l'un et l'autre partout querans
En gran désir d'eulx reünir...

Mythe du paradis de l'origine, pouvons-nous t'évoquer en cette année consacrée à l'enfance ?

Connaîtrons-nous ce jour où tous les enfants trouveront aise, si franchement on le baise et caresse,

En remembrance singulière
De l'union jadis entière,
Où se peult trouver justement
L'heureux poinct de contentement ?

Noël 1978.

1. *Rongneuse :* action de blesser — rogner.
2. *Homefenin :* androgyne.

Ainsi donc, dans nos pays, l'allaitement maternel ne va plus de soi, et l'on peut sans doute accuser l'environnement médical moderne d'y avoir sa part de responsabilité.

Faut-il accepter cela comme une rançon du progrès qui a, par ailleurs, ses avantages, notamment sur le plan de la sécurité de naître et de vivre ?

Certains ne l'acceptent pas. Les pages qui suivent témoignent d'un certain nombre d'efforts pour changer les comportements vis-à-vis de l'allaitement...

De nouvelles tentatives...

- Provenant des institutions :
  - Pithiviers
  - Hôpital-sud de Grenoble
  - Mont-Saint-Aignan
- Provenant des femmes :
  - la Leche League
- Coup d'œil à l'étranger :
  - en Suède
  - en Angleterre

La première tétée

Michel Odent

En juin 1977, au cours des rencontres de l'hôpital Saint-Vincent-de-Paul, nous avions longuement décrit l'atmosphère favorable à l'« expression précoce du réflexe de fouissement [1] ». Nous avions insisté sur le respect de toutes les fonctions sensorielles du nouveau-né, et avions souligné l'incidence des conditions de l'accouchement, dans la mesure où une première tétée précoce exige une parfaite coordination des comportements de la mère et de l'enfant.

Depuis cette époque, nous avons observé des centaines d'autres nouveau-nés cherchant, trouvant et suçant le mamelon dans l'heure suivant la naissance. Nous avons mieux compris les effets de l'environnement matériel et mobilier, de la couleur des murs ou des rideaux... Nous avons davantage pris conscience de l'importance de la liberté d'expression des émotions, qui elle-même exige la liberté du corps.

De plus en plus nous interprétons la tétée — et en particulier la première tétée — comme un événement inscrit dans la vie émotionnelle, dans la vie sexuelle... c'est dire l'inutilité des plaidoyers rationnels en faveur de l'allaitement maternel ; c'est dire leur caractère parfois néfaste lorsqu'ils culpabilisent des femmes qui ont des « raisons » viscérales de ne pas allaiter. Ce qui importe aujourd'hui, c'est de banaliser des conditions de naissance telles que la plupart des nouveau-nés pourront chercher rapidement le sein de leur mère, et que la plupart des femmes pourront allaiter dans de bonnes conditions.

1. Voir *Naître... et ensuite ?*, *op. cit.*, p. 169 et suiv.

Allaiter simplement en 1980...
C'est possible !

Marie-Thérèse Thirion

Relation du travail d'équipe
de la Maternité de l'Hôpital-sud
à Grenoble-Echirolles.

Dans notre civilisation occidentale, très souvent une jeune femme qui vient à la maternité pour la naissance de son premier enfant, ne sait rien ou presque de l'allaitement maternel. Il est rare qu'elle ait eu l'occasion de voir allaiter dans sa famille ou ailleurs, à son travail, dans les lieux publics... Depuis le début de ce siècle, l'allaitement est devenu un phénomène tabou ; à l'heure actuelle, beaucoup de femmes se cachent pour nourrir leur bébé. Le contraste est frappant avec certaines femmes étrangères, en particulier africaines et maghrébines, qui viennent, elles aussi, dans nos maternités, et qui ont, souvent, cette connaissance instinctive, sans angoisse, des gestes à effectuer, connaissance transmise de femmes à femmes depuis toujours et... elles nous ont beaucoup appris.

Devant cette ignorance fréquente, chez les femmes françaises, de la manière dont il faut s'y prendre, lorsqu'elles le désirent, pour allaiter, on pourrait s'attendre, de la part des institutions hospitalières, des maternités, à un réel effort d'éducation sanitaire. C'est exceptionnel à l'heure actuelle.

Françoise Julien détaille, dans son article, comment le comportement habituel des soignants rend, en réalité, l'allaitement difficile : première tétée trop tardive, rations mesurées, pesées multiples, biberons de complément, etc.

D'une manière plus générale, il nous semble que, depuis le début de ce siècle, mais surtout depuis ces trente dernières années, l'organisation des maternités pour une plus grande sécurité de la naissance a conduit à une médicalisation peut-être excessive des soins aux nouveau-nés ; a conduit à s'occuper du bébé, pendant le séjour à la maternité, à la place de la mère, des parents ; a conduit à éloigner l'enfant de sa mère... tout cela contrariant la découverte mutuelle paisible de la mère et de son enfant.

Lorsque, en juin 1975, la maternité toute neuve de l'hôpital de Grenoble-sud, dirigée par le Pr C. Racinet, a ouvert ses portes, deux femmes ont été chargées d'organiser le secteur nouveau-nés - puériculture : Edith Brunet, sage-femme, était passionnée par les problèmes d'éducation sanitaire ; moi-même, pédiatre, j'avais, lors de la naissance de mes trois enfants, vécu (et subi) une grande part des aberrations hospitalières habituelles sur l'allaitement maternel. Mes allaitements, pour des raisons à chaque fois différentes, m'avaient laissée déçue, malheureuse, insatisfaite. Nous étions convaincues, toutes les deux, qu'il nous fallait établir les bases d'un accueil différent de la mère et du nouveau-né.

Petit à petit, toute l'équipe du service, profondément motivée, a organisé les détails pratiques, permettant la réalisation de ce projet. Nous avons cherché progressivement quels étaient les vrais besoins, les vrais désirs, des femmes qui venaient accoucher dans cette maternité. Nous avons retrouvé le temps de l'écoute, réappris le dialogue. Nous nous sommes efforcés d'oublier toutes les recettes traditionnelles, préférant fonder notre comportement à la fois sur nos convictions, nos réflexions, nos observations, et sur une littérature (notamment anglo-saxonne) plus cohérente que ce dont nous avions l'habitude. Au fur et à mesure de notre évolution, nous avons modifié l'organisation du service pour mieux pouvoir répondre aux mille et un petits problèmes qui pouvaient se poser.

A la base de notre recherche, trois idées simples :

- *Il est nécessaire d'apprendre à regarder le nouveau-né.*

- *Le bébé n'appartient pas à l'institution, au personnel de santé. Ses parents doivent pouvoir choisir ce qui leur semble bon pour lui.*
- *Notre rôle est aussi un rôle éducatif.*

Apprendre à regarder le bébé

Apprendre en regardant, en observant attentivement le comportement des nouveau-nés près de leur mère, dans le service, a été, pour nous, tout autant important que de lire et relire, au cours d'une étude bibliographique sérieuse, tout ce qui a été écrit récemment sur le nouveau-né : ses réflexes, sa nutrition, la relation mère-enfant, etc.

Nous avons ainsi redécouvert des choses fondamentales :

1. *Le nouveau-né a besoin de sa mère,* constatation évidente mais paradoxalement ignorée

Il a besoin d'une continuité de présence, de soins, d'amour. Notre rôle à ce niveau est d'intervenir le moins possible, de respecter, de protéger la relation immédiate entre la mère et son bébé, de préserver leur « corps à corps », et cela dès la naissance.

2. *Le nouveau-né, près de sa mère, sait téter* et manifeste sa faim souvent dès les premières minutes de vie et à peu près toujours dans les deux premières heures

Soit il pleure, signe facilement reconnaissable, soit surtout il cherche le mamelon, soulève sa tête, sent avec son nez, avec ses lèvres, le drap sur lequel il est posé ou les bras de sa mère qui le porte. Le nouveau-né est alors très actif, capable de se déplacer, de bouger la tête dans toutes les directions à la recherche du sein maternel. Son odorat joue un rôle capital dans l'identification du sein. Ce réflexe dit *réflexe de fouissement* a été très bien décrit ces dernières années, en particulier par Michel

Odent [1]. Il reste l'élément fondamental dans la mise en route de l'allaitement, tant pour la mère que pour l'enfant. En effet, respecté, ce réflexe aboutit à une *tétée spontanée et précoce* qui a une importance capitale pour de multiples raisons :

- Comme l'a démontré Archavsky, c'est pendant les premières heures de vie que le réflexe de succion est à son maximum. Un nouveau-né sait téter. Mais ce réflexe diminue progressivement à partir de la 6e heure pour ne redevenir réellement efficace qu'après la 48e heure. C'est pourquoi les premières mises au sein tardives (après la 24e heure) sont souvent beaucoup plus difficiles et donc éprouvantes pour la mère et pour l'enfant, sources d'échec de l'allaitement.
- Du côté maternel, outre son action sur la contractilité de l'utérus et donc sur le saignement, la succion du mamelon favorise la lactation : plus elle sera précoce, plus tôt se fera la montée de lait.
- Si la mère a choisi d'allaiter, autant que l'enfant bénéficie le plus tôt possible du colostrum, présent dans les glandes mammaires dès la fin de la grossesse, et qui a de multiples avantages nutritionnels et immunologiques que nous ne détaillerons pas ici [2].

3. *En quelques jours ou quelques semaines, spontanément, un nouveau-né allaité à la demande trouve un équilibre alimentaire très proche de celui qui aurait été imposé par la diététique traditionnelle*

Que le nouveau-né soit nourri au sein ou au biberon, ses repas étaient traditionnellement déterminés à l'avance, dans leurs horaires (et il était fréquent de réveiller un bébé pour le nourrir et, à l'opposé, de faire attendre un bébé braillard et affamé), et dans leur

1. Odent (M.) : « L'expression précoce du réflexe de fouissement », *Naître... et ensuite ?, op. cit.*, p. 169. On y trouvera des références bibliographiques.

2. Sur les qualités nutritionnelles du colostrum, voir p. 230. Sur ses qualités immunologiques, voir p. 235.

quantité (déterminée selon les cas par la graduation du biberon ou par la pesée avant et après la tétée).

Une parenthèse n'est peut-être pas inutile pour préciser ce qu'est l'*allaitement à la demande :*

- Le nombre et le rythme des tétées sont fixés par les réveils de l'enfant et non par l'horloge.
- L'horaire des tétées est très souple. Il est bon de maintenir un intervalle minimal (de deux heures à deux heures et demie) entre les tétées pour permettre une bonne digestion et préserver le temps de sommeil de l'enfant [1]. En revanche, il n'y a pas d'intervalle maximal ; il est inutile de réveiller au bout de quatre, cinq, six heures ou même plus, un bébé repu qui dort calmement. Le rythme spontané de l'enfant est accepté, en essayant de moduler doucement (en huit ou quinze jours) un horaire jour-nuit satisfaisant pour le reste de la famille.
- Il ne faut jamais forcer un nouveau-né à manger et donc ne jamais le réveiller.
- Du coup, le nombre des tétées est variable, allant, selon les enfants, de quatre à huit par 24 heures. En moyenne, beaucoup de nouveau-nés se fixent sur six ou sept tétées par 24 heures, mais cependant cela peut varier d'un jour à l'autre. En revanche, un certain nombre d'enfants s'organisent d'emblée sur quatre ou cinq tétées par 24 heures, avec une croissance tout à fait satisfaisante.
- La durée des tétées est également très souple, réglée uniquement sur l'état des seins de la mère et sur son état de fatigue. Il est conseillé simplement d'augmenter progressivement leur durée, de 10 à 30 minutes, pour éviter les crevasses et l'épuisement maternel.
- La quantité de lait prise à chaque tétée est absolument libre. Il est inutile de peser les quantités de lait prises par l'enfant. Cette habitude de pesée ne peut être que néfaste car fatigante et

1. La Leche League ne donne pas le même conseil et estime que, dans certains cas, l'intervalle entre deux tétées peut être beaucoup plus court. Voir p. 168. (N.D.L.R.)

culpabilisante pour les mères, et elle n'apporte qu'une sécurité illusoire.

- Enfin, le choix du mode de tétées, les deux seins ou un seul, sera à découvrir individuellement avec chaque mère, en fonction de l'âge de l'enfant et de l'abondance de la lactation.

Tout cela est donc très souple... mais souplesse ne veut pas dire perte de tout élément de surveillance !

4. *Le meilleur contrôle de l'alimentation et du bon développement du nouveau-né, c'est, là encore, de savoir observer son comportement*

Si le bébé, après les tétées, s'endort calmement, détendu, s'il dort au moins deux heures et demie à trois heures, on peut être sûr que son alimentation a été correcte. Ce seul signe pourrait suffire à la surveillance de l'allaitement. Pendant les premiers jours, on peut également contrôler la qualité de la succion et la quantité de lait dans les seins de la mère : lorsque l'allaitement se passe bien, le bébé tète avidement sans s'arrêter. Il déglutit régulièrement (en moyenne quatre à cinq mouvements de succion pour un mouvement de déglutition). Cela se voit et cela s'entend. Plus le lait est abondant, plus les mouvements de déglutition sont rapprochés. Au contraire, si le bébé tète goulûment et qu'il ne déglutisse que trois ou quatre fois par minute, on sait que la quantité de lait excrétée est faible. Enfin, quand le bébé repu s'arrête de téter, il doit rester du lait dans les seins de sa mère, ce qui est facile à contrôler par une minime expression manuelle.

Du coup, la pesée quotidienne (et bien sûr une seule fois par jour) n'est plus qu'un argument utile (mais non indispensable) pour sécuriser aussi bien les parents que le personnel des maternités et prouver, si besoin est, la bonne réussite de l'allaitement. A ce propos, il est à remarquer que la courbe de poids des premiers jours est bien souvent, en allaitement à la demande, différente de celle qui est habituellement décrite : la perte de poids, dite physiologique, des trois premiers jours est très réduite, moins de 5 % du poids du corps en moyenne, souvent moins. La courbe devient ascendante dès le deuxième ou troisième jour, et l'enfant a repris son poids de naissance avant le huitième jour et souvent dès le quatrième ou cinquième jour.

Ce bébé est leur bébé

Les parents doivent avoir la possibilité de choisir librement, après une information réelle, le mode d'alimentation de leur enfant :

— allaitement au sein ou au biberon ;
— allaitement traditionnel ou « à la demande ».

Pour qu'il y ait réellement libre choix, il est nécessaire de prévoir cette information très tôt, le plus tôt possible pendant la grossesse.

A la maternité, on ne cherche pas à « faire à la place de la mère » mais à l'encourager à « faire elle-même », en l'aidant si besoin, en guidant ses premiers gestes, en l'approuvant et en sachant aussi que le séjour à la maternité est un moment de découverte, d'apprentissage de ce bébé et de ses besoins. Ils ont le loisir de profiter de ces moments pour débrouiller les principaux problèmes, pour apprendre tout ce qui sera nécessaire pour que le retour à domicile soit un événement paisible et heureux, et non pas — ce qui est trop souvent le cas — une « solitude brutale avec un inconnu », source d'angoisse et de difficultés dans une période sensible.

Le personnel de la maternité n'a plus alors de recettes, de lois, à imposer aux parents. Il respecte leurs choix, apportant, si nécessaire, sa compétence, son appui technique, des compléments d'information.

Retrouver le temps d'une information sérieuse et objective

Autrefois les jeunes mères n'étaient jamais seules. Les premiers soins aux nouveau-nés, l'allaitement, étaient guidés jour après jour par les mères, grand-mères, matrones... toutes les vieilles femmes du village ou de la tribu qui « savaient » comment fairc. C'est ce rôle de grand-mère qui nous est maintenant dévolu, et nous devons retrouver le temps et les moyens d'une nouvelle information pour faire du séjour à la maternité une véritable « école des parents ».

L'idéal serait, bien sûr, une éducation à l'allaitement dès l'enfance ou l'adolescence ; pourquoi pas à l'école autant que dans la famille ? A l'heure actuelle cela n'étant qu'un vœu pieux, nous avons décidé de profiter de la possibilité qui nous est donnée pour essayer de faire une vraie préparation à l'enfant : dans le cadre des séances de préparation à l'accouchement, puis pendant tout le séjour de la mère et du bébé à la maternité.

EN PRATIQUE

L'organisation pratique de la maternité de l'Hôpital-sud à Grenoble-Echirolles s'est faite peu à peu, a beaucoup évolué et évoluera encore... Cependant un certain nombre d'idées pratiques, de solutions pratiques à des problèmes concrets peuvent être précisées.

Pendant la grossesse

Beaucoup de couples, à l'heure actuelle, participent très sérieusement à une préparation à l'accouchement. Il est facile d'y inclure une éducation sur le bébé à naître et sur l'allaitement. Cela ne représente qu'une ou deux séances supplémentaires dont les parents comprennent vite l'importance. Nous cherchons à sensibiliser les futurs parents à l'intérêt de l'allaitement, et aussi à corriger les multiples idées fausses qui remplissent encore nos livres, revues, conversations à ce sujet. Peu importent, dans le cadre du sujet abordé aujourd'hui, les détails de cette préparation. En revanche, nous voudrions souligner deux points : d'abord qu'il est important que ce thème de l'allaitement soit abordé très tôt dans la grossesse parce que, et c'est le second point, il faut laisser du temps pour le choix. Cette éducation ne se veut qu'informative ; il n'est pas question de démontrer de force, à des parents qui n'en sont pas convaincus, la nécessité de l'allaitement maternel. Ce serait courir à l'échec. Nous précisons bien qu'une femme ne doit jamais se sentir forcée à allaiter au sein, ni par nous, ni par son entourage, ni par quelque théorie scientifique ou philosophique que ce soit. Nous précisons bien qu'*il est tout à fait possible de nourrir un bébé, à la demande, au biberon, en créant avec lui une relation de plaisir mutuel aussi réelle et satisfaisante qu'avec l'allaitement au sein.* Enfin, nous ajoutons que, dans le service, aucune pression ne sera effectuée pour les décider dans un sens ou dans l'autre, et qu'elles seules auront à choisir, au moment de la naissance de l'enfant.

La naissance

En salle d'accouchement, laisser la mère et l'enfant se découvrir

Lorsqu'un enfant vient de naître, nous essayons de ne pas le séparer de sa mère. Sauf exception, justifiée par les circonstances, tous les soins qui lui sont nécessaires se font dans la salle d'accouchement. Chaque sage-femme, ou chaque médecin, en fonction de ses habitudes, de sa sensibilité, organise à sa façon l'accueil de l'enfant. De plus en plus souvent, l'enfant est posé sur le ventre de sa mère plutôt que sur une table, et le temps de leur découverte mutuelle ne leur est pas mesuré. Si tout va bien, nous savons qu'il n'y a pas d'urgence à couper le cordon, ni à aucun autre soin. Les voies aériennes sont aspirées, si c'est nécessaire, en laissant l'enfant à plat ventre, la tête sur le côté, plutôt que sur le dos. C'est tout à fait possible et aussi efficace. L'efficacité des réactions spontanées de l'enfant pour dégager son nez — toux, éternuements — est appréciée et nous ne nous pressons pas d'intervenir car nos méthodes d'aspiration restent — malgré tout — traumatisantes. Pourquoi poser un nouveau-né à plat dos, alors que ce geste, effectué un peu brutalement, va presque toujours entraîner un pleur violent qui va drainer le liquide des voies aériennes supérieures vers les bronches et donc contrarier son élimination physiologique spontanée ?

La première tétée

Dès les premiers signes de faim, l'enfant est mis au sein.

Lorsque le contact chaleureux avec sa mère est ainsi maintenu, le nouveau-né manifeste souvent sa faim dès les premières minutes, à peu près toujours dans les deux premières heures. Si sa mère a décidé d'allaiter, nous lui proposons alors de donner une première tétée.

L'enfant est placé près de sa mère, non emmailloté pour qu'il puisse se déplacer, en lui laissant bras et jambes totalement libres. Les seins sont nettoyés à l'eau bouillie (en évitant tout produit d'hygiène à odeur forte qui gênerait le bébé dans sa reconnaissance du mamelon). Le nouveau-né est laissé libre de chercher, on ne lui tient pas la tête, on le laisse découvrir, reconnaître et happer le mamelon « tout seul », uniquement guidé par la chaleur de la mère, son odeur, sa voix. Il tète à sa guise, quelques secondes ou plusieurs minutes. Même s'il ne prend que quelques gouttes de colostrum, cette première tétée sera essentielle.

C'est la première étape de l'allaitement à la demande.

Dans la chambre

A l'arrivée d'une jeune femme « en suites de couches », tout est mis en œuvre pour qu'elle se sente entourée, en sécurité, mais aussi totalement libre avec son enfant.

Une puéricultrice ou une sage-femme vient discuter avec elle, longuement, pour s'informer du mode d'allaitement choisi, traditionnel ou à la demande, lui expliquer l'organisation du service, le rôle actif qu'elle aura à remplir auprès de son bébé, et l'aide constante qu'elle pourra demander à toute l'équipe.

En pratique, à l'Hôpital-sud, le nouveau-né ne quitte pas la chambre de sa mère pendant tout le séjour à la maternité. Nous expliquons à chaque mère que, la nuit aussi, il est important d' « être là », pour mieux connaître son bébé, et qu'il ne sera enlevé la nuit quelques heures que si sa fatigue ou son manque de sommeil devenaient pesants, donc préjudiciables au bon équilibre de leurs relations.

La mère est invitée à participer, dès le premier jour, à tous les soins du nouveau-né. Elle assiste à la toilette, dans la chambre, apprend à le baigner, à nettoyer son visage, à le peser, à faire les soins du cordon, à l'habiller. Dès qu'elle le désire, l'auxiliaire de puériculture lui laisse faire tous ces gestes, restant à côté d'elle en permanence pour la guider, la soutenir.

Chaque matin, ensemble, la mère et l'auxiliaire de puériculture (appelée aussi, joliment, « nourrice » dans beaucoup de maternités) analysent la courbe de poids journalière, regardent l'aspect des selles, des urines, leur nombre, discutent des mille et un petits problèmes qui peuvent se poser : une peau trop sèche, quelques selles un peu liquides, un bébé trop endormi, ou encore ictérique [1], ou qui sursaute au moindre bruit, ou... Surtout elles apprennent l'une et l'autre, l'une par l'autre, à connaître le comportement de l'enfant, son rythme de faim et de sommeil, et envisagent comment articuler tout cela avec les désirs et les possibilités de la maman.

Réapprendre à allaiter

Nous avons déjà vu les principes de l'allaitement à la demande. Quelques détails pratiques sont précisés à la mère :

- Un des points importants est d'attendre les signes de faim de l'enfant ; insistons sur le fait que c'est la mère elle-même qui va reconnaître ces signes et qui va décider du moment de la tétée. Elle sait qu'elle peut alors appeler pour que quelqu'un vienne lui tenir compagnie.

1. *Ictère :* synonyme de jaunisse, coloration passagère des téguments de certains nouveau-nés.

- Le moment de la tétée doit être un moment calme, il faut veiller à l'environnement : pas trop de visites en même temps, à éloigner les racontars anxiogènes (abcès, crevasses, manque de lait...) parfois apportés par l'entourage.
- Pour bien apprendre à allaiter, nous sommes convaincus qu'une femme ne doit pas être seule avec son bébé. Dans le service, une auxiliaire de puériculture, une puéricultrice ou une sage-femme, assiste à *toutes* les mises au sein, jusqu'à ce que la mère soit absolument confiante et « techniquement au point ». Il faut, en moyenne, 48 heures à une jeune mère pour se sentir à l'aise dans l'alimentation de son nouveau-né. Pendant ces 48 premières heures, chaque fois que la mère le demande, un membre de l'équipe reste à côté d'elle pendant les 15 à 30 minutes que dure la tétée, pour la guider, l'aider.

Un point fondamental est d'apprendre aux jeunes mères à bien s'installer. Une grande cause d'arrêt précoce de l'allaitement est la fatigue, et les douleurs dorsales, provoquées par ce mode d'alimentation. En réalité, il est facile de les éviter en veillant au confort de la mère et du bébé.

La mère doit être confortablement installée, soit couchée sur le côté, son bébé allongé en face d'elle, soit assise (fig. 1 et 2). La position du bébé est également essentielle (fig. 4).

Fig. 1. — Bonne position couchée.

Fig. 2. — *Bonne position assise :* Le dos est bien rectiligne, appuyé sur un dossier ou des coussins, les genoux sont relevés au niveau du bassin, le coude peut être mieux appuyé qu'ici, le bébé est assis sur les cuisses.

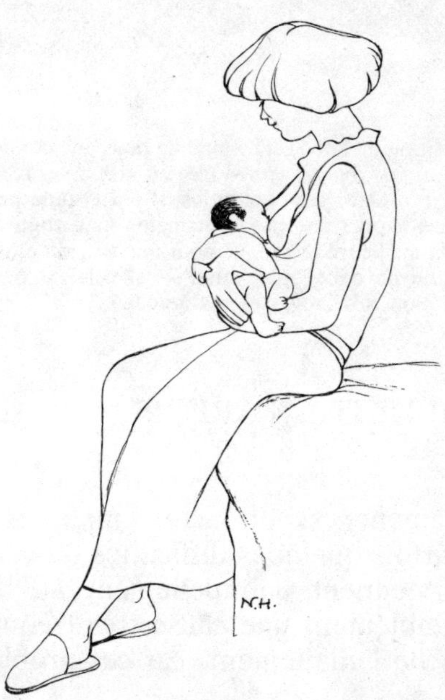

Fig. 3. — *Il faut éviter à tout prix les positions instables,* les jambes pendantes au bord du lit, le poids du bébé sur les bras, source de contractures dorsales qui deviennent, au bout de quelques jours, franchement douloureuses.

Fig. 4. — La position du bébé est essentielle pour une bonne succion. *Il doit être le plus vertical possible, le visage face au sein de sa mère, la bouche au niveau du mamelon.* Dans ces conditions, il n'a aucune peine, en ouvrant grand la bouche, à happer non pas le mamelon mais *toute l'aréole du sein.* Ceci représente la meilleure technique pour une succion efficace et donc une bonne alimentation du bébé, mais aussi — et cela est peu connu — une excellente prévention des crevasses maternelles.

DES DIFFICULTES, PARFOIS [1]

Si l'allaitement est un acte simple et naturel, il comporte parfois quelques difficultés ou complications. Celles-ci surviennent habituellement au début. Elles sont indiscutablement une cause très fréquente d'arrêt très précoce de l'allaitement, car ces problèmes passa-

1. Si, paradoxalement, l'exposé des difficultés prend une place importante *dans cet article,* c'est que les techniques utiles pour leur prévention ou leur traitement méritent d'être parfaitement connues pour que, *dans la réalité,* elles tiennent peu de place.

gers sont ressentis comme de véritables drames par la jeune mère anxieuse et parfois un peu déprimée vers le troisième ou quatrième jour, alors que l'alternative est là, tentante dans cette atmosphère dramatisée : le biberon !

En réalité, beaucoup de ces difficultés peuvent être prévenues. Si certaines peuvent, à l'occasion, survenir, deux facteurs sont alors très importants :

— Le personnel de la maternité peut apporter un appui technique utile, à condition que tous adoptent les mêmes solutions efficaces et qu'il n'y ait pas les habituelles contradictions entre les différentes équipes (autant de personnes, autant d'avis différents... que faire ?) ;
— La jeune mère franchira d'autant plus facilement un cap un peu difficile qu'elle sera encouragée, rassurée, *soutenue*.

Quelques difficultés possibles au début

L'échec de la mise au sein
L'hypogalactie transitoire
Les mamelons ombiliqués
La fatigue maternelle
L'enfant qui se réveille mal

1. La difficulté la plus angoissante pour la mère, c'est *l'échec de la mise au sein*

Le bébé est manifestement affamé, souvent un peu énervé, sa mère voudrait le nourrir, mais il refuse le sein. Il refuse totalement de téter ou il n'arrive pas à attraper correctement le mamelon, ou encore il tète quelques secondes, se rejette en arrière en hurlant, retète, crie à nouveau... Il est inutile et néfaste d'essayer de « convaincre » le bébé par la force, de le tenir trop fort, de lui appuyer la tête sur le sein. Son premier réflexe sera de se rejeter en arrière pour libérer son cou, sa tête, et, à la tétée suivante, il se souviendra d'un « danger », d'un « inconfort » majeur lié à l'approche du sein. Très vite, ce sera alors la panique mutuelle de la mère et de l'enfant et donc l'échec de l'allaitement.

Le plus souvent, quelques précautions suffisent à prévenir cet échec :

- Ne jamais mettre sur les seins de la mère des produits d'hygiène à odeur forte qui gêneraient le bébé dans sa reconnaissance du sein.
- Laisser le nouveau-né maître de ses mouvements. *Ne jamais lui tenir la tête fermement,* il suffit de la soutenir doucement.
- S'il n'a pas envie de téter, *ne jamais le forcer.* Laisser l'enfant contre sa mère sans chercher à poursuivre la tétée. Les laisser s'apaiser, se retrouver.
- *Ne pas donner de biberons de complément.* Ceux-ci devraient être réservés aux enfants dont la courbe de poids n'est pas satisfaisante après le troisième, quatrième jour. Leur nécessité est tout à fait exceptionnelle lors d'un allaitement à la demande bien conduit. Ces biberons de complément ont plusieurs inconvénients : le lait coule tout seul, trop facilement ; la tétine est très facile à saisir, beaucoup plus que le sein de la mère, et cette simplicité rassure à tort la mère et le personnel des maternités pour qui la seule chose importante est de nourrir le bébé. En fait, ce dernier risque de découvrir très vite qu'il est beaucoup plus facile de téter ainsi et refusera le sein en attendant à chaque fois impatiemment le biberon qui suivra.
- Expliquer calmement à la mère qu'une tétée « ratée » ce n'est pas grave, qu'il faut laisser l'enfant se calmer, se reposer, qu'il mangera mieux un moment après, quand tous les deux seront en meilleure forme, qu'il ne risque rien à attendre un peu et que c'est la seule façon de préserver les chances d'un allaitement maternel réussi. Cette déculpabilisation, cette dédramatisation est très importante pour redonner confiance à la maman. Il est en effet très dur pour une jeune mère de voir son enfant refuser le sein, hurler à son approche, se rejeter en arrière. Si cela se répète, c'est l'échec de l'allaitement.

Eviter les erreurs et rassurer la mère sont indispensables au même titre pour pouvoir poursuivre l'allaitement.

2. *L'hypogalactie transitoire :* la montée de lait est lente à s'établir, le bébé a faim malgré une succion efficace

Il faut savoir que la principale cause de « manque de lait », pendant la première semaine, c'est un allaitement mal conduit avec, en particulier, une première mise au sein trop tardive (plus de 12 à 24 heures après la naissance) et ensuite des tétées trop peu nombreuses. Dans un allaitement à la demande démarré dès la naissance, l'hypogalactie transitoire est tout à fait exceptionnelle.

Si, malgré tout, une maman n'a pas assez de lait :

- Pendant les trois, quatre premiers jours, il faut multiplier un peu les tétées, laisser le bébé téter souvent et longtemps, conseiller à la mère de beaucoup *se reposer,* beaucoup *boire ;* voir avec elle si elle n'a pas une cause d'inquiétude, d'angoisse qui gêne la physiologie normale de sa lactation.
- A partir du quatrième jour, si le bébé sait bien téter et si la courbe de poids est limite, on peut proposer quelques biberons de complément *après la tétée.* Là encore il faut simplifier la technique, ne pas peser, ne pas compter : il suffit de mettre le bébé au sein normalement chaque fois qu'il a faim. Le laisser téter une dizaine de minutes (pas trop pour ne pas le fatiguer) puis immédiatement après lui *proposer* un peu de lait au biberon dont il prendra ce dont il a envie. Bien sûr ne jamais le forcer à téter s'il ne veut pas, ni à terminer ce biberon. Redire aux parents que là encore le comportement du bébé, son sommeil paisible rassasié, devra être leur seul guide et que la pesée *quotidienne* sera amplement suffisante pour prouver l'efficacité de ce mode d'alimentation. Au fur et à mesure que la lactation abondante s'établira, le bébé refusera

les biberons de complément et les parents sauront clairement quand ils pourront s'en passer.

3. *Les mamelons ombiliqués*

Redoutés à tort par les mères et le personnel des maternités, les mamelons ombiliqués ou aplatis ne sont pas du tout une contre-indication à l'allaitement.

Il suffira :

- De placer le bébé en très bonne position face au sein de sa mère. Il peut très bien téter l'aréole même si le mamelon est aplati ou invaginé, et le simple fait de téter formera les bouts de sein de sa mère en quelques jours.
- D'éviter à tout prix les tétrelles, tétines..., « intermédiaires » entre la mère et l'enfant qui sont totalement inefficaces, fatiguent l'enfant et ne forment pas le mamelon.

Il faut démystifier cette idée du bout de sein « malformé » qui affole la maman, risquant de répondre trop à point à ses angoisses d'être une « mauvaise mère ».

4. *La fatigue maternelle — Cas des césariennes*

Parfois la maman est très fatiguée les tout premiers jours après la naissance, surtout s'il y a eu pathologie pendant la grossesse ou intervention obstétricale. Mais aucune de ces raisons, et en particulier la césarienne — contrairement à ce qui est souvent dit — n'est, en soi, une contre-indication à l'allaitement maternel.

Le rôle du personnel de la maternité est alors d'adapter individuellement l'alimentation du bébé aux possibilités de la maman. Donc :

- Nourrir le bébé à la demande au biberon (avec du lait maternel d'autres femmes ou à la rigueur avec du lait maternisé) chaque fois que c'est nécessaire.

- Ne pas trop retarder les premières mises au sein. Savoir encourager la mère sans la forcer bien sûr. Dans notre service, les femmes ayant subi une césarienne ont parfois mis leur bébé au sein dès la troisième ou la quatrième heure après la naissance, sans aucune difficulté.
- Aider tout particulièrement ces femmes à bien s'installer. Apprendre à bien allaiter couchée.

5. *Dernier petit problème de démarrage : l'enfant qui se réveille mal*

C'est en fait un faux problème :

- Ou bien il s'agit d'un nouveau-né en pleine santé à courbe de poids satisfaisante, au comportement parfait, qui simplement n'a envie de manger que trois ou quatre fois par jour mais qui de toute évidence arrive à une ration correcte en tétant peu souvent. Et, bien entendu, il faut respecter son rythme... et le laisser dormir.
- Ou bien il s'agit d'un enfant trop endormi, qui ne se réveille vraiment pas tout seul, *hypotonique souvent* quand il est éveillé et dont la courbe de poids chute trop profondément ou reste stationnaire. C'est souvent le cas des enfants prématurés à 37, 38 semaines. Il peut s'agir d'autres causes pathologiques. Dans ces cas-là, chaque cas individuel sera adapté, après avis du pédiatre, pour permettre un meilleur démarrage du nouveau-né.

Pour prévenir les complications locales

L'allaitement n'est pas douloureux. Les deux complications les plus fréquentes : crevasses et engorgement, peuvent l'être. La souffrance des femmes lors des mises au sein est une cause majeure d'abandon.

C'est dans les huit premiers jours qui suivent la naissance que ces complications peuvent survenir ; durant cette période, la surveillance des seins doit être minutieuse pour prévenir les complications et pour proposer, au moindre signe, un traitement adapté. Au-delà, après le 10e, 15e jour, si le départ a été bon, le risque de complications devient très faible, l'allaitement entre dans sa phase « de croisière ».

1. *La prévention des crevasses*

C'est d'abord et avant tout, je l'ai déjà dit, la bonne position de l'enfant, face au sein de sa mère, le visage à la hauteur du mamelon, pour favoriser une succion large de l'aréole, donc diminuer les traumatismes sur le mamelon seul.

C'est aussi une hygiène rigoureuse : hygiène des mains, hygiène des seins, qui seront soigneusement lavés à l'eau et au savon, de préférence sous la douche, une ou deux fois pas jour. Entre-temps, avant et après la tétée, un rinçage à l'eau bouillie est conseillé pendant les premiers jours. Nous n'utilisons dans le service presque plus d'autres produits, en particulier nous avons supprimé les désinfectants forts (alcool, glycérine, alcool iodé et les pommades cicatrisantes). Si, par exception, une application est conseillée, elle doit avoir lieu *après* la tétée. En revanche, un point essentiel est le *séchage du mamelon*. Pour prévenir les crevasses, les bouts de sein doivent être bien séchés, recouverts d'une compresse qui sera changée aussi souvent que nécessaire lorsque les seins coulent. Eventuellement, nous conseillons aux mamans de sécher leur mamelon au sèche-cheveux soufflant, de temps en temps, pour éviter toute humidité résiduelle sur le mamelon.

Troisième point important : la durée des tétées, sans être limitée de façon draconienne, sera *progressivement croissante*. Nous conseillons aux mamans de ne pas dépasser une dizaine de minutes à chaque sein pour chaque tétée les premiers jours. Puis, si tout se passe bien, elles pourront augmenter progressivement ce temps en fonction du désir de leur bébé et de la bonne tolérance de leurs mamelons à une succion plus prolongée.

Ces précautions simples : bonne position du bébé, hygiène des seins soigneuse mais non agressive, séchage et maintien au sec du mamelon, tétées proportionnellement croissantes, suffisent à diminuer de façon presque totale les risques de crevasses des premiers jours (moins de 6 % des femmes allaitant dans notre maternité en souffrent).

Si, malgré cela, on voit apparaître quelques gerçures douloureuses ou une crevasse vraie, le traitement est simple :

- Supprimer la tétée du côté malade pendant quelques heures. Ne pas non plus utiliser de tire-lait tout aussi traumatisant. Simplement, laisser le sein « se reposer » et cicatriser en surveillant soigneusement la tension mammaire pour éviter un engorgement. Si les deux seins sont douloureux et crevassés, le bébé sera nourri au biberon pendant ce temps de cicatrisation. Ce « repos » des seins, le mamelon bien au sec, est le meilleur moyen d'arrêter la formation ou l'évolution des crevasses.
- On peut également dans ce cas discuter l'utilisation de pommades couvrantes et cicatrisantes qui sont parfois utiles contre la douleur, mais il faut proscrire les pommades grasses trop épaisses qui font macérer.

2. *La prévention de l'engorgement*

L'engorgement douloureux des seins est très fréquent au moment des premières montées laiteuses, donc dans les cinq ou six premiers jours après l'accouchement. Il est essentiel et facile de l'éviter, aussi bien pour garantir une bonne lactation que pour préserver l'avenir « esthétique » des seins des jeunes femmes. En effet, ce sont les variations brutales de volume des seins avec tension exagérée qui sont à l'origine des vergetures et lésions du tissu sous-cutané qui laisseront des cicatrices indélébiles.

Une femme qui allaite doit avoir les seins comme pendant sa grossesse : un peu gonflés mais ni très tendus, ni durs, ni douloureux, et cela pendant toute la durée de la mise en route de la lactation.

Pour cela, d'une part, nous conseillons le *port d'un soutien-gorge* de bonne qualité (mais pas obligatoirement un modèle étudié spécialement pour l'allaitement) afin d'éviter la stase dans les canaux galactophores ;

d'autre part, il est important de surveiller attentivement l'apparition d'une tension mammaire et, si elle survient, d'apprendre aux femmes à vider leurs seins.

Comment vider ses seins ?

- Le plus vieux moyen connu est l'expression manuelle douce qui peut permettre sans douleur une excrétion du lait en surplus et qui est facile à réaliser à tout moment. Il suffit d'appuyer doucement, les deux mains bien à plat sur le sein, en commençant contre le thorax et en allant progressivement vers le mamelon.
- Si ce moyen ne suffit pas à faire disparaître la tension mammaire, le meilleur moyen est la *douche chaude* aussi souvent que nécessaire. La pression douce exercée par le jet et la chaleur de l'eau ont une action immédiate et prolongée permettant de vider les seins sans douleur et totalement. A la maternité de l'Hôpital-sud, nous conseillons aux femmes de se doucher chaque jour une ou deux fois et beaucoup plus souvent s'il existe un début d'engorgement mammaire. Il faut préciser que ces douches ne gênent en rien la cicatrisation d'une épisiotomie.

Nous avons complètement supprimé depuis deux ans l'utilisation du tire-lait, instrument douloureux, traumatisant autant pour les bouts de sein que pour le moral des femmes, et tout à fait inutile si la maternité possède un équipement sanitaire minimal avec douches dans chaque secteur. Dans notre expérience, le tire-lait est maintenant uniquement réservé aux mères dont le nouveau-né a été transféré en unité pédiatrique et qui désirent nourrir leur bébé dans ces conditions plus difficiles.

Ces moyens très simples : port du soutien-gorge, seins bien vidés après les tétées, douches chaudes, ont fait disparaître les engorgements énormes et douloureux que nous rencontrions auparavant. Il n'est plus jamais nécessaire d'utiliser des injections de posthypophyse pour faire excréter les acini. La lactation s'établit « en douceur », sans tension, sans douleur, sans risque esthétique pour les seins.

PREPARER LE RETOUR A DOMICILE

Que le séjour de la jeune mère, des parents, de l'enfant soit satisfaisant ; que l'allaitement librement choisi se passe le plus simplement possible, ce sont déjà des points importants. Mais nous estimons que notre rôle ne s'arrête pas là, qu'il est important de préparer les parents au retour à domicile, d'expliquer ce qui se passe souvent, de rassurer, de leur donner les moyens de régler facilement les problèmes, fréquents et peu graves, qui peuvent survenir. Le but est de rendre ainsi les parents autonomes pour qu'ils ne soient pas amenés à chercher un peu partout des conseils qui seront encore, trop souvent, tout à fait à l'encontre d'une poursuite de l'allaitement.

En pratique, une partie de cet enseignement se fait sous forme de cours théoriques et pratiques (nous apprenons aux femmes qui allaitent à préparer un biberon) d'une heure environ, en début d'après-midi, deux ou trois fois par semaine. Ces cours regroupent autour d'une sage-femme ou d'une puéricultrice les jeunes mamans présentes dans le service et qui peuvent se déplacer. Ces cours ne sont qu'un complément à tout ce qui se dit et se fait dans chaque chambre pendant tout le séjour à la maternité.

Nous n'insisterons pas ici sur tout ce qui, dans cette éducation, concerne la santé de l'enfant, sa surveillance, ses vaccinations, etc., pour nous limiter à l'allaitement.

1. La question la plus utile à éclaircir est : *que faire en cas de manque de lait ?*

Nous expliquons qu'il est très fréquent lors du retour à domicile que la lactation diminue. Cela est dû en partie à la fatigue, à l'angoisse de se retrouver « seule » avec le nouveau-né, responsable de tous ses soins. Cette hypogalactie n'est que passagère mais peut se renouveler si la maman est trop active, trop énervée, trop angoissée pendant les premières semaines.

Les moyens pour remédier à cette diminution de la lactation sont extrêmement simples :

se reposer beaucoup, être paisible, boire abondamment.

En attendant une reprise abondante de la lactation, il conviendra de proposer au nouveau-né un biberon de complément [1]. Là encore, nous proposons une technique simple : pendant que le bébé tète — et il faut le mettre au sein à chaque repas pour que la succion stimule la lactation — le biberon de complément chauffe à portée de main. Bien sûr, il n'est pas question de peser le nouveau-né avant et après cette tétée. On le laisse téter une dizaine de minutes s'il y a assez de lait, un peu moins s'il y a très peu de lait et qu'il s'énerve et pleure. Puis rapidement la maman *propose* un complément au biberon, et le bébé prend ce qu'il veut.

2. *Le sevrage* est également abordé lors de ces réunions

Quand sevrer ? Il n'y a pas de durée théorique idéale, la « bonne durée » sera celle qui satisfera pleinement le nourrisson et sa mère. Le sevrage est une étape de développement, une découverte et pas seulement une rupture, un éloignement, un traumatisme.

CONCLUSION

Voici donc un peu schématiquement ce que nous essayons de faire depuis quatre ans à la maternité de l'Hôpital-sud.

Bien sûr, tout n'est pas aussi clair, aussi simple que les quelques « nouvelles recettes » que je viens d'exposer pourraient le faire croire. Chaque membre de l'équipe,

1. Rappelons, sans émettre d'opinion, que pour la Leche League, le biberon de complément doit être, dans ces conditions, l'exception. Voir p.169. (N.D.L.R.)

jour après jour et à sa façon, vit ce nouvel accueil en fonction de son histoire, de sa sensibilité, et nous avons redécouvert ensemble trois points essentiels :

— Le plaisir que procure un travail d'équipe de qualité dans l'organisation d'un service ;
— La richesse de notre nouveau rôle qui n'est plus seulement un rôle de soins et d'appui technique, mais une occasion de rencontre, de communication, de plaisir partagé... ;
— Surtout, la constatation que, dans un milieu sécurisant et chaleureux, les femmes ont souvent envie d'allaiter leur bébé au sein, et que presque toutes celles qui choisissent d'allaiter y arrivent sans difficultés. Dans le service, plus de 80 % des femmes allaitent leur bébé totalement et sans aucun problème.

Je l'ai dit, j'en suis convaincue et je le répète : seul un allaitement librement choisi et profondément voulu peut être réussi... Mais j'espère vous avoir donné l'envie d'essayer un jour !

Autour de la Leche League

Marianne Herbinet-Baudouin
Laurent Le Vaguerèse

1956 :

Un certain nombre de femmes américaines ont décidé de créer un mouvement bénévole, non confessionnel, destiné à aider les femmes qui désirent allaiter et qui rencontrent habituellement plus d'obstacles que d'encouragements. *Breast-feeding :* allaitement. Mais *breast*, à cette époque, évoque surtout le sein érotique, la poitrine hollywoodienne... Marilyn Monroe. L'accent a été mis ailleurs, et le mot *la leche* — le lait — a été choisi par l'une des fondatrices, qui avait été sensible à la représentation d'une maternité épanouie dédiée par les premiers colons d'Amérique à *Nuestra Señora de la leche y buen parto* — Notre-Dame du bon lait et du bon accouchement.

1980 :

La Leche League [1] compte 4 000 groupes répartis dans 44 pays du monde (dont à peu près tous les pays européens) et rassemble environ 10 000 monitrices bénévoles. En France, la Leche League anime des réunions depuis 1975. D'abord uniquement en anglais, celles-ci se déroulent depuis 1979 soit en anglais, soit en français.

1. Se prononce « letché ligue ».

La Leche League utilise deux types de moyens d'action : information écrite, contacts personnels.

L'information écrite

La Leche League possède aux U.S.A. une bibliothèque de référence qui constitue probablement la source d'information la plus complète qui soit au monde sur tout ce qui concerne l'allaitement. Livres, articles, comptes rendus de recherches, matériel audio-visuel, etc., sont soumis à un contrôle et à des révisions permanentes par ses conseillers médicaux. Outre ces informations techniques, on peut y trouver toute une littérature concernant la philosophie de la Leche League.

La Leche League édite régulièrement la liste de ses publications en langue anglaise [1].

Le livre de base : *The womanly art of breast-feeding* a été traduit, et est disponible en français : *L'Art de l'allaitement maternel,* de même que de petits fascicules, très condensés, sur un certain nombre de points précis [1]. Chaque groupe dispose d'une bibliothèque personnelle et encourage les emprunts.

De plus il existe en français un petit journal qui paraît régulièrement : *La Voie lactée.*

« L'Art de l'allaitement maternel »

Ce livre écrit par les fondatrices de la Leche League est le fruit d'une longue expérience, celle des auteurs bien sûr, mais aussi celle des milliers de femmes dont elles ont reçu le témoignage. L'idée fondamentale qui court tout au long du livre est que, quelles que soient les circonstances particulières à chacune, quelles que soient les difficultés rencontrées, toute femme qui veut allaiter son bébé peut le faire. Pour cela, il suffit d'en être persuadée, et de savoir un minimum de choses sur la façon de procéder.

1. Voir la fiche technique p. 185. Il existe aussi une liste des publications en d'autres langues.

Rempli de conseils pratiques, le livre permet à chacune un démarrage facilité de l'allaitement, et propose d'autre part un certain nombre de solutions simples destinées à pallier les difficultés pouvant éventuellement se présenter.

Au-delà du droit de l'enfant au lait maternel, ce qui est soutenu c'est la priorité des besoins de l'enfant, la nécessité d'une totale disponibilité de sa mère, et, en contrepartie, la promesse qu'elle y trouvera son épanouissement.

Une référence à la Bonne Nature est permanente dans le livre avec un souci constant de renforcer, de promouvoir les « sentiments positifs d'une bonne mère ». On sent bien que se profile là une certaine négation de l'ambivalence propre à toute relation mère-enfant. De plus, le mode même de présentation pousse la lectrice à s'identifier au modèle proposé, les auteurs s'adressant directement à elle tout au long du manuel. Evidemment, ce n'est pas sans poser problème ; cependant il nous a paru que cette dimension ne devait pas pour autant masquer les apports positifs que nous avons déjà soulignés et qui se manifestent aussi dans la qualité des contacts personnels entre mères et monitrices.

Les contacts personnels
La disponibilité des monitrices

A côté de l'information dont on peut disposer, l'autre aspect de l'action de la Leche League est donc la disponibilité des monitrices. Celles-ci répondent, soit par lettre, soit directement par téléphone si cela est nécessaire, à toutes les questions qui leur sont posées, que la femme vienne ou non aux réunions, et ce vingt-quatre heures sur vingt-quatre ! Les monitrices ne sont pas rémunérées. Seule leur motivation les pousse à continuer ce travail dont elles ont elles-mêmes bénéficié au cours de leur propre allaitement.

Les réunions

Chaque groupe se constitue autour d'une (ou plusieurs) monitrice qui l'anime régulièrement. Les réunions ont lieu chaque mois chez une mère volontaire qui est l'hôtesse et qui offre d'ailleurs une sorte de buffet simple (en pratique chacune apporte quelque chose). Cela est un des aspects très sympathiques de partage qui existe dans ces réunions. Vient qui veut, les habituées peuvent inviter leurs amies intéressées : jeunes filles, femmes enceintes, femmes allaitantes, grand-mères, personnel soignant d'une maternité..., cela librement, sans obligation de cotisation, d'appartenance à la Leche League [1]. De plus, point capital, les mères sont encouragées à amener leurs enfants. Certains vont et viennent, tètent un moment puis repartent à leurs occupations, les plus jeunes restant dans les bras de leur mère. Certains groupes organisent de temps en temps des réunions où sont invités les pères.

Le programme prévu par la Leche League comporte une série de quatre sujets dont un est traité à chaque fois (la série dure donc quatre mois) :

1) Les avantages de l'allaitement au sein
 — pour la mère ;
 — pour l'enfant.

2) Art de l'allaitement au sein et comment surmonter les difficultés.

3) La naissance (les débuts de l'allaitement).
 L'arrivée de l'enfant dans la famille (changements occasionnés par ce nouvel arrivant).

4) La nutrition de la mère et de l'enfant.
 Le sevrage de l'enfant (quand, comment ; l'introduction des aliments solides).

1. Néanmoins, celles qui viennent régulièrement sont encouragées à régler leur cotisation (65 F par an) qui permet au groupe de fonctionner (timbres, appels téléphoniques, livres pour la bibliothèque, articles récents...). Elles reçoivent alors le journal *La Voie lactée*.

Ce programme est là pour servir de canevas, afin qu'aucun des points essentiels ne soit oublié. Mais dans la pratique une discussion libre s'installe, centrée cependant sur l'allaitement et les problèmes liés au maternage. Cet aspect nous a paru capital, car il offre aux femmes la possibilité de partager avec d'autres les fruits de leur expérience et de leur questionnement. A notre connaissance, rares sont les lieux qui permettent un tel type d'échange.

Les questions habituelles et leurs réponses

Ce paragraphe a été réalisé à partir d'une interview de trois monitrices de la Leche League, qui ont bien voulu schématiser pour nous les réponses qu'elles donnent habituellement à trois questions qui leur sont constamment posées.

1. *« Pourquoi pleure mon bébé ? »*

« Cette question nous est posée pratiquement par toutes les mères, qu'elles allaitent ou pas. Par elle nous pouvons aborder ce que sont les besoins d'un enfant, la confiance qu'on peut avoir dans ses capacités à nous les faire comprendre : que ce soit des besoins de nourriture ou de relation (être câliné, participer à la vie de famille, à la conversation). Nous les aidons à repérer le moment où le bébé a besoin d'autre chose que du sein, ce qui permet à la mère de soutenir et de favoriser ce premier pas vers l'autonomie. Nous aidons les femmes à se sentir de bonnes mères et à prendre ainsi confiance en elles-mêmes. »

2. *« Je n'ai pas assez de lait »*

« Pour nous cela dépend d'abord de la mise au sein aussi précoce que possible et aussi fréquente que le bébé en manifestera l'envie (même beaucoup plus souvent que toutes les trois heures) : 5 minutes de chaque côté au début pour habituer les seins, par la suite un temps de tétée moyen est de 10 minutes pour le premier sein offert, et du temps que le bébé veut pour le deuxième sein, *donc toujours les deux seins à chaque tétée*. Le fait d'avoir assez de lait dépend également de l'organisation de la mère. Elle doit, ceci est capital, dormir suffisamment, se reposer quand elle en ressent la nécessité (en profitant des moments où le bébé dort aussi), savoir se ménager un temps de détente juste avant d'allaiter, boire beaucoup, on n'insiste jamais assez sur ce point, manger sainement : la quantité de son lait en dépend. La mère peut avoir beaucoup d'activités (nous, monitrices, en sommes les témoins), mais elle ne peut pas trop en faire non plus, elle doit savoir choisir ; il est certain que si elle est trop pressée, son lait peut diminuer. Laisser suffisamment téter le bébé entretient une bonne production ; par contre dire : " Vous n'avez pas beaucoup de lait, ne donnez qu'une tétée sur deux au sein et un biberon entre deux tétées " est une aberration, une méconnaissance du fonctionnement même de la lactation. Si on n'a pas beaucoup de lait à un moment donné, le meilleur moyen d'y remédier est de mettre l'enfant plus souvent au sein. C'est lui qui provoquera la nouvelle montée de lait. De plus le conseil de sauter une tétée peut provoquer un engorgement. C'est pour ça aussi que donner les deux seins est une meilleure méthode. D'autre part, il ne faut pas croire qu'un sein très tendu, très gonflé (dont le volume est très nettement supérieur au volume habituel) est un sein qui prodigue plus de lait. En dehors de la période transitoire de la montée laiteuse (et parfois au réveil), le sein retrouve un volume plus habituel. Cela inquiète parfois les mères qui sont alors persuadées d'avoir moins (ou plus du tout) de lait [1]. Au contraire, trop tendu, le sein risque un engorgement. D'autre part, les femmes doivent savoir qu'il est toujours possible de faire redémarrer une lactation même si celle-ci s'est tarie, et ce grâce à la tétée vigoureuse du bébé affamé : au début, même s'il n'y a rien ou très peu, l'enfant tétera. Là aussi

1. C'est une éventualité fréquente au moment du retour à domicile.

la mise au sein la plus fréquente possible est indispensable et, rapidement, c'est le lait de la mère qui suffira et on pourra progressivement diminuer puis supprimer les biberons de complément dans les rares cas où ils sont indispensables [1]. »

3. *La question des mamelons douloureux : « J'ai mal »*

« Pour éviter la douleur, il y a déjà la prévention. Pendant la période de la grossesse (la fin de celle-ci surtout) : pas de savon, bien sécher les seins, assouplir la peau en les massant avec un produit pur (huile d'amandes douces ou lanoline pure par exemple), étirer assez vigoureusement les extrémités. Ces soins suffisent habituellement à éviter les petits ennuis du début, néanmoins il peut se faire que le mamelon soit un peu sensible, voire même douloureux vers la dixième tétée ; nous déconseillons alors tous les produits à base d'alcool qui dessèchent et aggravent plutôt le problème. Nous préconisons de préférence la lanoline pure après la tétée (il n'est pas nécessaire de laver le sein avant d'allaiter) et que les seins soient exposés à l'air le plus possible et restent secs. En cas de douleur importante, il faut donner le sein le moins sensible d'abord car, la succion déclenchant la sécrétion dans les deux seins, le bébé aura moins besoin de tirer vigoureusement sur le sein sensible. Nous conseillons de ne pas laisser les seins s'engorger, grâce à des tétées fréquentes, car cela augmenterait la sensibilité du mamelon par la distension. Si cet aspect du problème n'est pas considéré à temps, il risque d'apparaître une crevasse très désagréable pour la femme, mais qui ne présente aucun inconvénient pour le bébé même si cela saignait un peu.

« Il faut remédier aux petits problèmes avant qu'ils ne dégénèrent : à la moindre alerte de rougeur ou de douleur diffuse à son commencement, il est urgent de se reposer beaucoup, de se mettre si possible au lit avec le bébé, de maintenir particulièrement au chaud l'endroit douloureux (gant humide chaud dans un sac plastique [2])

1. Moins on donne de biberons, mieux le lait revient. Il s'agit d'une situation parfois délicate qui nécessite les conseils avertis d'une monitrice.
2. De même l'exposition du mamelon à la source de chaleur qu'est une ampoule électrique allumée.

et de mettre l'enfant au sein le plus fréquemment possible. Pour nous, chaleur + repos et la continuation de l'allaitement est le meilleur remède. Si on ne note aucune amélioration au bout de 24 heures, il faut consulter un médecin qui pourra éventuellement ajouter un médicament à cette méthode [1]. Lorsqu'une femme se trouve devant un problème plus grave, c'est le plus souvent que ces conseils n'ont pas été respectés. Une fois résolue par la femme la vraie question qui est de savoir si elle veut continuer à allaiter ou non, il y a toujours moyen de respecter l'autorité médicale en trouvant des palliatifs momentanés, et de reprendre l'allaitement par la suite. Si la femme veut absolument poursuivre l'allaitement, son médecin peut dans certains cas l'aider en prescrivant des antibiotiques tolérés par le bébé. En cas d'abcès, elle peut au pire interrompre l'allaitement du côté atteint, jeter ce lait tiré artificiellement, tout en continuant à donner l'autre sein.

« Dans nos références médicales, nous avons une étude sur deux groupes dont l'un où les mères ont continué à allaiter avec une infection. C'est dans ce groupe qu'il y a eu les meilleures suites pour la mère et pour l'enfant. Notre expérience prouve que c'est toujours lorsque la femme est fragilisée (fatigue, soucis, sentiment de contradiction par rapport à cet allaitement) qu'elle devient sujette à ces problèmes.

« Pour conclure, nous tenons à préciser que nous ne faisons aucun prosélytisme, en particulier dans les maternités. Si le personnel le désire, nous acceptons de participer à une réunion avec eux, voire même avec les clientes, et de témoigner de notre expérience, c'est ainsi que cela se passe toujours de proche en proche. Des séries de conférences, organisées par la Leche League, ont lieu dans différentes villes des Etats-Unis, à l'intention des étudiants et du personnel médical intéressé. Elles sont reconnues comme donnant la possibilité d'apprendre en détail toutes ces choses pratiques, à propos de l'allaitement, qui ne leur ont pas été enseignées à la faculté.

« Ce que nous représentons, c'est le choix pour les

1. Les conseillers médicaux de la Leche League ont établi une liste des médicaments non contre-indiqués par l'allaitement à l'usage des médecins.

femmes qui le souhaitent d'allaiter, de rester chez elles, d'élever leurs enfants, de le faire sans remords et en s'épanouissant. Chez nous elles trouvent l'information et l'encouragement aussi. La société a toujours tendance à imposer une norme : ou bien tout le monde au travail, ou bien toutes les femmes à la maison. C'est dommage. C'est à chaque femme de décider pour elle-même. »

CE QU'EN DISENT DES MÈRES...

Pour compléter ce tour d'horizon sur les activités de la Leche League, nous avons réuni autour d'un magnétophone un certain nombre de femmes qui nous donnent le témoignage de leur expérience de la Leche League et font part au passage d'un certain nombre de critiques. Nous espérons ainsi que chacune et chacun pourra se faire plus librement et plus complètement une opinion sur ce sujet.

GISÈLE : *la connaissance du mécanisme de l'allaitement et les conseils pratiques*

J'ai trois enfants. J'ai eu le premier dans une clinique. Je me rappelle encore la première fois où je l'ai nourri. Le premier jour je voulais allaiter, je n'y connaissais rien mais enfin, on m'avait dit qu'il fallait allaiter, bon, j'allaite. On le pèse : formidable ! il avait pris trois fois plus que ce qu'il aurait dû prendre. Je me dis : « Ça y est, je suis une bonne nourrice, ça va bien se passer. » Deux jours après, le bébé qui aurait dû prendre 30 ou 40 grammes n'en avait pris que 10. Je me suis complètement effondrée. La sage-femme m'a un petit peu consolée en me disant que j'étais quand même une bonne mère. Je l'ai allaité six semaines de façon mixte et puis j'ai arrêté. Deuxième enfant, même chose, à la différence aggravante près qu'on me l'a montré de loin tout habillé et que, pendant douze heures, je n'ai pas su ce qu'il était devenu, ce qui fait qu'après tous les deux on a eu beaucoup de mal « à se remettre ensemble ».

La troisième fois, cinq ans après, « naissance sans violence ». Pour ce bébé on voulait que tout soit parfait. Alors... naissance sans violence. On l'a mis au sein tout de suite, n'empêche que trois heures après on lui a quand même refilé un biberon. Quelques jours plus tard j'ai eu des crevasses et l'on m'a donné de l'alcool glycériné. Je savais qu'il ne fallait pas en mettre mais j'en ai mis quand même, du fait de la situation de dépendance totale vis-à-vis des médecins dans laquelle on se trouve. Les crevasses ont saigné, le bébé a tété quand même. Puis il a rejeté un petit peu de sang. Catastrophe ! Est-ce que ça ne va pas le rendre malade ? J'ai tiré mon lait en attendant que cela s'arrange. En rentrant chez moi j'ai essayé de le remettre à l'allaitement complet. Mais à trois reprises j'ai eu soit une rougeur, soit un abcès qui m'a obligée à nouveau à tirer mon lait. A la troisième fois, j'avoue, j'étais complètement découragée. Heureusement il y avait à la clinique une séance après l'accouchement à laquelle je suis allée. Là, par hasard, j'ai rencontré une jeune femme américaine qui m'a mise en contact avec une des monitrices de la Leche. Je lui ai tout de suite téléphoné. Elle m'a dit de ne pas m'inquiéter. Que si les médecins avaient dit de tirer le lait, il fallait le tirer et le jeter, mais qu'après ça reviendrait, que même si je n'avais plus de lait du tout, maintenant ce n'était pas grave du moment que je remettais le bébé au sein. Ça m'a paru vraiment étonnant. Sur ce une amie, jeune mère, participant aux travaux de la Leche, m'a rendu visite et m'a apporté deux livres : *L'Art de l'allaitement* et *Nursing your baby* [1] qui complète le premier. J'y ai lu comment se forme le lait et comment il est éjecté, ce qui permet au bébé de téter sans trop d'effort (elles disent qu'on sent très bien quand ça se passe parce qu'il y a un petit

1. En langue française, pour compléter *L'Art de l'allaitement maternel*, un autre livre existe : *Le Livre de l'allaitement maternel*, de Colette CLARK (L'Etincelle, 1971). On trouve ce livre en librairie, contrairement au premier (voir fiche technique, p. 185).

picotement dans les seins à ce moment-là, ou que l'autre sein coule). Eh bien, par le simple fait de savoir ça, de pouvoir suivre à chaque tétée ce qui se passe, de se dire que le lait arrive, je me suis détendue et j'ai pu allaiter complètement mon bébé.

Question :

Y a-t-il eu d'autres conseils qui vous ont aidée ?

GISÈLE :

Oui, j'ai appris par exemple qu'il était inutile de se nettoyer le bout des seins avant et après chaque tétée, ce qui représente un esclavage épouvantable. J'ai appris, moi qui suis très pudique, à allaiter de manière extrêmement discrète, j'ai appris à boire suffisamment, à manger ce qu'il faut. Tout un tas de trucs pas si évidents que ça et qui facilitent énormément les choses.

MARTINE : *la mise en confiance, la réassurance*

J'ai huit enfants. J'ai connu la Leche League aux U.S.A. en 76 quand j'attendais mon numéro 7. J'avais six enfants dont le dernier avait à l'époque 6 ans et l'aîné presque 17 ans. J'avais toujours souhaité allaiter mes enfants. Pour moi la conception, la grossesse, la naissance et l'allaitement vont ensemble. C'est une suite logique. Malheureusement je me suis heurtée à chaque fois à toutes les difficultés habituelles : séparation d'avec le bébé, pesée après chaque tétée, biberon supplémentaire, absence totale d'information de la part des médecins et du personel soignant, etc., ce qui fait qu'au bout du compte, après six semaines je laissais tomber. Quand j'ai attendu mon septième, j'ai lu dans un journal un petit paragraphe à propos de la Leche. Je suis allée à leur réunion peut-être un mois avant la naissance. J'ai été extrêmement surprise de voir toutes ces dames qui allaitaient leur bébé, certains qui avaient 18 mois, 2 ans, 3 ans. Je me suis dit : « Mince ! je veux bien allaiter, mais comme ça... ça me semble un peu beaucoup ! » Lorsque je suis sortie de l'hôpital après mon accouchement, le bébé pleurait sans arrêt. Je me suis dit que, sous prétexte de prouver que je voulais allaiter, je n'allais tout de même pas faire mourir mon bébé de faim ! J'ai téléphoné à une des dames que j'avais rencontrées et je me suis mise à pleurer au téléphone en lui disant que le bébé pleurait sans arrêt, que je n'avais pas de lait. Elle m'a dit de ne pas m'en faire, qu'elle venait dans la journée. Ça m'a redonné confiance, je me suis calmée. Quand elle est arrivée, ça allait déjà mieux. Nous avons un peu discuté et, grâce à ses conseils, j'ai pu reprendre l'allaitement complètement et sans difficultés importantes. Ça m'a remise en confiance, je me suis sentie soutenue, je n'étais plus seule et c'est ça qui, je crois, en fin de compte, a été décisif.

LAURENCE : *« se retrouver avec d'autres femmes pour parler » ou « allaiter : une chose très naturelle »*

C'est mon premier enfant et mon problème d'emblée a été d'avoir des crevasses. Je ne savais pas du tout comment faire avec ça. Je me disais : « Est-ce que ça va l'empoisonner ? Est-ce que si ça s'infecte, ça risque d'être dangereux ? » Enfin il y avait plein d'idées que je m'étais faites, que je trouvais toutes affolantes.

A la clinique je n'avais reçu que de vagues conseils et des informations plutôt contradictoires sur l'allaitement. La puéricultrice du matin disant de faire boire l'enfant toutes les deux heures, celle du soir toutes les trois heures et celle du milieu que l'allaitement de toute façon c'est très mauvais. Au bout du compte, en sortant de là, j'étais complètement désemparée. Surtout, lorsqu'on rentre chez soi, on traverse une période très particulière, très, comment dire ? cotonneuse, hyperémotive aussi. On a alors besoin d'être aidée et secondée, sinon on perd rapidement et le goût et le désir d'allaiter. Une amie qui participait aux réunions de la Leche League m'a invitée à l'accompagner. Pendant le trajet nous parlions de choses et d'autres, ce qui m'était très agréable. Les réunions elles-mêmes m'ont un peu rebutée. A vrai dire je ne m'y sentais pas très à l'aise ni très habile pour dire ce que j'aurais voulu[1], mais en contrepartie j'y ai trouvé un soutien et des informations pratiques que personne jusque-là n'avait été capable de me fournir. J'y ai trouvé enfin des femmes pour qui allaiter était une chose très naturelle.

MARIE-PAULE : *résister à la pression extérieure*

J'ai trois enfants : une fille de 9 ans, un garçon de 6 ans, et Teddy qui a 15 mois. J'ai vécu deux ans en Afrique où j'ai vu des femmes allaiter sans problème. Pour moi je pensais que ça se passerait comme ça, ce qui n'a pas du tout été le cas. Pour le premier ça a été catastrophique. J'avais été séparée de mon bébé pendant quarante-huit heures et j'avais les seins gonflés à éclater, ce qui bien sûr ne lui a pas facilité la tâche. Tout de suite j'ai eu des crevasses, ça me faisait mal, j'étais très angoissée, déprimée. J'avais l'impression de ne pas avoir assez de lait, de ne pas bien le nourrir. Finalement, au bout de quelques jours j'ai tout abandonné et je l'ai nourri au biberon. Pour le second j'ai eu aussi des crevasses, mais pas longtemps, et tout s'est bien passé jusqu'au jour où j'ai dû hospitaliser mon enfant pour une otite purulente. Je ne savais pas quoi faire de mon lait car on m'avait bien fait comprendre qu'il était impossible que je vienne moi-même allaiter mon bébé. Sur les conseils de ma pharmacienne, j'ai loué un tire-lait. Mon mari allait six fois par jour porter ce lait à l'hôpital. Je passais mon temps à boire, à pleurer et à tirer mon lait. Je n'ai eu aucun conseil, aucun encouragement. La seule parole des médecins était pour me proposer des comprimés pour arrêter mon lait. Je disais : « Non ! j'allaiterai jusqu'au bout. » En sortant, l'infirmière m'a dit de ne plus me faire d'illusion, qu'il ne téterait plus au sein en rentrant. Pourtant en arrivant chez nous, je lui ai donné le sein à nouveau et tout s'est bien passé. Mais à 4 mois mon pédiatre m'a dit : « Comment ! vous allaitez encore ? » Et là, j'ai cédé. Je ne voulais pas être égoïste de peur qu'il ne soit carencé. Je l'ai sevré. Pour mon troisième bébé, ça s'est passé

1. Il s'agissait, dans son cas, de réunions en langue anglaise.

différemment. Entre-temps j'avais rencontré une monitrice de la Leche League qui tenait un stand à l'exposition Marjolaine [1]. J'ai lu le livre [2] et je l'ai toujours gardé avec moi. Bien sûr, par certains côtés il peut paraître un peu vieux et désuet, mais il m'a permis de tenir le coup face à l'hostilité générale. Quand j'avais un coup de cafard, je le lisais et le relisais. Ça me permettait de m'appuyer sur quelque chose de sûr et de vécu. Grâce à lui j'ai pu enfin réussir à l'allaiter comme je voulais et aussi longtemps que je l'avais désiré depuis toujours, depuis le premier.

DOMINIQUE [3] :

Pour ma part, j'ai trouvé le livre très culpabilisant pour les mères qui ne veulent pas allaiter. Elles disent que grâce à leurs conseils toutes les femmes qui sont motivées peuvent allaiter, alors moi je dis : la motivation il faut l'avoir, mais ça ne suffit pas. Actuellement j'allaite mon deuxième enfant, et j'ai beau être motivée, le mettre au sein tout le temps, ça ne suffit pas. Je n'ai pas assez de lait. Il faut bien de temps en temps que je lui donne un biberon parce que sans ça il pleure tout le temps. Ce que je crois, c'est qu'il y a un tas de choses inconscientes qui agissent, et que le bébé s'en fiche. Lui, ce qu'il veut, c'est avoir l'estomac bien rempli !

MARTINE :

Je ne crois pas que le livre soit culpabilisant, sauf pour une femme qui a décidé de ne pas allaiter. Mais c'est vrai que la philosophie du livre ne va pas avec l'image qu'on a aujourd'hui de la femme.

1. « Marjolaine » : exposition annuelle depuis 1975, concernant l'alimentation et les médecines naturelles, l'agriculture biologique, les énergies nouvelles, l'artisanat. Renseignements : « Nature et Progrès », O.I.P., 62, rue de Miromesnil, 75008 Paris.
2. *L'Art de l'allaitement maternel, op. cit.*
3. Dominique ne connaît que le livre *(L'Art de l'allaitement maternel).* Elle ne va pas aux réunions, et n'a eu aucun contact personnel avec les monitrices.

DOMINIQUE :

Il peut très bien y avoir des femmes qui sont heureuses en préparant la cuisine, en s'occupant de leur mari et de leurs enfants. Je le conçois tout à fait. Mais je crois qu'on lit par rapport à la femme qu'on est. C'est surtout ça.

MARTINE :

Alors il ne faut pas se sentir culpabilisée, il faut dire que ce livre est fait pour des femmes qui le ressentent. Moi je sais que pour moi la Leche League m'a apporté une philosophie que j'avais peut-être sans le savoir.

ÉLÉONORE :

Dans le groupe il y avait pas mal de choses où je n'étais pas d'accord. Quand j'ai vu les mères qui allaitaient les enfants de 3 ans, je trouvais ça dégoûtant [1]. Mais petit à petit on se dit... Pourquoi pas ?

GISÈLE :

Même si l'on n'est pas convaincue, je crois qu'on devient beaucoup plus tolérante. Moi maintenant, lorsque je vois une mère avec son bébé, je me dis que c'est cette mère-là, ce bébé-là, et qu'ils doivent se débrouiller ensemble. J'ai moins tendance à mettre mon grain de sel [2].

1. Bien entendu, il s'agit, dans ces cas, d'un allaitement parallèle à une alimentation solide.

2. A propos de « cette mère-là », voir aussi ce que dit Françoise Dolto dans le premier numéro des « Cahiers du nouveau-né », *Naître... et ensuite ?*, *op. cit.*, p. 293 et suiv.

ÉLÉONORE :

Il y a des femmes qui viennent une fois ou deux et puis qui ne reviennent plus. Est-ce parce qu'elles ne sont pas d'accord avec la philosophie, ou est-ce parce qu'elles ont reçu les conseils pratiques dont elles avaient besoin ? Je ne sais pas. C'est leur affaire, c'est à elles de décider si elles veulent venir une seule fois ou pendant trois ans. Par ailleurs, il y a des femmes qui ont sevré rapidement leur bébé et qui continuent quand même à venir aux réunions.

GISÈLE :

Une chose est importante aussi, c'est qu'à la Leche League les bébés ne sont pas pris pour des gêneurs, alors qu'ailleurs, lorsque vous arrivez avec vos enfants, on vous regarde avec un drôle d'air. Alors que là, enfin, on trouve un endroit, un groupe où l'enfant a sa place, où il est admis.

Question :

Toutes les femmes cependant ne peuvent pas allaiter. Celles qui travaillent, par exemple, comment font-elles ?

ÉLÉONORE :

En effet, nous sommes toutes d'accord pour dire que c'est très difficile de continuer à allaiter si l'on travaille par ailleurs. Mais il faut dire aussi que beaucoup de femmes qui pensaient retourner rapidement à leur travail y ont renoncé du fait des satisfactions qu'elles trouvaient dans l'allaitement.

GISÈLE :

C'est la même chose que ce que Martine disait tout à l'heure à propos des enfants allaités par leur mère jusqu'à 2 ou 3 ans. Au début on est très surpris, mais après ça devient tout naturel.

MARION :

Moi je voudrais dire qu'il y a des femmes qui travaillent et allaitent. Il faut d'abord un certain temps, trois ou quatre mois, pour que la lactation soit bien installée. Alors, quand la mère est présente, le bébé tète aussi souvent qu'il le désire : le soir, à son retour, jusqu'à son départ le lendemain matin. Pendant son absence, il est nourri avec d'autres aliments, ou bien même nourri au biberon avec le lait que sa mère a tiré, et qui a été conservé par le froid [1].

Question :

J'aimerais que l'on parle un peu des aspects difficiles de l'allaitement : la fatigue par exemple.

PAULETTE :

Contrairement à ce qu'on peut dire, j'ai trouvé qu'allaiter était très reposant, car ça m'obligeait à m'arrêter. Je prenais le bébé, j'allais m'allonger sur le lit avec lui et j'avais un moment de détente.

MARTINE :

C'est sûr que ça donne bonne conscience. Je me suis

1. Ce qui nécessite des précautions rigoureuses dont il faut impérativement prendre connaissance.

vue prendre un livre pendant une demi-heure avec une maison en foutoir, en me disant : « Pour que le lait soit bon, il faut se reposer. »

Question :

Et au niveau du sommeil ?

GISÈLE :

Ce n'est pas très fatigant parce qu'on se rendort tout de suite, mais c'est vrai que certaines d'entre nous ont vu leur sommeil se modifier parfois même de manière importante.

Question :

Vous avez toutes plus ou moins souligné combien le problème de la pesée obligatoire après chaque tétée était contraignant pour la mère et comment cela aboutissait en définitive à l'arrêt de l'allaitement. Je souhaiterais que vous me disiez comment, concrètement, vous avez résolu cette difficulté.

GISÈLE :

Moi, j'ai eu cette tendance de peser l'enfant après chaque tétée et même très tard, même après les réunions de la Leche League. Il a fallu que je parte en vacances pour arrêter car je ne pouvais pas emmener la balance avec moi. Mais de temps en temps je le pesais quand même pour savoir combien il avait pris dans la journée.

DOMINIQUE :

Moi, j'étais très angoissée, très inquiète. Je voulais être sûre qu'elle prenait bien son poids, qu'elle avait sa dose de lait. Même quand elle en recrachait plein, je la remettais au sein en me disant que maintenant qu'elle avait vomi, elle avait sûrement faim à nouveau ; alors je la remettais au sein.

LAURENCE :

Moi, c'est surtout le nombre de tétées qui me préoccupait. Je les notais sur des petits papiers, j'en avais toujours plein les poches. Il y a bien sûr la pression sociale qui joue, mais je crois surtout que ça représentait pour moi une espèce de défense contre un certain envahissement par le bébé, une lutte contre « quelque chose qui prend trop ».

MARIE-PAULE :

Cette histoire de prise de poids est importante car elle explique la précipitation des femmes à donner des bouillies et des pots. Elles en viennent à confondre la santé et le poids. Et je dois dire que même si on raisonne ainsi, on se trompe, car en réalité la courbe de mes enfants a été exactement la même pour ceux à qui j'ai donné rapidement des pots et ceux qui étaient uniquement nourris au sein.

Question :

Comment s'est passé le sevrage et surtout quand avez-vous été amenées à sevrer votre enfant ?

PAULETTE :

Vers 6 mois, 6 mois et demi, je me suis aperçue que mon lait ne la comblait plus à lui seul. A ce moment-là, j'ai essayé la purée. Elle a goûté, ça lui a plu. Je pense que ça représente une période charnière où l'enfant commence à réclamer de tout à manger, où il commence aussi à se tenir assis. C'est une période différente de la précédente... On s'en aperçoit bien ! Mais elle continuait néanmoins à prendre de mon lait, et elle en prend toujours, plus ou moins selon les jours, ce qui est étonnant : le lait se règle en fonction de la demande.

MARIE-PAULE :

Avant 8 mois je ne lui ai rien donné d'autre que mon lait, peut-être que si je lui avais présenté il en aurait mangé, mais moi j'étais décidée à allaiter complètement le plus longtemps possible.

PAULETTE :

Moi aussi, mais vu qu'il désirait autre chose, je lui ai donné. Il faut aussi respecter le désir de l'enfant et même le favoriser.

Question :

Et comment les pères ont-ils réagi ?

GISÈLE :

Mon mari, au début, voulait bien que j'allaite. Mais quand il a vu que ça continuait après trois mois, il a fait une drôle de tête ! Maintenant ça s'est tassé, il y a même des moments où c'est lui qui prend ma défense. Il est un peu jaloux du plaisir que le bébé peut prendre et dans lequel il ne peut pas s'insérer. Un mari ne peut pas avoir avec sa femme le même plaisir que le bébé a avec sa mère. Il faut bien qu'un jour, il se mette ça dans la tête !

A la suite de notre travail, une des monitrices de la Leche League nous a adressé la lettre suivante.

Nous la publions avec son autorisation. Quelques phrases, dont l'intérêt n'était que personnel, n'ont pas été rapportées.

M.H.-B., L.L.V.

[...] Nous espérons que vos contacts avec nous vous auront été utiles.

Je pense que vous avez pu observer que la Leche League s'intéresse particulièrement à la relation mère-enfant. Embrassant l'idée que les liens mère-enfant constituent la base de tous les rapports que l'enfant pourra former par la suite, nous attachons beaucoup d'importance à cette première relation.

De la même façon qu'il n'y a pas de « méthode Leboyer », la Leche League ne prétend pas avoir une « recette de maternage » pour assurer que la relation mère-enfant soit bonne. En informant et en encourageant la femme, nous souhaitons qu'elle se sentira mieux à l'aise dans son rôle maternel. C'est, en quelque sorte, un maternage de la mère. Les dictums de notre culture ne prennent pas toujours en considération les besoins profonds du couple mère-enfant. Lorsqu'une femme vient chez nous, elle peut observer et assimiler les idées et les pratiques que nous pensons susceptibles de promouvoir des rapports familiaux sains. Chaque mère, et sa famille, adaptera à notre philosophie un style de vie qui lui est propre.

Cette philosophie tourne autour de l'allaitement maternel, car l'allaitement facilite le rôle de la mère en favorisant une bonne relation avec son bébé. La qualité supérieure du lait de la femme nous permet d'être à l'aise en offrant notre sein spontanément et à volonté. L'enfant s'épanouit, son développement n'étant pas gêné par des troubles de santé. Nous sommes touchées de voir nos bébés se satisfaire à notre sein, et fières de pouvoir assurer leur bien-être.

Ni nous ni nos enfants n'avons la distraction d'un biberon. Nous pouvons nous concentrer l'un sur l'autre. Ne sachant pas la quantité de lait que le bébé est en train de prendre, nous concentrons toute notre attention sur l'enfant lui-même. La confiance s'installe et les liens se renforcent dans une détente intime.

Nous restons constamment près de notre bébé. Notre présence comble ses besoins affectifs. Nous portons l'enfant, non pas pour empêcher ses pleurs, mais parce que sa place est dans les bras de sa mère. Ce contact continu incite le nourrisson à téter souvent. Il s'y trouve sécurisé, consolé, aimé. Le sein devient un « instrument de maternage ».

Vécue de cette manière, nous et nos enfants ne sommes pas pressés de mettre fin à l'expérience. Nous laissons l'initiative à l'enfant — faire autrement serait trahir la confiance qui soutient notre relation. La première année passée, l'enfant revient au sein pour s'inspirer dans sa marche vers l'autonomie. C'est un contact qui permet à nous deux de savourer une relation en transition. C'est un lieu de rencontre dans un monde de plus en plus compliqué. C'est une promesse d'amour dont le sein n'est que le symbole temporaire. La dépendance des premières années satisfaite, nous sommes prêtes, ainsi que nos enfants, à accueillir l'indépendance à venir.

[...]

Beverly.

LA LECHE LEAGUE

FICHE TECHNIQUE

CENTRE D'INFORMATION DE LA LECHE LEAGUE EN FRANCE

Madame Linda PROT
7, parc de Rocquencourt
78150 Rocquencourt

C'est à cette adresse que toutes les demandes suivantes doivent être faites en joignant une enveloppe timbrée pour la réponse ou les frais d'envoi demandés :

- Le manuel : *L'Art de l'allaitement maternel.*
- La liste des publications en anglais et autres langues.
- Les dix fascicules traduits en français qui répondent à un certain nombre de questions habituelles à propos de l'allaitement.
- Les demandes de renseignements sur les réunions.
- Les questions personnelles, ne nécessitant pas une réponse urgente, peuvent être envoyées à cette adresse. Linda se charge de répartir ces lettres entre différentes monitrices qui répondent alors directement. C'est la formule appropriée pour une femme enceinte qui veut être informée avant la naissance.

QUESTIONS NÉCESSITANT UNE RÉPONSE URGENTE PAR ÉCRIT

Une monitrice accepte de recevoir directement les lettres *urgentes* :

Madame Beverly IVOL
Résidence des Avaloirs
Sougé-le-Ganelon
72130 Fresnay-sur-Sarthe

APPELS TÉLÉPHONIQUES

L'organisation française actuelle de la Leche League ne permet pas de donner, dans un ouvrage de grande diffusion, le numéro de téléphone des monitrices. Les personnes intéressées pourront l'obtenir en écrivant à Linda PROT.

QUELQUES ADRESSES EN EUROPE

Belgique :

Madame Vicki LENAERTS
Diestse Steenweg 79A
B 3202 Linden
Belgique

Suisse :

Frau H. SCHEIDEGGER
Bodenacherstrasse 83
8121 Bengien
Suisse

Luxembourg :

Mrs. Philippa SEYMOUR
20, rue des Eglantiers
Mamer
Luxembourg

La responsabilité de l'équipe soignante dans l'allaitement maternel

Elaboré par l'équipe soignante de la Maternité du Belvédère (Mont-Saint-Aignan) : obstétriciens, pédiatres, sages-femmes, responsables des trois unités (une puéricultrice, une sage-femme, une infirmière), auxiliaires de puériculture, de salle de naissance et des suites de couches.

Rédigé par Yves Halfon.

Pour le Pr de Ajuriaguerra, l'allaitement est un « plaisir mutuel » : l'enfant exprime une demande, la mère répond à ce besoin. C'est l'enfant qui crée l'amour maternel [1].

Nous souhaiterions, en considérant notre expérience, pouvoir parler comme lui, mais ce schéma, idéal dans sa simplicité, ne peut s'appliquer à la complexité des problèmes rencontrés dans la réalité quotidienne.

Notre travail sur l'allaitement maternel montre qu'un certain nombre de mères, l'ayant demandé, présentent des difficultés d'ordre psychologique et physique qui vont compromettre la bonne marche de l'allaitement et pousser parfois les femmes à l'interrompre. A ce renoncement, plus ou moins teinté d'un sentiment de culpabilité ou d'échec, correspond un désarroi dans l'équipe soignante dont le révélateur essentiel est constitué par les conseils multiples, bien souvent contradictoires, prodigués à la femme quand l'allaitement ne marche pas.

Nous n'aborderons pas, dans ce texte, le problème du désir ou du non-désir d'allaiter. Nous ne nous intéresserons qu'au comportement de l'équipe soignante face à l'allaitement maternel, et nous verrons que, même s'il existe une esquisse d'attitudes communes dans notre relation avec la mère et l'enfant, il y a néanmoins

1. Paroles citées dans l'article du *Monde* du 1er novembre 1978 intitulé : « Mettre l'enfant au sein dès la salle d'accouchement ».

quelques difficultés à harmoniser les comportements des différents membres de l'équipe soignante, difficultés qui peuvent parfois aboutir à des incohérences.

Nous remercions Herbinet de nous avoir donné l'occasion d'y réfléchir en nous demandant d'écrire cet article.

L'étude repose sur l'activité du service de maternité de l'hôpital clinique du Belvédère, établissement public, départemental et non universitaire [1], en 1978.

Pendant cette période, nous avons enregistré 3 451 accouchements, 38,60 % des patientes étaient inscrites à la préparation psychoprophylactique, 44,5 % allaitaient leur enfant pendant leur séjour dans le service.

Ce texte a été élaboré à partir de l'expérience de l'équipe soignante, au terme de plusieurs réunions de travail au cours desquelles certains aspects du problème furent traités. Notre but n'était pas de faire un rapport exhaustif sur l'influence du comportement de l'équipe soignante sur l'allaitement maternel, mais plus simplement de souligner les aspects qui nous paraissent les plus intéressants actuellement.

Nous verrons successivement : comment est abordé l'allaitement pendant la grossesse, comment il s'instaure en salle de naissance et se continue pendant la période postnatale précoce.

I. — PENDANT LA GROSSESSE

Citons une réflexion d'une auxiliaire de puériculture au cours d'une réunion : « Je pense que c'est dès le démarrage que se joue l'allaitement au sein, dès que la femme est enceinte, c'est là qu'elle décide vraiment si elle veut allaiter son enfant ou non... »

A la maternité du Belvédère, nous retrouvons un consensus sur cette idée explicitée encore plus clairement par une responsable d'unité : « Seules les femmes qui ont désiré allaiter avant l'accouchement réussiront

1. La clinique du Belvédère — Mont-Saint-Aignan — Rouen.

leur allaitement. En salle de naissance, ou après, si elles sont indécises, nous aurons les pires difficultés... »

Cette conviction nous a conduits à introduire, au cours de la préparation à l'accouchement, un entretien pédiatrique qui a lieu au 8e mois de grossesse. Il est centré sur une information concernant la nutrition, la physiologie de la lactation en insistant sur les variations de l'appétit du bébé, etc. ; les patientes demandent des éclaircissements éventuels sur ce qui a été dit. Tous ces problèmes sont souvent repris au cours du dernier entretien, dit « sans thème », animé par les sages-femmes.

Il est probable que cette initiative, dont le côté positif reste indiscutable, laisse de nombreux problèmes en suspens : une auxiliaire de puériculture dit : « Je trouve qu'elles ne sont pas suffisamment informées en groupe d'A.S.D. [1], il n'y a pas de préparation suffisante... parce qu'elles ne savent pas qu'elles peuvent avoir des crevasses, elles ne savent pas que les seins sont assez douloureux au moment où le bébé prend le mamelon... il n'y a pas de préparation. »

Ces difficultés sont vraisemblablement dues à de nombreux facteurs qui sont pour nous autant de sujets de réflexion :

— Les uns peuvent être liés aux patientes elles-mêmes et à la date où ces entretiens ont lieu : au 8e mois de la grossesse, la réalité de l'allaitement est encore loin, les problèmes pratiques qui s'y attachent n'apparaissent pas encore clairement et leur verbalisation est ainsi rendue très difficile ;
— D'autres peuvent tenir à l'imprécision dans les buts et la pédagogie utilisés au cours de ces réunions : si notre préférence va à un mode d'animation permettant aux patientes et aux couples de parler librement de tous les problèmes touchant l'allaitement, il faut reconnaître que dans la réalité, ces techniques de groupe sont parfois difficiles et que nous revenons insensiblement à une pédagogie plus classique où l'information prédomine ;

1. Accouchement sans douleur : terme devenu impropre pour définir notre préparation, mais encore employé sur nos dossiers.

— Enfin un certain nombre de tabous d'ordre culturel ou sexuel entravent certainement l'expression de bon nombre d'aspects de l'allaitement touchant plus particulièrement au plaisir ou à l'érotisation des contacts entre la mère et l'enfant.

II. — LA SALLE DE NAISSANCE

Depuis quelques années, le travail de notre maternité est axé autour de la préparation à la naissance et de l'accueil du bébé [1].

Nous nous sommes jusqu'ici peu intéressés à la relation mère-enfant pendant l'alimentation et notamment au cours de l'allaitement maternel [2].

Parallèlement à la mise en place, dans les esprits et surtout dans les comportements, de conditions favorables à une « naissance sans violence », nous avons constaté une augmentation du pourcentage d'allaitements maternels : 34,4 % en 1975, 45 % en 1977.

Sans mésestimer l'influence des médias, il est clair pour nous que ces modifications d'attitude en salle de naissance — telles que l'accueil du bébé, le contact peau à peau entre lui et sa mère, la possibilité de le caresser, le plaisir du bain et la participation du père — facilitent une relation plus étroite entre le personnel soignant, le couple parental et l'enfant au cours de l'allaitement. C'est l'enfant, nous semble-t-il, qui a le plus bénéficié de ce changement de comportement. L'approche du bébé se fait par une observation plus rigoureuse et un essai de compréhension de ses manifestations extérieures en se méfiant de tout anthropomorphisme analytique. Par exemple, en salle de naissance, les sages-femmes estiment qu'il existe un moment propice pour sortir l'enfant du bain. C'est « en l'observant pendant ce bain qu'on va sentir sa disponibilité, c'est lorsqu'il a relâché

1. Stage de sages-femmes à Port-Royal en 1972.
Week-end de travail avec Leboyer en 1976 à Mont-Saint-Aignan.

2. Thèse en cours sur les besoins nutritionnels du nouveau-né qui doit démontrer, comme l'avait souligné Fomon, la variabilité des consommations spontanées de l'enfant nourri au lait maternisé.

entièrement son corps, ouvert ses mains, ses yeux, que le besoin de se nourrir lui vient et s'exprime par le réflexe de succion. Il cherche à boire l'eau du bain et tète le bras ou la main ».

Dans la pratique, à ce moment, l'enfant est sorti du bain, séché et remis sur le ventre de sa mère.

Pour les sages-femmes, « le premier contact avec la mère et le sein est déterminant... la majorité des enfants vont le prendre avidement et se mettre à téter vigoureusement. D'autres sucent le mamelon sans téter mais restent calmes et s'endorment. Certains ne parviennent pas à téter malgré les conditions favorables, font de nombreuses tentatives et pleurent ».

Donc, si cette conviction de l'utilité de la mise au sein précoce est unanimement partagée, le problème des modalités de cette mise au sein reste posé : ainsi, c'est une de nos premières contradictions, le réflexe de fouissement, qui nous paraît inaugurer l'allaitement de manière optimale, est peu observé et même rarement facilité.

Cela est probablement dû au fait que nous sommes restés très interventionnistes en ce qui concerne l'allaitement : la « mise au sein » est une technique encore largement utilisée, même si elle est combattue par certains membres de l'équipe : « On met l'enfant au sein et ce n'est pas ce dernier qui va au sein mais la mère qui l'y conduit. »

Nous voudrions souligner un dernier point. Si, encore une fois, nous n'abordons pas avant la naissance le problème du choix des modalités par la mère ou par le couple de l'alimentation de l'enfant, c'est en salle de naissance qu'est posée la question concernant ce mode d'alimentation du bébé : « Comment allez-vous nourrir votre enfant ? » Cette formulation, reprise en suites de couches, a évolué, comme le souligne une sage-femme : « Il est nécessaire de se conformer à une asepsie verbale pour ne pas induire une culpabilité concernant le non-désir de donner le sein. Par exemple, dire à une femme : " Désirez-vous allaiter votre bébé ? " va la mettre dans l'obligation de se justifier, alors que si on lui demande : " Comment allez-vous nourrir votre enfant ? ", elle répondra facilement : " Au biberon. " »

III. — PENDANT LE SÉJOUR POSTNATAL

Après la naissance, la mère séjourne dans une chambre individuelle, ayant son bébé constamment près d'elle si elle le souhaite.

Les premiers contacts avec l'auxiliaire de puériculture concernent habituellement le mode d'alimentation choisi pour l'enfant [1].

Dans le cas qui nous intéresse, où la femme a choisi l'allaitement maternel, les difficultés rencontrées sont très diverses dans le temps et selon leur importance.

Nous avons vu que certains membres de l'équipe pensent que ces difficultés sont en partie liées à un manque de préparation.

Un autre aspect très important concerne l'étude des comportements de l'équipe soignante face à la mère lorsque ces difficultés apparaissent ; un pédiatre déclare : « Une femme qui a fait son choix et s'y tient — sein ou biberon — est bien supportée. Une femme indécise, qui change d'avis, qui se décourage, qui se déprime, est mal supportée. » Ce type de réaction fait bien entendu référence au modèle généralement répandu de la bonne mère qui doit nécessairement réussir son allaitement, l'échec faisant apparaître l'image de la mauvaise mère.

Il est également intéressant de voir comment, de l'interruption de l'allaitement maternel, on passe à la notion d'échec, et comment cet échec est vécu comme notre propre échec à aider la femme [2]. Prenons un exemple : une femme exprime le souhait d'allaiter son enfant ; elle reste passive, elle ne prend pas son enfant. C'est l'auxiliaire qui met l'enfant au sein et le soutient. L'enfant refuse le mamelon. Pour le nourrir, l'auxiliaire

1. L'auxiliaire de puériculture sait déjà par l'aide-soignante de la salle de naissance quel type d'alimentation la mère a choisi.

2. Il est vécu doublement par le personnel ou par la femme. Pour la femme l'échec s'associe soit à une culpabilité personnelle : « je n'ai pas assez de lait », « je ne peux pas le nourrir », soit à une agressivité vis-à-vis de l'enfant : « il ne veut pas téter », « il dort, ça lui est égal »...

propose le tire-lait et le biberon de complément au lait maternel dans l'idée que cette étape difficile franchie, la femme continuera son allaitement. Toutes les auxiliaires de l'étage, la responsable, le médecin proposent leurs « trucs » pour que l'allaitement marche. La patiente finit par décider d'arrêter d'allaiter l'enfant. Ce refus met habituellement en jeu des réactions complexes associant culpabilité et agressivité. Un entretien plus approfondi avec ces patientes permet quelquefois à l'équipe de se déculpabiliser : on finit par entendre que la demande d'allaitement maternel venait du père de l'enfant ou de l'entourage et, dans ces cas, l'équipe accepte aisément que l'allaitement maternel soit interrompu.

Il faut bien reconnaître, comme le souligne une responsable, que « l'allaitement maternel est pour nous le mode d'alimentation le plus adapté au bébé mais qu'il n'est pas adapté à toutes les mères ».

Enfin, certains problèmes se retrouvent quel que soit le mode d'alimentation, mais sont ressentis avec plus d'acuité en cas d'allaitement maternel : il en va ainsi de l'interprétation des cris plus ou moins associés à des mouvements de succion : si l'enfant exprime un besoin, celui-ci n'est pas obligatoirement alimentaire, comme l'illustre ce que nous rapporte une auxiliaire de puériculture : « Une nuit, un bébé pleure dans le service. Ma collègue va voir, elles le prennent dans les bras, la maman le berce, lui parle, mais l'enfant pleure toujours. La maman lui donne le sein, cela ne change rien. Alors la collègue décide avec la mère de lui donner un bain comme à la naissance. L'enfant se détend, elle le sèche, le rhabille, puis il s'endort. »

Dans un autre ordre d'idée, il faut reconnaître que la jeune mère allaitant son enfant se prive d'un repère sécurisant extrêmement important : elle ne sait pas de façon régulière quelle quantité de lait boit son enfant, l'inquiétude naissant alors rapidement avec les premières difficultés. C'est pour tenter de les résoudre que nous proposons également des réunions de puériculture pendant ce séjour, réunions au cours desquelles les problèmes pratiques concernant l'« élevage » des nouveau-nés sont abordés. Il n'en reste pas moins que si, dans les cas de difficultés mineures ou ressenties comme telles, notre réponse à la demande d'aide exprimée par la mère peut être estimée adéquate, d'autres situations vont réveiller pour l'équipe soignante une angoisse, vite partagée d'ailleurs, dont elle va se défendre en proposant des solutions parfois inappropriées.

En guise de conclusion, nous nous permettons de souligner deux points.

Si l'allaitement maternel paraît la solution la plus naturelle, elle n'est certainement pas la plus simple, du moins pour l'équipe soignante : celle-ci se trouve en effet située dans un système relationnel extrêmement complexe qui va mobiliser, d'une part, ses possibilités de compréhension, de déchiffrage, des demandes de la mère et de l'enfant, ses possibilités de prise en charge et ses capacités éducatives, et d'autre part des processus inconscients qui se réfèrent au vécu et à la personnalité de chacun de ses membres.

Il est également important de souligner l'investissement affectif dont la mère allaitant son enfant fait l'objet de la part de l'équipe soignante, comme le témoigne le sentiment de culpabilité en cas d'échec de cet allaitement. Cela justifie à nos yeux la nécessité d'un travail de réflexion sur nos pratiques afin d'apporter une aide peut-être plus adéquate aux mères et une attention justifiée à nos propres problèmes.

L'allaitement maternel en Suède

Yngve Hofvander

Stig Sjölin

Göran Kjellberg

Hôpital universitaire d'Uppsala
Suède

Alarmé par des rapports sur le changement néfaste des habitudes alimentaires de la population suédoise, le gouvernement a décidé en 1969 d'entreprendre une campagne d'information sur le thème « Diététique et exercice physique ». Plusieurs comités d'experts ont été créés, dont un fut chargé de présenter un rapport sur la diététique et l'exercice physique chez l'enfant en Suède. Ce comité a constaté que la fréquence très basse de l'allaitement au sein des nourrissons constituait l'un des problèmes les plus sérieux sur le plan nutritionnel chez l'enfant en Suède.

Un comité spécial comprenant des nutritionnistes, des obstétriciens, des pédiatres, ainsi qu'une infirmière, un psychologue et un sociologue, s'est alors penché plus spécifiquement sur le problème de l'allaitement maternel. Il a constaté qu'en 1973, 6 % seulement de tous les nourrissons étaient allaités au sein jusqu'à l'âge de 6 mois. En se fondant sur des études antérieures, on a déduit qu'il s'agissait d'un processus de diminution de la fréquence qui remontait aux années 40 (fig. 1). Une étude a démontré que la situation socio-économique de la mère jouait un rôle. Les femmes mariées, âgées de plus de 25 ans, vivant dans des conditions sociales favorables et ayant atteint un niveau d'éducation élevé, allaitaient leur enfant au sein plus longtemps que les autres mères. Le niveau d'éducation de la mère semblait particulièrement important (fig. 2).

Déjà, en 1960, Sjölin et Vahlquist avaient cherché à

expliquer la diminution de la fréquence de l'allaitement maternel par des facteurs liés au milieu plutôt que par un malfonctionnement soudain des glandes mammaires chez la femme. Parmi les causes multiples influençant la pratique de l'allaitement maternel, quatre facteurs ont été identifiés comme principalement responsables :

1° Le changement fondamental du rôle social de la femme dans la société industrielle. Le désir de retrouver l'autonomie, de laisser s'épanouir la personnalité et de se retrouver sur un pied d'égalité avec l'homme se traduisait, entre autres, par la volonté d'assumer un emploi hors du domicile aussi vite que possible après l'accouchement.

2° L'isolement de la famille nucléaire privait souvent le jeune couple des conseils spontanés de la grand-mère sur le plan de l'alimentation de l'enfant.

3° L'augmentation du nombre d'accouchements en maternité passés de 10 % en 1920 à 94 % en 1950 représente un changement notable. La rupture précoce de la relation mère-enfant et les horaires rigides pour l'alimentation du nourrisson imposés par les routines dans le cadre hospitalier entravaient l'établissement d'un contact spontané entre mère-enfant-nourriture sur lequel se fonde tout allaitement maternel réussi.

4° La responsabilité de donner une information et une guidance dans le domaine de l'allaitement maternel incombait — de par la médicalisation du problème — à un personnel médical et paramédical qui paraissait de moins en moins motivé pour cette tâche. Le biberon était devenu de plus en plus accepté au fil des années. D'autant plus que des études comparatives publiées dans les années 50 avaient démontré qu'il n'y avait pas de différences majeures dans l'état de santé des enfants élevés au sein ou au biberon.

Pour changer cet état de choses, on a surtout misé sur une action éducative dirigée en premier lieu vers le personnel de santé. Un manuel sur l'allaitement maternel destiné aux membres du personnel des centres de Protection maternelle et infantile et des maternités, des séminaires de travail en guise de recyclage pour le personnel clé sur le plan local ainsi qu'une série d'images à projeter ont été mis au point.

Un changement des routines en maternité s'imposait aussi. Une pratique d'alimentation au sein précoce (10 ou 15 minutes après l'accouchement) et l'introduction progressive du système de « rooming-in », permettant à la mère de garder son enfant auprès d'elle jour et nuit et de s'occuper de lui en étant entourée par un personnel soignant bien formé, étaient mis en œuvre.

Les documents publicitaires distribués par les fabricants des produits alimentaires pour les nourrissons ont aussi pris une nouvelle forme en valorisant l'allaitement au sein comme étant la méthode d'alimentation normale de l'enfant et, en ne proposant les produits synthétiques que pour les mères ne pouvant pas alimenter au sein ou ayant elles-mêmes effectué un choix entre les deux modalités d'alimentation de l'enfant.

Parallèlement à cette action est survenu un changement des attitudes des jeunes mères. Un désir de tourner le dos à toute intervention artificielle et de retourner à la nature favorisait la cause de l'allaitement maternel. D'autre part, l'importance de la relation précoce entre mère et enfant pour le climat psychologique de la petite enfance a été soulignée à plusieurs reprises récemment en Suède, aussi bien dans des publications scientifiques que dans le débat public. Des groupes du type Leche League se sont aussi constitués.

Le résultat ne s'est pas fait attendre. Pour la première fois depuis plus d'un quart de siècle, la fréquence de l'allaitement au sein a augmenté (fig. 3). Le taux de l'allaitement au sein à l'âge de 6 mois a progressé de 6 à 34 % sur une période de cinq ans. Reste à savoir si c'est l'action éducative ou le changement d'attitudes qui a provoqué ce mouvement. Sans doute s'agit-il d'un effet de sommation, mais il semble malgré tout que l'action éducative soit la voie à suivre, même si ce n'est que pour soutenir un mouvement déjà amorcé par des changements d'attitudes plus ou moins spontanés.

Référence

HOFVANDER (Y.) et SJÖLIN (S.) : *Breast feeding trends and recent information activities in Sweden*, Department of Paediatrics University of Uppsala, Sweden, 1979.

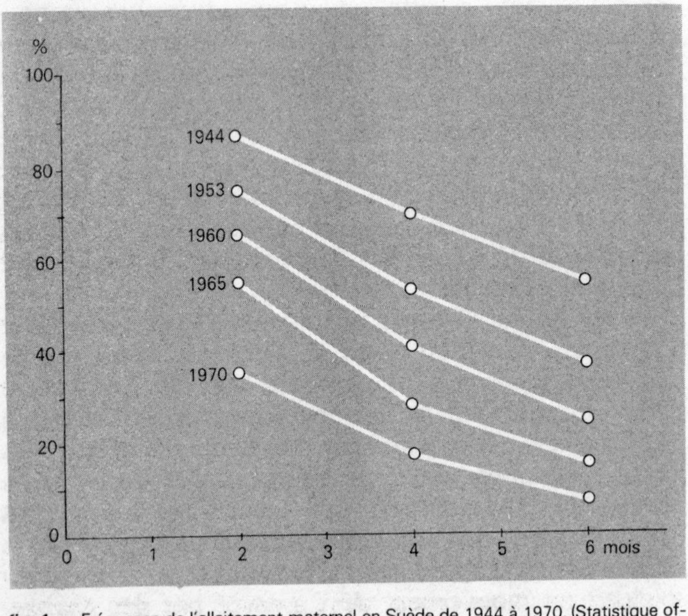

fig. 1 — Fréquence de l'allaitement maternel en Suède de 1944 à 1970. (Statistique officielle du Ministère de la Santé, Suède).

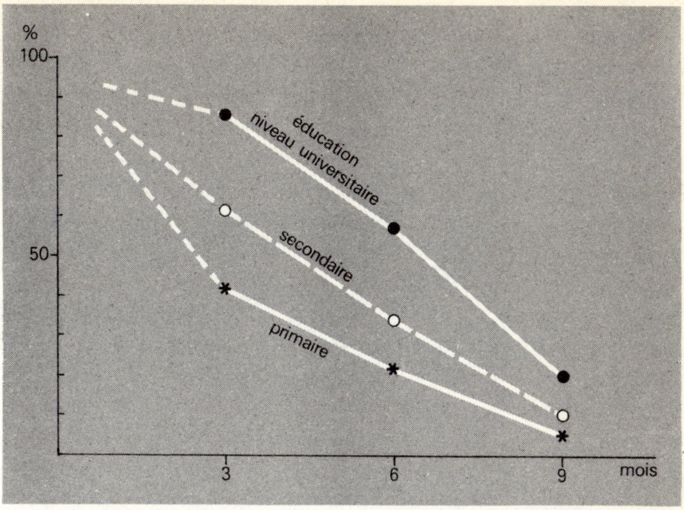

fig. 2— Fréquence de l'allaitement maternel par rapport au niveau d'éducation d'après une enquête portant sur 600 mères dans la région d'Uppsala. Allaitement maternel complet et allaitement mixte.
(Hofvander Y., Petros-Barvazian A. : WHO Collaborative study on breast feeding. Acta Paediatr. Scand. 67:556, 1978).

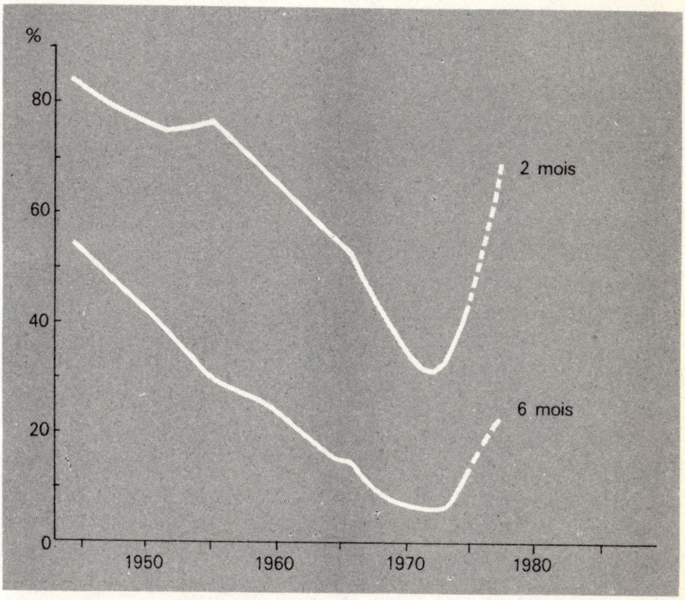

fig. 3 — Le changement de la fréquence de l'allaitement maternel à 2 et à 6 mois (allaitement au sein complet).
Les chiffres portant sur les années 1976 et 1977 représentent des fréquences moyennes venant de rapports semi-officiels touchant 9 régions.
(Statistique officielle du Ministère de la Santé, Suède).

Une expérience anglaise

Le témoignage d'une jeune mère

Odile Guitard

Pour mon premier enfant, j'ai accouché le 7 août 1978 au « University College Hospital of London », dans le service du Pr Brandt.

Aussitôt après mon accouchement, mon bébé a été installé dans un berceau à côté de mon lit. Une infirmière m'a alors expliqué que je prenais en charge mon bébé et que je devais l'appeler dès qu'il réclamerait sa première tétée. Environ trois ou quatre heures après l'accouchement, réveillée par les cris de Juliette, j'ai appelé l'infirmière qui m'a expliqué comment donner le sein : cinq minutes de chaque côté. La première tétée finie, elle m'a montré comment changer le nouveau-né et quels soins lui donner : toilette de la figure, des mains et du nombril qui ne sera jamais pansé et restera à l'air (une pièce est réservée aux mères à cet effet). A partir de là, je me suis débrouillée seule. L'infirmière m'avait demandé de l'appeler pour les deux tétées suivantes auxquelles elle a assisté, au cas où un problème se serait présenté.

C'est donc moi qui nourrissais mon bébé, *lorsqu'elle le réclamait* [1], mais en attendant au moins trois heures et au plus cinq heures entre deux tétées. Si elle réclamait trop tôt, je lui donnais de l'eau additionnée de glucose ; mais en général, Juliette se maintenait dans ce rythme. Vers le troisième ou quatrième jour, j'ai allongé la durée de la tétée à dix minutes pour chaque sein.

1. Les phrases soulignées l'ont été par la rédaction.

Les deux premières nuits, pour que je me repose, mon bébé a été pris en charge par les infirmières qui ne lui donnaient, en cas de besoin, que de l'eau additionnée de glucose ; jamais de lait. Ensuite, c'est moi qui l'ai gardée la nuit et je la nourrissais toujours sur demande.

Chaque matin, je faisais examiner mon bébé par une infirmière, *mais il n'a pas été pesé avant le cinquième* jour, hormis la pesée à la naissance. C'est seulement du cinquième au huitième jour, date de mon départ, qu'elle a été pesée, une seule fois par jour. Le cinquième jour, on m'a également montré comment la baigner, ce que j'ai fait ensuite chaque jour, seule, à mon heure.

Enfin le pédiatre passait une fois par semaine et examinait les enfants avant leur départ de l'hôpital.

Cette méthode m'a semblé présenter des avantages importants pour les mères comme pour les infirmières. Très sécurisante pour les mères : je prenais mon bébé lorsque je le jugeais nécessaire, sans être inquiétée par ses cris ni par la crainte de devoir la réveiller en plein sommeil. J'envisageais sans appréhension la sortie de l'hôpital puisque j'avais eu le temps d'apprendre à me débrouiller seule. En même temps deux infirmières étaient constamment à la disposition de notre chambre de *dix personnes*, au cas où un problème se poserait. Méthode plus reposante, me semble-t-il, pour les infirmières qui ne m'ont pas paru débordées : elles ne venaient qu'appelées par les mères, pour quelques conseils qu'elles prodiguaient avec d'autant plus de gentillesse qu'*elles ne faisaient qu'aider, sans avoir la charge de l'enfant.*

J'avoue ne pas m'être inquiétée une seule fois du poids de mon bébé, qui tétait quand elle réclamait, et semblait parfaitement heureuse après.

J'ai également beaucoup apprécié de découvrir moi-même directement mon enfant, ce qui m'aurait semblé difficile si une tierce personne me l'avait pris et repris, ou en avait pris la responsabilité à ma place.

Contrepoint

« L'allaitement en prison »

Évelyne Barge

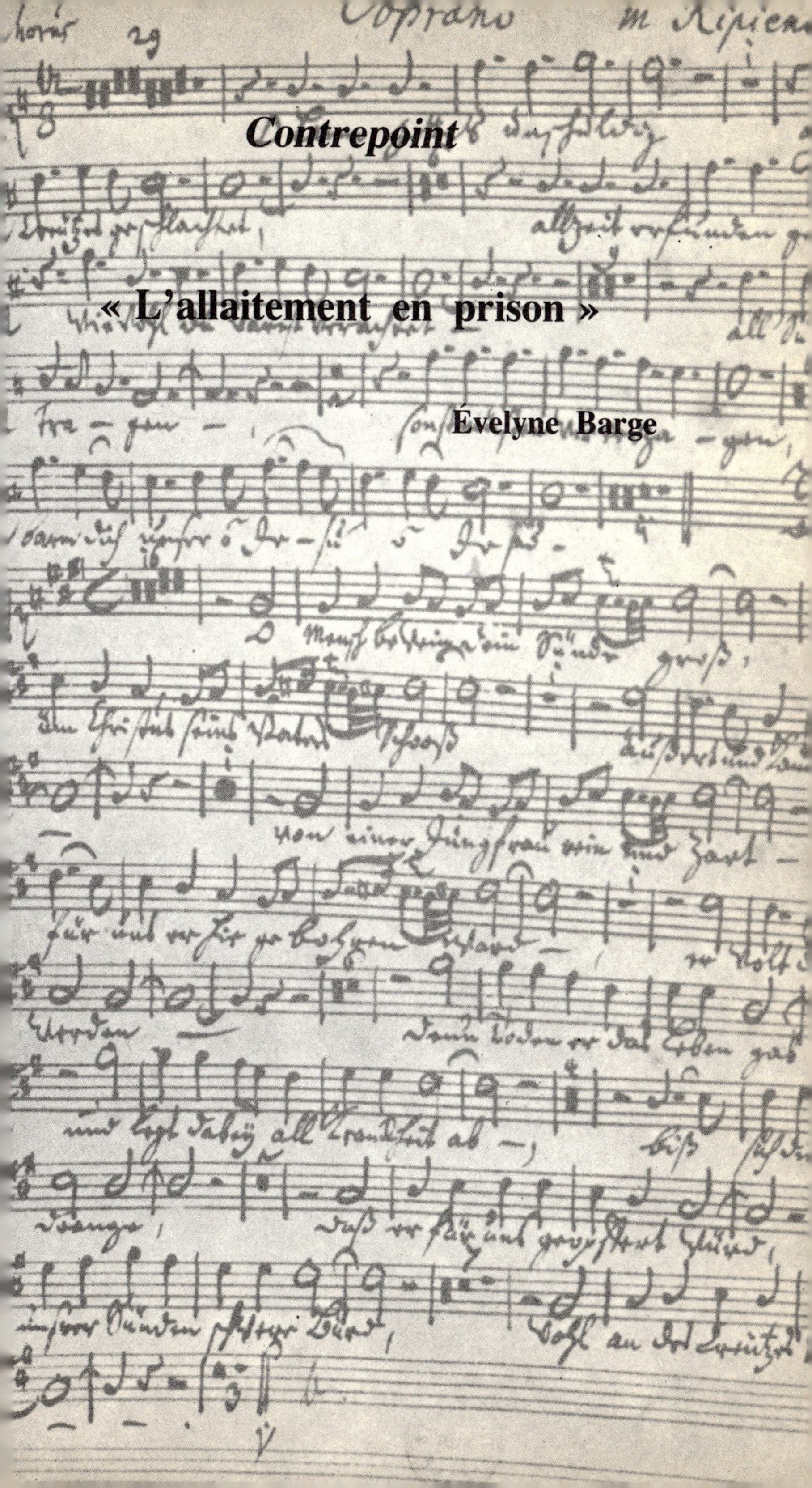

Après avoir passé ma grossesse en prison, c'est également en prison que j'ai mis au monde Denis, mon premier bébé. L'accouchement s'est passé dans d'assez bonnes conditions, parce que la religieuse sage-femme m'a beaucoup aidée et l'interne m'a expliqué au fur et à mesure ce qui se passait.

Après la naissance, Denis a reposé quelques instants sur mon ventre ; je l'ai embrassé, mais je n'avais plus assez de force pour l'accueillir comme je le désirais. En fait les difficultés ont commencé avec l'allaitement. Je ne sais pas si c'est parce que j'ai perdu les eaux précocement ou parce que l'on m'a fait une épisiotomie, mais j'ai reçu des antibiotiques et on m'a indiqué que les antibiotiques passaient dans le lait. Comme je voulais à tout prix allaiter, j'ai tiré le lait avec la machine pendant les dix jours de traitement. Ensuite, j'ai essayé de donner le sein, mais cela ne marchait pas, peut-être parce que j'avais peu de lait, ou parce que Denis avait pris l'habitude du biberon et qu'il voulait que le lait lui tombe tout de suite dans la bouche. J'ai envisagé de donner à Denis, dans un biberon, le lait que je tirais. L'interne était d'accord, mais la sœur a fait des difficultés, jugeant ce système dangereux à cause des « staphylocoques ».

Alors je me suis acharnée à essayer de donner le sein, ne serait-ce que pour compléter le biberon. J'en voulais à la terre entière de ne pas avoir de lait, et j'essayais tous les « trucs » que l'on m'indiquait. Mon idée fixe était de boire de la bière ; je courais après les médecins pour avoir des autorisations pour en acheter ; ils m'ont donné aussi des granulés que j'avalais par boîtes entières. En prison tout prend des proportions énormes... les idées fixes, les désirs, etc. Bien entendu les soucis, l'angoisse que nous connaissons en prison ne sont pas favorables à un bon allaitement. Et puis il y a le problème des tours de clé qui font sursauter le bébé et le dérangent constamment : entre 11 heures et 14 heures, il y a le journal, puis le biberon, ce qui fait six tours de clé en trois heures. Mais tout n'est pas négatif en prison ; il peut y avoir de l'entraide ; je pense surtout à une Gitane qui avait nourri tous ses enfants au sein et en était à son sixième bébé ; elle a donné le sein à Denis qui était ravi ; malheureusement on m'a déconseillé de poursuivre cet allaitement par nourrice bénévole et, comme je n'avais pas à cette époque réfléchi à la question, j'ai cru que ce n'était pas bon pour mon bébé. A force d'insister, de vivre en contact avec Denis nuit et jour, de lui chanter des ballades américaines ou des chansons de Ferré, de lui parler, j'ai finalement eu assez de lait pour en donner un peu moi-même, même si ce n'était qu'un complément, un « dessert » comme m'a dit un pédiatre. Et c'est ainsi que j'ai donné le sein à mon bébé jusqu'à l'âge de 7 mois, jusqu'au jour où il ne l'a plus voulu, tout simplement.

Maintenant, lorsque je vois cela avec un peu de recul, après en avoir parlé avec d'autres, je me dis que si j'avais su, j'aurais écouté les conseils de femmes, comme la Gitane, qui savent par expérience ce que c'est qu'allaiter, sans m'occuper de la profession ou des diplômes des gens qui me conseillaient.

J'imagine que ce qui m'est arrivé n'est pas particulier à l'administration pénitentiaire et que dans les hôpitaux, il est peut-être également préférable parfois d'être aidée par une voisine ou une employée sans grade qui a elle-même allaité ses enfants.

L'aspect scientifique de l'allaitement était naguère ce qu'on entendait pour conseiller de donner le sein plutôt que le biberon. « A cause des anticorps. »

Nous n'avons pas centré ce numéro sur cet aspect, mais il garde toute son importance pour choisir en meilleure connaissance de cause.

Ce qu'en dit la science

- Lait de femme… laits de remplacement
- Aspect immunologique
- Flore digestive et alimentation lactée
- Allaitement et contraception
- Allaitement et esthétique mammaire

Lait de femme...
laits de remplacement

Henri Lestradet

(Propos recueillis par
Etienne Herbinet)

N.D.L.R. — Le Pr Lestradet devait, à l'origine, traiter, en un court texte, les différences biochimiques entre le lait de femme et les laits de remplacement.

La technique de l'interview a conduit à autre chose... On y trouvera certes le sujet d'origine, mais aussi d'autres richesses...

Nous nous permettons de suggérer au lecteur rebuté par la biochimie, de ne pas négliger l'ensemble de l'article, mais de « sauter » les passages trop techniques pour son goût.

Par ailleurs, la technique de l'interview conduit inévitablement à un style parlé, moins irréprochablement littéraire mais parfois plus imagé.

ETIENNE HERBINET : *On se demande souvent s'il faut parler des avantages réels du lait maternel sur les laits de remplacement en se posant la question : « Est-ce que cela ne va pas culpabiliser les femmes qui ne* veulent *pas allaiter ou qui ne* peuvent *pas allaiter ? » Mais on peut se dire aussi que cette attitude prudente conduit à occulter certaines réalités scientifiques, et qu'elle favorise une sorte de politique de l'autruche. Quelle est votre opinion ?*

HENRI LESTRADET : Je trouve que c'est une très mauvaise attitude des médecins que de parler de culpabilisation de la femme. La culpabilisation, c'est celle du médecin ! Je crois que quand on détient une vérité, il faut la dire. Aussi longtemps qu'on ne savait pas quels étaient les avantages fantastiques du lait de femme, cela n'avait pas une grosse importance. Mais actuellement on a fait des progrès considérables dans ce domaine ; les arguments sont nombreux, et je trouve que c'est malhonnête de la part d'un médecin que de ne pas en parler aux femmes. Ensuite, éclairées, elles pourront choisir. Quelqu'un qui n'est pas au courant d'un problème ne peut pas juger. Il faut donc donner aux principales intéressées les éléments de réflexion ; si, après, et connaissant tout ce qu'on sait actuellement sur le lait, les femmes ont encore le désir de ne pas allaiter, alors là, qu'elles se culpabilisent elles-mêmes.

• *Vous avez parlé de progrès des connaissances. Il y a aussi un progrès de la qualité des laits que l'on peut offrir à un nourrisson en remplacement du lait maternel. Quels sont, brièvement, ces progrès ? Quelles sont les différences actuelles ?*

• Le problème c'est que pendant très longtemps, au fond, on n'a pas pu nourrir les enfants autrement qu'avec du lait de femme, pas plus qu'on ne peut nourrir un petit animal avec le lait d'une autre espèce. Seule la mythologie pouvait se permettre de nourrir Jupiter avec du lait de chèvre ; et si Romulus et Remus ont été nourris, théoriquement, au lait de louve, c'est en fait que *lupa*, en latin, veut dire la « putain » et non seulement la « louve ». C'est la seule explication que je peux trouver à cette légende.

Cela dit, on a fait des essais avec des laits animaux, et tous les essais ont raté jusqu'au moment où premièrement on a pu avoir des laits parfaitement propres, et deuxièmement transformer profondément ces laits en les coupant, en les modifiant. Le premier problème, celui de l'infection des laits, est important car les laits de ruminants sont des laits faits pour contaminer le tube digestif de ces animaux, tandis que les laits des monogastriques comme l'homme (et d'autres animaux comme le cheval) sont faits au contraire pour maintenir les tubes digestifs purs de toute espèce de germes. Or vous savez que les ruminants ont des rumens justement qui doivent être contaminés par des bactéries pour que leur digestion se fasse bien. Le lait de vache est de cette catégorie-là. Il a fallu des approches successives pour obtenir une stérilisation parfaite. On voit bien d'ailleurs ce qui se passe dans les pays en voie de développement dès que les processus de stérilisation ne sont pas parfaits. Le deuxième problème est celui des modifications profondes qu'il était absolument indispensable de réaliser, au risque, à ce moment-là, d'apporter des protéines étrangères. On est arrivé à quelque chose qui est globalement à peu près satisfaisant puisque la plupart des Français ont été élevés de cette façon. Le troisième problème est immunologique ; il est fondamental ; la différence essentielle est que le lait maternel ainsi que le colostrum contiennent des anticorps adaptés aux défenses de l'enfant. Mais ce point est détaillé dans un autre article.

Si l'on envisage globalement l'aspect biochimique, il est certain que la composition du lait de femme est fondamentalement différente de celle du lait de vache. Certains éléments constitutifs, notamment les protéines, les minéraux, sont en quantité trois fois plus grande dans le lait de vache que dans le lait de femme, tout simplement parce que le petit veau grossit trois fois plus vite que le petit homme. Par contre, d'autres éléments comme le galactose, comme un certain nombre d'acides gras, sont en quantité bien moindre dans le lait de vache, tout simplement parce que la croissance du cerveau, comparée à celle du reste du corps, est beaucoup moins rapide chez le veau que chez l'homme. *Il suffit de connaître la composition d'un lait pour savoir à quel animal il appartient.* Le lait de chaque espèce est adapté à la croissance du petit de cette espèce, et il n'y a pas de déchets. Que vous preniez du lait de vache, du lait de lapine, du lait de louve, du lait de tout ce que vous voudrez, lorsque le petit tète en quantité satisfaisante (il n'y a pas de quantité absolue, il faut qu'il y ait un libre choix qui se fasse), il n'y a pas de déchets. Tandis que si vous donnez à un bébé humain du lait de vache qui contient trois fois plus de protéines, sa croissance étant programmée il va se trouver devant un excès fantastique, avec une nécessité de métaboliser, de transformer ces protéines en urée, en acides non volatils... Il va donc faire travailler son foie, ses reins ; il va lui falloir éliminer des substances osmotiques en quantité très importante. Tous les enfants nourris au lait artificiel ancien — je dis bien ancien — avaient tous des foies plus gros et des reins plus gros.

Il y a évidemment eu des progrès depuis. Les laits maternisés ont résolu les problèmes nutritionnels quantitatifs, les protéines ont été ramenées à une quantité normale ; il n'y a plus cette surcharge. Malheureusement, ce sont des protéines agressives, elles provoquent un petit saignement de la muqueuse digestive car les protéines en question sont des protéines de lait de vache non modifiées. Il y aurait sûrement intérêt, si on veut faire des progrès dans ce domaine, à essayer de dé-spécifier un peu ces protéines pour qu'elles ne soient plus agressives, comme on a déjà pu le faire dans certaines préparations.

En matière de protéines, toujours, il y a un point curieux et très intéressant : dans les laits maternisés, les protéines ont toutes de longues chaînes moléculaires et doivent donc être découpées. Ce qui est très particulier, c'est que dans le lait de femme et dans le colostrum, on trouve beaucoup d'acides aminés libres. Il y a 1 gramme d'acides aminés libres pour 12 grammes de substances dites protéiques, comme si l'organisme avait besoin de trouver toutes prêtes des substances que, quelques semaines, quelques mois plus tard, il arrivera à fabriquer lui-même en découpant convenablement ces molécules.

En ce qui concerne les lipides, il y a de grosses différences : il y a environ 10 % d'acides gras désaturés [1], dans les graisses du lait de femme, alors qu'il n'y en a pratiquement pas dans le lait de vache. Ces acides désaturés sont essentiels pour la synthèse des différents tissus, notamment pour les synthèses cérébrales. Il fallait donc, avec les anciens laits, diversifier l'alimentation pour fournir très rapidement cette quantité, sous forme de végétaux, ou d'œufs par exemple. Un certain nombre d'enfants, recevant une alimentation mal diversifiée, absorbaient uniquement ces laits « saturés » qui sur le plan calorique sont bons, mais sur le plan de la croissance sont mauvais. Ils s'en tiraient heureusement parce qu'il y a 350 grammes de graisse chez un nouveau-né de 3 500 grammes. Or ces graisses contiennent, si la mère s'est bien nourrie pendant sa grossesse — j'y reviendrai — la quantité de lipides désaturés nécessaires pour un an. Il ne se passait donc rien pendant la première année, même si on faisait des erreurs diététiques, sauf dans le cas des enfants

1. Les acides gras désaturés sont des acides gras ayant perdu un certain nombre d'atomes d'hydrogène, ce qui crée, sur cette longue chaîne moléculaire, un nombre correspondant de doubles liaisons entre les atomes de carbone. La double liaison la plus importante est celle du 6e carbone terminal (oméga 6) : acide linoléique ou acide arachidonique, l'organisme humain ne sachant pas faire cette double liaison.

prématurés ou dysmatures. Les laits actuels, maternisés, bénéficient d'un apport en acides gras désaturés, toutefois le lait de femme contient en outre des acides gras à longue chaîne, à 20, 22 ou 24 atomes de carbone, que l'organisme humain est théoriquement capable de fabriquer à partir de l'acide linoléique. Mais en fait cette synthèse ne se fait pas très bien chez le petit enfant et se fait franchement mal chez le prématuré. De cela, on peut tirer deux conclusions :

— Premièrement : du fait de leur importance, notamment pour les synthèses cérébrales, il serait important de se pencher, un peu plus qu'on ne l'a fait, semble-t-il, sur la teneur en acides gras à chaîne plus longue dans la composition des laits artificiels proposés aux enfants.

— Deuxièmement, je voudrais souligner l'importance de ce que mange la femme. *La femme enceinte,* puisque c'est pendant la grossesse que vont se constituer certaines réserves chez l'enfant ; et *la femme qui allaite,* puisque la composition en lipides du lait est fonction de l'alimentation maternelle. Il faut que l'alimentation ne comporte pas exclusivement de la viande de bœuf et de mouton. Ne manger que du bifteck-frites, du beurre et du fromage serait une erreur. Il faut varier, manger du poulet, des œufs, un peu de porc, du poisson..., manger de tout raisonnablement ; manger des produits frais, manger des fruits... Il vaut mieux prendre, à mon avis, des laits écrémés ou demi-écrémés plutôt que des laits entiers ; des yaourts écrémés plutôt que des yaourts entiers, pour avoir une quantité suffisante de calcium sans ingérer un excès de graisse saturée. Il faut aussi que, si la femme enceinte a des envies variées de fruits ou autres, elle les satisfasse ; parce que c'est un besoin profond qu'elle ressent. C'est très important, cela permet au petit de se constituer des réserves, non seulement en lipides mais aussi en fer, en cuivre, etc. Si bien que toutes les erreurs commises dans l'alimentation des nourrissons, et elles ont été nombreuses, ont été sans conséquences majeures, sauf chez les grands prématurés, les grands dysmatures. Il faut absolument que les prématurés et les dysmatures bénéficient du lait de femme.

Le problème du *cholestérol* est très intéressant. On

insiste actuellement sur le fait que le lait de femme est beaucoup plus riche en cholestérol que le lait de vache et, *a fortiori,* que les laits maternisés qui n'en contiennent pas. Une série d'études prospectives, en particulier celle de Guthrie à Boston en 1977 [1], aurait montré que les adultes ayant reçu, nourrissons, du lait de femme avaient des taux de cholestérol sanguin moins élevés qu'un groupe témoin. En fait tout cela n'est pas parfaitement clair, et ces chiffres sont en partie contestés [2]. Le cholestérol est la matière première pour la fabrication d'un certain nombres de molécules : sels biliaires, hormones stéroïdiennes notamment. Alors on peut dire que, s'il n'y a pas de cholestérol dans le lait, l'organisme est obligé d'apprendre à le fabriquer plus tôt que d'habitude, ce qui peut être mauvais. Il semble surtout que le fait qu'il y ait du cholestérol dans l'alimentation prépare l'organisme du bébé à fabriquer une substance nécessaire à l'épuration du cholestérol en excès : la H.D.L. (hight density lipoproteine). On peut penser que si le foie n'a pas appris très tôt à épurer le cholestérol, à le métaboliser, cela puisse avoir des conséquences ultérieures. En tout cas, ce sont des hypothèses intéressantes dans le cadre des études sur la prévention de l'hypercholestérolémie, de l'artériosclérose et de l'hypertension de l'adulte, hypothèses qui nécessitent une vérification soigneuse. Encore faut-il que l'alimentation ensuite ne soit pas trop riche en lipides ; il est un peu illusoire, dans cette optique, qu'un nourrisson soit nourri au sein si ensuite il bouffe comme un cochon ! Cela dit, l'absence de cholestérol dans les laits maternisés doit être reconsidérée.

En ce qui concerne les glucides, je voudrais insister sur le *galactose,* deux fois plus abondant dans le lait de femme (et également dans les laits maternisés) que dans le lait de vache. Or ce galactose semble jouer un rôle important dans les premiers mois de la vie, bien que ce rôle comporte des aspects qui sont encore mystérieux.

— D'abord, le galactose est dix fois mieux capté par le foie que le glucose, c'est un sucre essentiel pour la

1. *J. Pediatrics*, 1977, *90*, p. 39.
2. Editorial de *Pediatrics*, 1978, *62*, p. 591.

constitution des réserves énergétiques, en glycogène, du foie. Le galactose intervient dans le maintien de la glycémie, dans la tolérance au jeûne ; il a un rôle aussi au niveau des glycuro-conjugaisons, processus qui permettent d'éliminer toute une série de déchets toxiques comme la bilirubine.

— Ensuite, il y a quelque chose de curieux : une expérience poursuivie actuellement dans mon service semble bien montrer que le prématuré, que le petit enfant et d'ailleurs l'adulte sont capables de fabriquer eux-mêmes, à partir du glucose, une quantité de galactose qui n'est pas insignifiante, le mettant théoriquement à l'abri d'une carence que l'on aurait pu redouter. Mais alors, pourquoi, dans les différentes espèces animales, la teneur des laits en galactose est-elle toujours *proportionnelle à la vitesse de croissance* cérébrale par rapport à la croissance corporelle ? Pourquoi le seul animal qui vienne au monde avec un cerveau d'adulte, le lion de mer, reçoit-il de sa mère un lait entièrement dépourvu en galactose ? Il faut donc certainement continuer les recherches sur ce point.

En ce qui concerne le goût du lait, on souligne habituellement le fait que le lait de femme est peu sucré. On sucrait habituellement les laits de remplacement avec du saccharose, qui est bien toléré, mais qui donnait un goût plus sucré au lait. On a beaucoup redouté que cela ne donne à l'enfant une appétence ultérieure pour le goût sucré, comme cela a pu être observé chez certains animaux, et que cela prédispose à une obésité. C'est une hypothèse, ce n'est qu'une hypothèse. Ce qui me semble certain, c'est qu'il n'est pas vrai, contrairement à ce qu'on dit parfois, que le fait d'être gros à 6 mois ou 1 an prédispose à l'obésité. On a dit que quand on grossissait beaucoup pendant la première année, on multipliait ses cellules graisseuses, et qu'ensuite, c'était joué pour toute la vie. En fait, c'est pendant toute la période de la jeunesse et de l'adolescence que les cellules graisseuses peuvent se multiplier. Par conséquent, si on mange trop à un moment donné, à un moment quelconque avant 18 ans, on peut devenir obèse. Mais ce n'est pas le poids à l'âge de 6 mois et encore moins le poids de naissance qui est déterminant.

En ce qui concerne les éléments minéraux, un mot, d'abord, sur le calcium. Il y a trois fois plus de calcium dans le lait de vache que dans le lait de femme, mais — pour plusieurs raisons dont certaines sont connues [1] et d'autres sont moins claires — la quantité totale de calcium absorbée par l'enfant est deux fois moins importante quand il s'agit de lait de vache. Il y a donc un risque de carence, d'où la nécessité de donner davantage de vitamine D [2], d'autant plus que le lait de vache, à l'inverse du lait de femme, ne contient pas de vitamines. Le lait de femme contient de la vitamine D, à la condition que cette femme ait été suffisamment ensoleillée ou qu'elle ait reçu de la vitamine D. Si ce n'est pas le cas, il peut y avoir des carences, du rachitisme chez l'enfant pourtant nourri au sein. (Il faut donc que les femmes qui allaitent sachent trouver dans le soleil, ou même dans des médicaments, une source suffisante de vitamine D.)

Le problème du sodium, du sel, est très important. Il y a trois fois plus de sodium dans le lait de vache que dans le lait de femme, et on pense actuellement qu'il vaut peut-être mieux ne pas donner trop de sel, car des questions sont actuellement posées sur les rapports possibles entre des alimentations trop riches en sodium et l'hypertension artérielle ultérieure. Dans le doute, ici encore, il est préférable de se rapprocher le plus possible du lait maternel.

Je n'insiste pas sur le fer qui est sous une forme telle, dans le lait de vache, qu'il n'est presque pas absorbé [3], ni sur le zinc qui se trouve en quantité importante dans le colostrum, ni sur le fluor qui n'est pas ajouté aux laits maternisés et qui — soulignons-le — est pratiquement absent de l'eau du robinet dans des villes comme Paris. Il y a aussi tout le problème des oligo-éléments qui, bien que présents en quantité infime, peuvent être très importants : magnésium, sélénium, cobalt, etc.

J'ai évoqué le problème des vitamines que je ne peux

1. Notamment le rapport phospho-calcique.

2. La vitamine D facilite l'absorption du calcium et sa fixation sur l'os. Elle provient soit de la fabrication par la peau sous l'influence des rayons solaires, soit d'un apport extérieur (huile de foie de morue autrefois, médicaments aujourd'hui).

3. L'adjonction de fer dans les laits maternisés pose un problème, car cela peut modifier la flore digestive.

pas, ici, détailler davantage. En revanche, je voudrais dire quelques mots sur un sujet qui est d'intérêt récent, et qui pose des questions : *la composition hormonale du lait*. Sans insister sur les hormones polypeptidiques qui semblent agir sur la mise en route de toute le système digestif, je voudrais souligner deux points :

— D'abord que le cortisol [1] est vingt fois plus concentré dans le lait que dans le plasma maternel. Quel est son rôle exact dans le lait ?

— Ensuite que le lait de mère contient une quantité d'*hormones thyroïdiennes* qui représente la moitié de la sécrétion propre de la mère, quantité suffisante pour traiter de façon efficace un enfant hypothyroïdien. Il apparaît donc que les enfants nourris au sein, normaux il va sans dire, reçoivent tous, pendant les premières semaines de leur vie, une dose de thyroxine importante. Quel rôle cette thyroxine joue-t-elle chez ces enfants normaux ayant une thyroïde normale ? Cela mérite, en tout cas, d'être étudié très attentivement, ne serait-ce que pour savoir s'il ne conviendrait pas de faire bénéficier les enfants privés du sein de leur mère de cet apport hormonal sur lequel, jusqu'ici, il ne semble pas qu'on ait beaucoup attiré l'attention.

• *Vous avez souvent parlé d'amélioration envisageable et souhaitable des laits « artificiels », pour rapprocher le plus possible la composition biochimique de ces laits de celle du lait maternel. Mais, par ailleurs, vous soulignez un bon nombre de points qui restent encore inconnus ou mal connus. Or on ne peut copier que ce qu'on connaît…*

• C'est évident. Les différences entre les laits dits « maternisés » et le lait maternel sont encore fantastiques. Lorsqu'unc femme allaite son enfant au sein jusqu'à 5 ou 6 mois, c'est parfait ; il n'y a pas de problème. Lorsqu'elle n'allaite que trois mois, que l'on

1. Le cortisol, dérivé actif de la cortisone, hormone fabriquée par les glandes surrénales, joue un rôle important dans tous les processus biologiques.

passe au lait maternisé vers 3, 4 mois, il y a intérêt à ne pas commencer la diversification alimentaire trop tard, pour apporter justement ces facteurs inconnus qui sont susceptibles de manquer. A l'opposé, il ne faut peut-être pas commencer cette diversification alimentaire trop tôt car on sait que l'intestin du très jeune enfant est perméable aux protéines et que, s'il reçoit dans son alimentation des protéines étrangères, il peut s'y sensibiliser, et il court donc le risque d'avoir des ennuis plus tard.

• *Pouvez-vous préciser ? Quel type d'ennuis ?*

• Des ennuis de type allergique. Il y a des terrains allergiques, des familles d'allergiques. Dans ces familles, on peut considérablement diminuer (je ne dis pas supprimer) la fréquence des maladies allergiques en nourrissant entièrement les enfants au sein pendant cinq ou six mois. Cela vaut la peine. Mais à une condition que je souligne : il faut que les enfants soient nourris exclusivement au sein : colostrum puis lait sans discontinuité. Il ne faut pas faire ce que l'on voit pourtant de temps en temps : donner à un enfant, que sa mère compte allaiter, un premier biberon de lait maternisé. *Un seul biberon* donné à un moment où la muqueuse digestive est particulièrement perméable, c'est comme l'injection vaccinale de protéines étrangères... et tout le reste, ensuite, ne sert à rien. C'est tout de même dommage !

• *Pourriez-vous préciser le mécanisme ?*

• C'est le problème de l'immunologie du lait maternel, qui est traité, je crois, dans un article séparé. En bref, les IgA [1] recouvrent, tapissent les villosités intestinales et

1. Immunoglobuline A. Il s'agit d'anticorps d'un type particulier fabriqués par les cellules de l'adulte et de l'enfant de plus de 3 mois. Voir aussi p. 237.

les rendent imperméables à la pénétration des protéines étrangères. Les nouveau-nés ne savent pas encore fabriquer ces IgA et il n'y a pas d'autre source possible, à cet âge, que le lait maternel. En l'absence de ces substances, la muqueuse intestinale laisse passer toutes les protéines, y compris les protéines alimentaires, y compris les virus, les toxines microbiennes, les germes, etc. Ces protéines traversent donc la muqueuse intestinale, arrivent dans la sous-muqueuse, et là, elles activent des cellules particulières [1] et cela aboutit à la fabrication d'anticorps de type IgG [2] qui peuvent donner localement, ou à distance, des manifestations à type, par exemple, d'asthme ou d'eczéma. L'enfant peut lui-même fabriquer des IgA protecteurs, mais l'efficacité de ses propres IgA n'est totale qu'au bout de quatre ou cinq mois. Plus l'enfant est proche de sa naissance, plus son intestin est perméable. C'est pour cela qu'il ne faut pas que le premier biberon contienne des protéines étrangères. Si l'on veut donner quelque chose au nouveau-né, il faut lui donner de l'eau pure, ou de l'eau sucrée [3], mais surtout pas du lait maternisé si la mère a l'intention d'allaiter. L'idéal est évidemment que les enfants soient mis au sein très vite après la naissance pour qu'ils bénéficient tout de suite du colostrum qui contient une quantité massive d'IgA, et aussi parce que la mise au sein précoce est un point fondamental pour la facilité de l'allaitement ultérieur. Si on attend trop, la montée de lait, elle aussi, va se faire attendre. Il ne faut pas laisser passer une possibilité pour que tout se passe simplement.

• *C'est à l'opposé de ce que l'on disait jadis, puisque l'on enseignait qu'il fallait laisser les nouveau-nés à jeun pendant 24 ou même 48 heures ! Sur quoi reposait cette idée ?*

1. Les plasmocytes.
2. Immunoglobuline G, autre type d'anticorps circulant dans le sang capables de reconnaître et de neutraliser des substances étrangères, provoquant alors certaines réactions le plus souvent utiles à l'organisme, mais quelquefois dangereuses.
3. Sucrée avec du glucose pur si possible, et non pas avec du saccharose, car le fructose qu'il contient est un inhibiteur de la néoglycogenèse à cet âge-là.

• Je me le suis toujours demandé ! Cela ne se voit dans aucune espèce animale, ni d'ailleurs dans aucune des civilisations humaines où les comportements sont restés plus spontanés. Sans doute, un soir, dans le silence de son bureau, un professeur imaginatif a-t-il pensé qu'il fallait faire dégorger les enfants comme on fait dégorger des escargots... Les nouveau-nés sont souvent un peu « gonflés », un peu œdématiés, alors... On voulait qu'ils dégonflent.

• *Vous l'avez vu faire ?*

• Oui. Et plus l'enfant était petit, plus on le faisait jeûner longtemps, ce qui créait inévitablement — chez un enfant qui avait des réserves glycogéniques légères — une hypoglycémie (on apprenait même que c'était physiologique), une déshydratation, une perte de poids majeure. La conjugaison de la bilirubine se faisait mal et il y avait davantage d'ictères « physiologiques ». Tout cela n'est pas raisonnable !

• *Que donnait-on comme prétexte ? Qu'avez-vous entendu dire ?*

• Rien ! C'était comme ça parce que M. Un tel avait dit que c'était comme ça. C'est le *Magister dixit* dans sa légèreté la plus admirable. C'est comme cela qu'on était arrivé à dire que le lait de vache était aussi bon pour le nouveau-né que le lait de femme. Cela ne reposait sur aucune connaissance réelle. Depuis que l'on connaît mieux la physiologie, on se dit que c'est monstrueux. Il y a un article de Small Piece (c'est un nom prédestiné !) dans le *Lancet*, il y a un certain nombre d'années, qui montrait que les enfants qui étaient nourris tôt montaient leur taux de bilirubine un peu, bien sûr, mais rarement jusqu'à des chiffres dangereux. En revanche, les enfants qui étaient soumis à des jeûnes, surtout s'ils étaient prolongés, risquaient de monter leur taux de bilirubine beaucoup plus haut, et donc de nécessiter des soins particuliers. Il n'y avait aucune justification. Il n'y avait aucune raison, ni expérimentale ni tirée de l'étude des animaux. Je n'ai jamais compris pourquoi on faisait cela !

• *Vous avez parlé d'hypoglycémie… Actuellement, du fait de ce risque, la mode n'est plus au jeûne mais plutôt à la démarche inverse, et certains donnent systématiquement des biberons d'eau sucrée ou de lait, en attendant que la montée de lait soit établie, de peur que l'enfant ne fasse une hypoglycémie.*

• L'enfant naît avec une réserve glycogénique importante, mais au début, la libération de ce glycogène ne se fait pas tout à fait bien. La glycémie baisse, et c'est normal, jusqu'à 0,40 g/l. Il ne faut pas qu'elle baisse trop, c'est certain. Si l'enfant a un poids de naissance normal, on a quelque temps au départ. L'idéal est de maintenir cette glycémie par de petits apports ; les tétées précoces peuvent jouer un rôle important même si la quantité ingérée paraît faible. Mais si on a une hésitation, si la mère a un peu de retard à donner le sein, on peut donner un peu d'eau sucrée, glucosée plus que saccharosée, en évitant, je l'ai déjà dit, de donner du lait artificiel si la mère veut allaiter. Si l'enfant a un poids normal, il n'y a pas d'urgence ; c'est l'affaire de chaque pédiatre d'apprécier cela.

Mais je voudrais ajouter une chose qui me paraît importante : pour que l'allaitement « démarre bien », il faut que l'enfant ait faim. Si vous le nourrissez immédiatement après sa naissance, avec de l'eau sucrée, il n'aura plus faim, il ne tétera pas ; c'est un mauvais départ. Il n'y a pas de raison — sauf exception, naturellement — de rajouter un aliment extérieur le premier jour. Si l'enfant a faim, il va prendre ce dont il a besoin, et il va faire rapidement monter le lait.

Au départ, il faut que les enfants tètent souvent mais pas longtemps. Souvent parce que cela fait monter le lait, pas longtemps parce que des tétées trop longues favorisent les crevasses et qu'avoir mal en allaitant ne facilite rien. L'équipe de la maternité de Grenoble-sud [1] a raison d'insister sur un autre point : il est souhaitable que l'allaitement soit entouré de calme.

Il y a peut-être une chose encore... A propos des rythmes alimentaires. Je crois qu'il ne faut pas du tout être rigide. L'homme naît avec un système de régulation pour ses quantités d'apports alimentaires qui est absolument remarquable, et cela à tout âge de sa vie. Un enfant qui grossit normalement, un adulte qui garde un poids constant prend le nombre de calories dont il a besoin. Une prescription quantitative précise, qu'elle soit faite par une diététicienne ou par un pédiatre, n'a aucune signification. Certains chiffres, qui ne sont que des moyennes, sont utiles toutefois pour savoir à peu près combien de lait on doit acheter pour son enfant, mais c'est tout. En fait l'enfant se réglera tout seul parfaitement, en sachant que les besoins d'un jour à l'autre sont différents, fortement différents même !

• *En pratique, cela veut dire quoi ?*

• Cela veut dire que, quand la mère allaite, il faut laisser l'enfant prendre ce qu'il veut, quand il veut ; il ne faut pas le peser après chaque tétée pour « compléter » ; il va se rassasier, en sachant d'ailleurs que la composition du lait varie au cours de la tétée : on a la crème à la fin du repas. Il ne faut jamais analyser un lait de femme parce que tous les laits sont normaux, tous les laits sont bons.

Si, dans ces conditions d'alimentation spontanée, on s'amuse à peser l'enfant après chaque repas, pour voir ce qu'il prend, on s'aperçoit que c'est extrêmement variable d'un repas à l'autre, d'un jour à l'autre ; son poids, en revanche, augmente régulièrement avec des fluctuations [2]. Par exemple, un enfant de 5 kilos pourra

1. Voir l'article de M.-T. Thirion, p. 133.
2. LESTRADET (H.) et DARTOIS (A.M.) : « L'alimentation spontanée de l'enfant », in *L'Œuvre médicale*, *14*, 3 (mars 1965), p. 9-17.

avaler spontanément entre 600 grammes et 1 000 grammes selon les jours. S'il n'est pas libre de boire ce qu'il veut, un jour où il aurait peu mangé, vous allez le gaver et il va vomir ; un jour où, affamé, il aurait dévoré, vous allez le limiter à une ration standard, alors il va tellement hurler que vous serez bien forcée de lui donner un supplément. L'enfant est beaucoup plus savant que nous en ce domaine. On n'est pas capable de calculer une ration. Prescrire des quantités fixes, et cela à n'importe quel âge, procède du même type de raisonnement que celui qui ferait dire : « Le Français moyen chausse du 42, je ne fabrique donc que du 42, maintenant débrouillez-vous ! » Il faut être souple dans les horaires comme dans la quantité : quand un enfant dort profondément, il faut lui ficher la paix, il ne faut pas le réveiller, c'est sûr, il faut attendre. Inversement, si un enfant a besoin de manger toutes les deux ou trois heures, sans que ce soit un caprice, il faut lui donner toutes les deux, trois heures pendant quelque temps. En ce qui concerne le rythme sur les vingt-quatre heures, la disparition progressive du besoin alimentaire de la nuit dépend de la mise en place et de la régulation de rythmes hormonaux et non pas de l'effort éducatif des parents ou du médecin. A propos de la « compétence » de l'enfant à savoir lui-même ce dont il a besoin, je vais vous raconter une expérience très intéressante : Doxiadis, pédiatre à Athènes, a donné à des enfants, en les laissant prendre la quantité qu'ils voulaient, deux types de lait : un lait de concentration normale, et un lait dilué. Il s'est aperçu que quand on présente du lait de concentration normale, ils prennent une certaine quantité, quand on leur donne du lait dilué, ils prennent davantage, et quand on calcule les calories, on constate que, dans les deux cas, ils ont pris exactement la même chose [1].

Alors quand les enfants sont nourris au biberon, il faut remplir les biberons à la bonne dilution, et les laisser prendre ce qu'ils veulent.

Mais un tel allaitement libre, qu'il s'agisse du sein ou du biberon, cela n'est pas la solution de facilité ; cela

1. DOXIADIS (S.A.) et PASCHOS (A.) : « Feeding behavior and growth in the first three months of life », in *Modern Problems in Pediatrics*, New York, S. Kargers Basel, 1962, vol. VII, p. 202.

demande davantage d'astuce et de disponibilité de la part de l'équipe médicale, des puéricultrices, et de la part de la mère. Il est plus commode de fixer avec rigidité des horaires, des rations, de peser l'enfant avant et après chaque tétée que d'apprécier la bonne santé d'un enfant sur son aspect, sur son comportement, sur ses réactions, sur son sourire. Il ne faut pas se laisser impressionner par les variations. C'est la même chose d'ailleurs pour les selles. Un enfant au sein a théoriquement trois, quatre selles par jour, mais il y a des enfants au sein qui n'ont pas de selles du tout pendant deux jours ; cela n'a aucune espèce d'importance. On apprend à nos étudiants ici qu'un nourrisson normal a entre deux selles par semaine et six selles par jour. Au-delà, il faut commencer à se poser quelques questions. Combien de fois ai-je vu arrêter stupidement l'allaitement au sein parce que l'enfant « avait la diarrhée » ! Des selles liquides, *chez un enfant qui prend du poids,* ce n'est pas de la diarrhée, ce sont des selles liquides.

Dans ce domaine des soins à un jeune enfant, de son alimentation en particulier, il ne faut pas s'inquiéter devant des chiffres, des nombres, alors que l'enfant est « beau » et pousse normalement.

L'alimentation est tout à fait autre chose que des calories ; c'est tout un environnement, c'est toute une manière de vivre, c'est toute une esthétique... et je crois que l'allaitement c'est un peu ça aussi !

Eléments de bibliographie

JELLIFE (D.B.) et JELLIFE (E.F.P.) : « Current concepts on nutrition " Breast is best ". Modern meanings », in *New Engl. J. Med.*, 1977, *297*, p. 912-915.

LESTRADET (H.) : « Le choix d'un lait pour les nourrissons », in *La Revue du praticien*, 1976, *26*, p. 2366-2371.

« Breast feeding », éditorial de *Pediatrics*, 1978, *62*, p. 591.

Le lait maternel, protection contre l'infection

Véronique Barrois-Larouzé

Pierre Satgé

Un grand nombre de femmes enceintes connaissent aujourd'hui les avantages de l'allaitement maternel. Ce qui est moins connu, en revanche, ce sont les conséquences, pour le nouveau-né, des anticorps et autres facteurs de défense apportés par le lait. Il ne s'agit pas ici de promouvoir l'allaitement maternel mais de donner des informations concernant, d'une part, les moyens de défense apportés à l'enfant par le lait maternel et, d'autre part, le rôle de ce mode d'allaitement sur la fréquence des infections néonatales.

Pendant la grossesse, l'enfant évolue dans un milieu privilégié, à l'abri de tout contact avec la majorité des antigènes [1] inhalés ou ingérés par la mère. Cette absence de stimulation fait que le système immunitaire (ou système de défense) du nouveau-né est peu développé.

Toutefois, dans l'espèce humaine, à la différence des bovins, les anticorps [2] maternels passent la barrière placentaire et protégeront l'enfant au début de la vie. Ainsi, en France, neuf femmes sur dix en âge de procréer ont, dans leur sang, des anticorps contre le virus de la rubéole ; ces anticorps protégeront l'enfant

1. *Antigènes :* agresseurs étrangers qui pénètrent dans l'organisme et provoquent l'apparition d'anticorps.

2. *Anticorps* ou *immunoglobulines* (Ig) : protéines du sang dont la synthèse est déclenchée par l'introduction, dans l'organisme, d'un antigène. Cette synthèse a lieu dans des cellules spécialisées, les lymphocytes B (LB) qui se différencient en plasmocytes. Il existe plusieurs classes d'anticorps : les IgG, présents surtout dans le sang, les IgA sécrétoires présents dans les sécrétions salivaires, bronchiques, intestinales et dans le lait...

des lésions irréversibles provoquées par ce virus *in utero*. Il en va de même pour les autres infections que la mère a présentées avant la grossesse. Ces anticorps persisteront chez l'enfant pendant les premières semaines suivant l'accouchement.

Si l'enfant a la chance d'être nourri au sein, le lait maternel apportera des éléments dont deux nous paraissent essentiels dans l'état actuel de nos connaissances : les anticorps (spécialement immunoglobulines A ou IgA) et certaines cellules [1].

Comment, pendant la grossesse, ces facteurs de défense seront-ils préparés et stockés dans la glande mammaire ?

- *Les IgA*

De façon permanente, certaines cellules (lymphocytes) de l'organisme maternel synthétisent au niveau des muqueuses bronchiques et intestinales des anticorps particuliers ou immunoglobulines sécrétoires (IgA). Le schéma 1 nous permet de suivre la migration et l'évolution de ces cellules dans l'organisme maternel. Les antigènes, virus et bactéries, ingérés ou inhalés par la mère, rentrent en contact avec des tissus particuliers situés dans les parois des bronches ou de l'intestin. Ils y stimulent et marquent certains des lymphocytes B ; ces cellules ainsi marquées, en présence de ces mêmes antigènes, synthétiseront toujours les anticorps correspondants. Elles migrent ensuite vers des ganglions régionaux avant de rejoindre la circulation sanguine. De là, elles gagnent différents compartiments de l'organisme, habituellement bronches, intestin, mais aussi, pendant la grossesse et la lactation, glande mammaire. A leur niveau, ces cellules se différencient en

1. D'autres facteurs contenus dans le lait maternel contribuent également à protéger l'enfant : la lactoferrine, le lysozyme, l'interféron, le complément, les ligands de l'acide folique. Chacun d'entre eux agit selon des mécanismes particuliers.

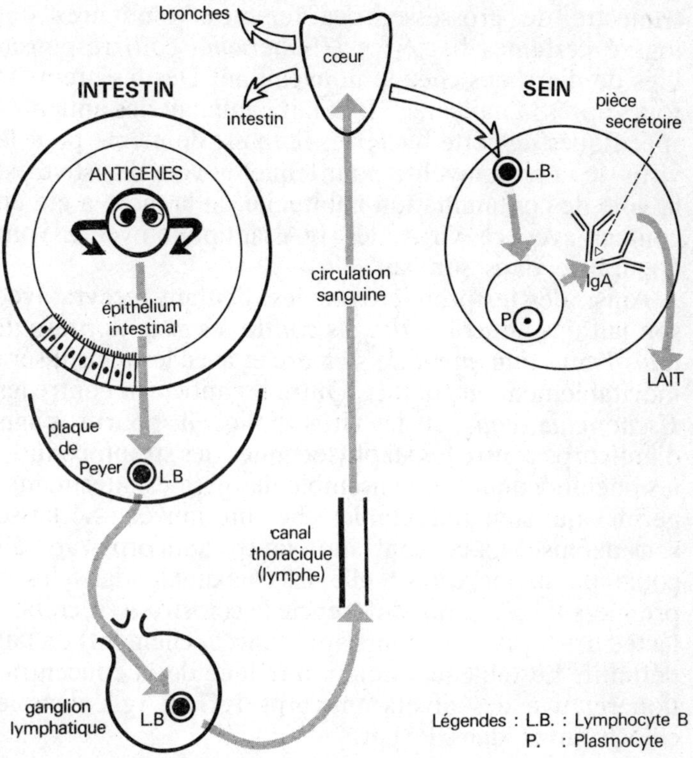

Schéma 1 : *La transmission de l'information immunitaire*

plasmocytes et synthétisent les anticorps dirigés contre les antigènes maternels reconnus au départ. Or ces antigènes maternels sont évidemment ceux avec qui l'enfant a le plus de chances d'être en contact dès les premières heures de sa vie extra-utérine puisque sa mère constitue, alors, son principal environnement. En revanche, si l'enfant reçoit du lait de vache, il ne recevra que des anticorps spécifiques des germes que l'animal rencontre à l'étable, aux champs, germes avec lesquels il a peu de chances d'être en contact immédiat. S'il reçoit du lait de préparation industrielle, aucun de ces éléments anti-infectieux ne pourra être conservé.

Quelques exemples illustrent bien l'importance de ces phénomènes. Aux U.S.A., au cours du troisième trimestre de grossesse, des femmes volontaires ont ingéré certaines bactéries *(Escherichia coli)* responsables de diarrhées chez le nouveau-né. Dès les premiers jours après la naissance, leur lait contenait des anticorps spécifiques de cette bactérie. Il en est de même pour le virus de la poliomyélite pour lequel la voie digestive est la voie de contamination habituelle. Si la mère a été en contact avec ce virus, les IgA antipoliomyélite vont apparaître dans son lait.

Ainsi, dès les premières tétées, l'enfant recevra avec son lait des anticorps *dirigés contre les germes présents dans l'environnement de sa mère* et avec lesquels il sera inévitablement en contact. Outre les anticorps contre les *Escherichia coli,* et le virus polio, il pourra s'agir d'anticorps contre les staphylocoques, les streptocoques, les pneumocoques et l'ensemble des germes intestinaux, germes qui sont redoutables chez un nouveau-né laissé sans défense. La concentration de ces anticorps varie au cours de la lactation ; elle est maximale dans les 5 premiers jours, ce qui différencie le colostrum (sécrétion lactée des 5 premiers jours après l'accouchement) du lait définitif. Le tableau I donne une idée de la concentration relative des divers anticorps IgG et IgA dans le colostrum et dans le lait.

TABLEAU I. — CONCENTRATION DES ANTICORPS DANS LE COLOSTRUM ET DANS LE LAIT

mg/100 ml	IgA	IgG
Colostrum	1 740	43
Lait	100	41

- *Les cellules*

Le colostrum contient entre 100 000 et 10 millions de cellules par millilitre. Comme pour les anticorps (IgA, IgG), le nombre de cellules par millilitre diminue assez rapidement au cours de la lactation, mais ce chiffre est encore de 1 000 par millilitre aux environs du 10e jour et ne baisse plus alors que lentement. Le volume de lait sécrété augmentant considérablement, la quantité totale de ces éléments absorbés par l'enfant varie peu au cours du temps. Il en va de même pour les anticorps.

Parmi ces cellules, 90 % sont représentées par des macrophages et quelques rares polynucléaires neutrophiles. Les 10 % restants sont faits de lymphocytes B et T. Les lymphocytes B se transforment en plasmocytes, synthétisent des anticorps qui gagnent la circulation sanguine ou tapissent les muqueuses [1] ; les lymphocytes T sont des cellules qui ne synthétisent pas d'anticorps mais des substances responsables, par exemple, du rejet des greffes d'organes ou de la positivité de la cuti-réaction à la tuberculine.

La présence simultanée des macrophages, lymphocytes B, lymphocytes T et des anticorps permet à ces éléments protecteurs de connaître toute leur efficacité.

Quel est le devenir et le mode d'action de ces éléments ?

Les IgA tapissent la surface de la muqueuse du tube digestif, participant à la création d'une pellicule protectrice. La persistance de ces anticorps est sans doute liée à la faible acidité gastrique chez le nouveau-né ainsi qu'à la structure des IgA sécrétoires qui sont stabilisées par une pièce sécrétoire empêchant le suc digestif de les détruire.

Leur action locale, essentielle, s'exerce de plusieurs façons (schéma 2). Dans la lumière digestive, ces IgA

1. Tissus de revêtement des bronches, du tube digestif...

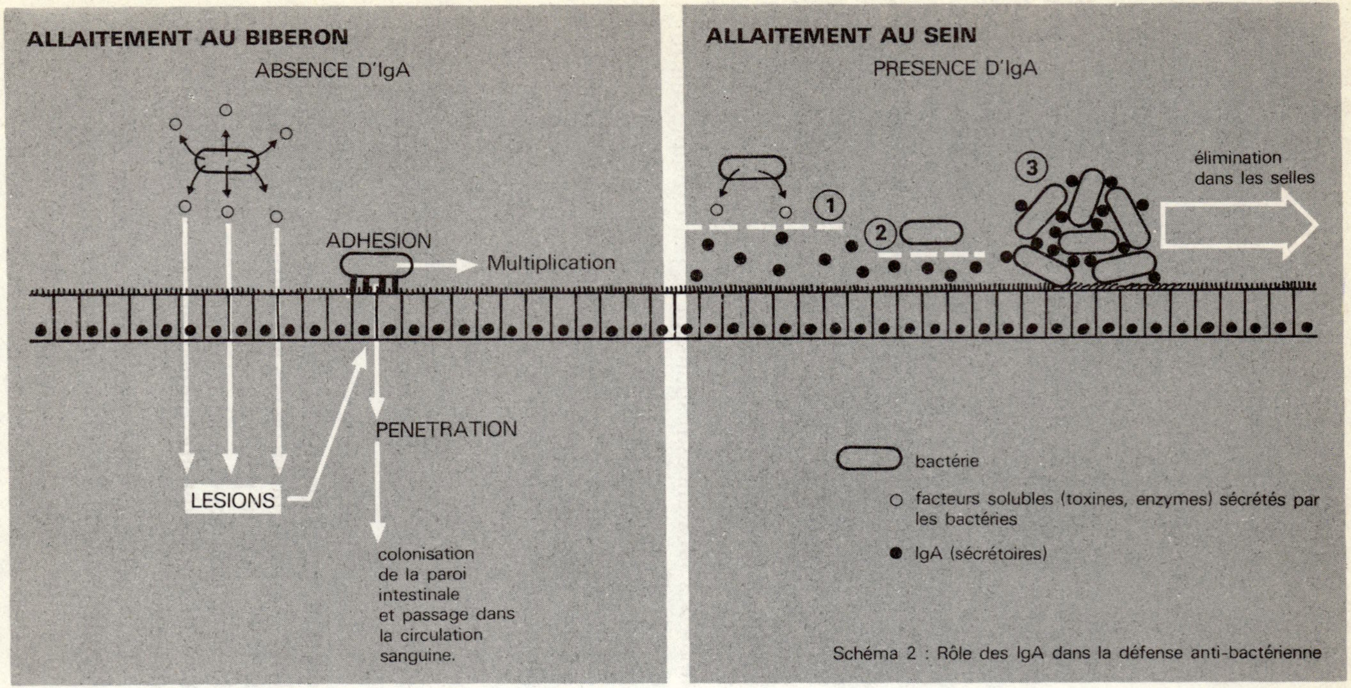

Schéma 2 : Rôle des IgA dans la défense anti-bactérienne

inhibent l'adhésion des bactéries aux muqueuses intestinales en empêchant la synthèse des constituants de leur membrane. Elles agglutinent les bactéries et permettent ainsi une meilleure élimination dans les selles. Enfin, ces IgA peuvent neutraliser les substances solubles sécrétées par les micro-organismes telles que les toxines et les enzymes. Elles s'opposent à la prolifération locale des virus.

Quant aux *cellules* contenues dans le lait : les macrophages parviennent également dans la lumière intestinale. Ces cellules sont attirées à ce niveau par les éléments étrangers, virus et bactéries, qu'ils phagocytent, c'est-à-dire qu'ils détruisent en les digérant. Certaines expériences ont montré que les macrophages du lait étaient capables de digérer *in vitro* (c'est-à-dire en tube) des staphylocoques pathogènes en 60 minutes et, avec la même rapidité, des *Candida albicans* responsables de mycoses souvent gênantes chez le nouveau-né (en particulier le « muguet », si redouté des mères).

Les lymphocytes B et T sont également présents dans la lumière intestinale. Certaines substances sécrétées par les lymphocytes T permettraient d'expliquer les observations de Mohr en 1973 : chez l'enfant nourri au sein et chez sa mère, les résultats de la cuti-réaction à la tuberculine sont analogues.

Quelles sont, sur le plan pratique, les répercussions chez l'enfant de ce mode d'alimentation ?

Dans les pays en voie de développement comme le Sénégal, l'Inde et le Guatemala, l'effet de protection est évident et le nombre des morts, non seulement par diarrhées mais aussi par infections respiratoires, est très largement diminué chez les enfants nourris au sein.

Dans nos pays, la mortalité étant ramenée à des taux très faibles, le fossé qui sépare l'effet du lait de mère de celui du lait de vache peut paraître moins évident au clinicien. Cependant, à Londres, Margaret Robinson a bien montré (tableau II), que la fréquence des infections avant l'âge de 7 mois était beaucoup plus élevée chez les enfants nourris au biberon comparés avec les enfants nourris au sein. Cette amélioration porte sur les infections digestives et sur les infections respiratoires. De même, Dowman et collaborateurs ont montré récemment que l'alimentation au sein protégeait très efficacement contre les infections dues au virus syncitial respiratoire et que, pour les enfants protégés, on trouvait chaque fois dans le colostrum des anticorps neutralisant ce virus.

TABLEAU II. — FRÉQUENCE DES INFECTIONS CHEZ LES NOUVEAU-NÉS JUSQU'À L'ÂGE DE 7 MOIS
(d'après Margaret Robinson)

	Enfants nourris au sein	Alimentation mixte	Enfants nourris au biberon	TOTAL
Nombre d'enfants	971	1 441	854	3 266
Résultats exprimés en proportion pour 1 000 enfants				
Infections respiratoires : bronchites, broncho-pneumonies	103,9	167,9	170,9	149,4
Gastro-entérites : diarrhées + vomissements	6,1	38,8	78,4	39,8
Otites	12,3	26,3	45,6	27,2
Otites chroniques	8,3	23,6	23	21,3
Fièvres infectieuses : coqueluches, scarlatines, varicelles	38,1	71,5	74,9	62,4
TOTAL	219,3	461,4	570,2	417,9
Fréquence des infections au cours des 7 premiers mois. Résultats exprimés en pourcentages	17,9 %		40,7 %	

Sur le plan immunologique, l'allaitement maternel a encore d'autres avantages : en particulier, l'absence de bêta lactoglobuline, substance très allergisante présente dans les laits maternisés, fait faire, chez nombre d'enfants, l'économie d'accidents de type allergique.

L'effet protecteur du lait de mère contre les phénomènes allergiques est particulièrement net lorsque les manifestations allergiques sont connues dans les antécédents familiaux de l'enfant. Dans ces conditions, la fréquence des eczémas, des rhino-pharyngites, des crises d'asthme à l'âge scolaire est significativement plus élevée chez les enfants nourris au lait de vache ou au lait industrialisé. Les phénomènes allergiques devenant de plus en plus fréquents, il s'agit sans doute là d'un des avantages du lait maternel aussi important que celui apporté dans la lutte contre l'infection.

Ainsi, le lait est un milieu complexe et adapté à la protection de l'enfant. La synthèse de tous ces éléments récemment découverts ne semble pas, malgré les moyens actuels, raisonnablement envisageable à une échelle industrielle. L'organisme maternel, au cours de la grossesse mais aussi après la naissance par l'intermédiaire du lait, apporte à l'enfant les éléments lui permettant de passer d'un monde isolé (utérus maternel) à un environnement septique.

Peut-on priver l'enfant de cet apport ? C'est une question que l'on est en droit de se poser après avoir pris connaissance de ces recherches récentes.

Eléments de bibliographie

Lactation, 4 vol., Edited by Bruce L. Larson, Academic Press Inc., 1978.

Monaco III. Avril 1978. Allaitement maternel, sous la présidence du Pr P. Royer, édité par Dietina S.A., Courbevoie.

ROBINSON (M.) : « Infant morbidity and mortality », in *Lancet*, April 7, 1951, p. 788-794.

McCLELLAND : « Antimicrobial factors in human milk studies of concentration and transfer to the infant during the early stages of lactation », in *Acta Paediatri. Scand.*, suppl. 271, 1978.
OGRA (S.S.) : « Immunologic aspects of human colostrum and milk. Characteristics of lymphocytes reactivity and distribution of E. rosette forming cells at different times after the onset of lactation », in *The Journal of Pediatrics*, April 1978, *92*, p. 550-555.
OGRA (S.S.) : « Distribution characteristic and concentrations of immunoglobulins at different times after the onset of lactation », in *J. Pediatrics*, April 1978, *92*, p. 546.
ROUX (M.E.) : « Origin of IgA secreting plasma cells in the mammary glands », in *The Journal of Experimental Medicine*, 1977, *146*.
HEAD (Judith R.) : « Immunobiology of lactation », Seminar in *Perinatalogy*, April 1977, *1*, 2.

Flore du tube digestif et alimentation lactée

Robert Ducluzeau

Laboratoire d'écologie microbienne
Centre national de recherches zootechniques
Jouy-en-Josas

Parmi les stress qui assaillent le nouveau-né dès son entrée dans le monde, celui qu'exercent les bactéries avec lesquelles il va inévitablement entrer en contact n'est pas le moindre. Dans les vingt-quatre heures qui suivent la naissance, le tube digestif du nouveau-né, d'abord stérile, va se peupler d'environ 5 milliards de bactéries vivantes par gramme de contenu, quelles que soient les précautions d'hygiène dont on entoure l'enfant. Cette énorme population bactérienne exerce naturellement de nombreux effets sur l'hôte qui l'abrite. Ces effets commencent maintenant à être connus grâce à la comparaison des caractéristiques physiologiques entre des animaux élevés en l'absence totale de bactéries (animaux axéniques au germfree) et des animaux porteurs d'une microflore complexe.

Parmi les nombreux effets de la flore, l'un est particulièrement important : certaines espèces bactériennes, lorsqu'elles sont établies dans le tube digestif de l'hôte, exercent un effet de barrière très puissant à l'égard de nombreuses bactéries pathogènes, responsables de maladies variées, qui peuvent être présentes dans l'environnement microbien de l'enfant. *La résistance de l'enfant à de nombreuses maladies infectieuses dépend donc de la présence dans son tube digestif de ces bactéries protectrices.*

On sait aussi que l'établissement de cette flore protectrice se fait, chez l'enfant en bonne santé, en respectant une certaine séquence dans l'apparition des bactéries ; l'enfant normal sait trier, parmi les très nombreuses bactéries avec lesquelles il entre en contact dès sa naissance (en particulier celles de sa mère), certaines d'entre elles qui vont s'établir les premières et permettre l'établissement ultérieur d'autres espèces bactériennes déterminées. On conçoit toute l'importance des facteurs qui permettent au nouveau-né d'exercer ce tri et donc d'établir sa flore de barrière avant l'arrivée des bactéries pathogènes. Or, le lait que reçoit le nouveau-né est sûrement le plus important de ces facteurs. On sait depuis longtemps déjà que la flore qui s'établit chez un nouveau-né buvant le lait de sa mère est différente de celle qui s'établit chez un enfant buvant du lait de vache, dans le premier cas en particulier, on voit apparaître dans la flore dominante des bactéries appartenant au genre *Bifidobacterium*, alors que les bactéries de l'espèce *Escherichia coli* sont peu abondantes ; avec le lait de vache, on observe l'absence de *Bifidobacterium* et la présence d'*E. coli* dans la flore dominante. On sait même maintenant que les *Bifidobacterium* ne se développent qu'en présence d'un facteur chimique plus abondant dans le lait de femme que dans le lait de vache, et ce facteur est actuellement très fréquemment ajouté, en plus de diverses autres substances, dans le lait de vache dit « maternisé ».

Néanmoins, des études très récentes ont montré que l'on ne voyait pas de *Bifidobacterium* apparaître chez la plupart des enfants recevant du lait maternisé. Chez les enfants recevant du lait de femme provenant d'un lactarium, donc constitué par un mélange de laits individuels et traité par la chaleur pour éliminer une partie des bactéries, on constate la présence de *Bifidobacterium*, mais en même temps dans la flore dominante, celle de *E. coli*, et ce n'est que chez les enfants tétant directement leur mère que l'on observe la diminution du nombre de *E. coli* en présence de *Bifidobacterium*, et encore, on trouve des cas particuliers où cet équilibre n'est pas respecté.

De ces quelques observations, on peut tirer les conclusions suivantes :

- La nature des facteurs lactés qui conditionnent la

séquence « normale » d'établissement de la flore du tube digestif est encore loin d'être connue et on ne peut donc pas, pour l'instant, reconstituer un lait maternisé ayant à cet égard les mêmes propriétés que le lait maternel.

• L'importance respective des diverses bactéries qui s'établissent successivement n'est pas encore bien connue non plus. Dans l'exemple présenté plus haut, on pense maintenant que la présence de *Bifidobacterium* représente un bon témoin indiquant que la composition chimique du contenu intestinal est favorable à l'établissement de bactéries exerçant un effet de barrière, mais on n'a pas démontré que ces souches participent directement à l'effet de barrière. Inversement, on sait que si l'établissement précoce de la flore normale est perturbé, par exemple par l'administration d'antibiotiques au nouveau-né ou même à sa mère, cette perturbation est irréversible et toute l'histoire bactériologique ultérieure de l'individu risque de s'en ressentir.

On peut donc dire que, dans l'état actuel de nos connaissances, l'allaitement maternel représente le moyen le plus efficace d'assurer la séquence la plus favorable d'établissement de la flore bactérienne dans le tube digestif, sans que l'on sache exactement quels sont les facteurs du lait responsables de cet effet, ni le rôle des diverses espèces bactériennes qui s'établissent successivement.

Allaitement maternel et contraception

Michel Pechevis

Catherine Talbot

Après chaque accouchement, se pose le problème d'éviter la survenue d'une nouvelle grossesse trop précoce.

Pour les femmes qui désirent allaiter et pour le personnel de santé consulté, surgissent alors de nombreuses questions provoquées par les préjugés et incertitudes qui pèsent sur les relations existant entre l'allaitement et la contraception :

- L'allaitement maternel protège-t-il contre la survenue d'une nouvelle grossesse ?
  Cette protection est-elle efficace ?
  Combien de temps dure-t-elle ?
- Les différentes mesures contraceptives actuellement disponibles exercent-elles une influence nocive sur l'allaitement et sur l'enfant au sein ?
  L'allaitement maternel empêche-t-il l'utilisation de moyens contraceptifs efficaces ?

Les nombreuses études publiées sur ce sujet, malgré leur caractère incomplet et parfois contradictoire, permettent cependant de répondre à ces différentes questions de façon assez précise. Nous essaierons d'en dégager quelques règles pratiques.

L'ALLAITEMENT MATERNEL EST-IL CONTRACEPTIF ?

La croyance dans le pouvoir contraceptif de l'allaitement est ancienne. Elle a été actualisée et vérifiée récemment par de nombreuses études.

Cependant, comme nous allons le voir, cette protection est imparfaite et variable selon les femmes et les modalités de l'allaitement.

Allaitement, retour de couches et ovulation

Toutes les études publiées à ce sujet s'accordent à dire que le rétablissement du cycle ovarien est plus rapide chez les mères non allaitantes que chez les mères allaitantes.

Ainsi *les femmes non allaitantes* voient en général leurs règles revenir vers la 4e-5e semaine du post-partum, le premier cycle étant généralement anovulatoire (50 % des cas). Cependant, il n'est pas rare que l'ovulation survienne au cours du premier mois (elle peut même parfois avoir lieu dès le 21e jour).

Lorsque le retour de couches survient plus tard dans le post-partum, il est généralement précédé d'une ovulation.

En l'absence de retour de couches, l'ovulation a été constatée dans 20 % des cas dans les 12 semaines après l'accouchement, et dans 40 % des cas dans les 16 semaines.

Chez les femmes allaitantes la reprise de l'ovulation est très rare avant 6 semaines post-partum ; cependant une ovulation a pu être observée dès le 35e jour. En cas d'aménorrhée prolongée chez ces femmes, on a décrit une ovulation chez 2 % d'entre elles 6 semaines après l'accouchement, et chez 10 % 16 semaines après.

D'autre part, on a constaté que la fréquence des tétées, la qualité, le mode et la durée de l'allaitement influencent la date de la première ovulation post-partum et la durée de l'aménorrhée.

Dans une étude, les durées moyennes d'aménorrhée suivantes ont été retrouvées :

— 2,7 mois chez les femmes non allaitantes ;
— 4 mois chez celles qui allaitent pendant cinq à sept mois ;
— 7,6 mois chez celles qui allaitent entre quatorze et seize mois.

Une autre étude a montré que le mode d'allaitement est lui aussi déterminant :

— quatre mois après l'accouchement, 40 % des femmes qui allaitaient entièrement au sein avaient de nouveau leurs règles, contre 57 % de celles qui nourrissaient partiellement leur enfant (allaitement mixte) et 95 % de celles qui recouraient à l'allaitement artificiel.

La qualité de la tétée elle-même, dans le sens d'une bonne relation mère-enfant, semble également retarder le retour de l'ovulation.

Mais ce sont, en fait, la fréquence et le nombre des tétées qui paraissent jouer le rôle le plus déterminant. Des études récentes ont même permis de comprendre le mécanisme d'action des tétées sur le blocage de l'ovulation : c'est le maintien du taux sanguin d'une hormone hypophysaire, la prolactine, au-dessus d'un certain seuil, qui serait responsable de ce blocage (par l'intermédiaire des gonadotrophines). Or, la prolactinémie est maintenue à des taux d'autant plus élevés que le nombre des tétées journalières est plus grand (taux beaucoup plus élevés chez les mères donnant 6 tétées ou plus par jour que chez celles donnant moins de 4 tétées journalières).

Cela permet également d'expliquer pourquoi l'allaitement mixte protège moins que l'allaitement complet.

En résumé, chez les femmes allaitantes, il ne semble y avoir aucun risque de fécondation avant la 6e semaine après l'accouchement, donc pas de nécessité d'utiliser de mesures contraceptives avant la 5e semaine.

Allaitement et grossesse

Si l'on considère cette fois, non plus la reprise de l'ovulation (c'est-à-dire de la fécondabilité), mais la survenue d'une nouvelle grossesse, on constate, là encore, une plus grande protection chez les femmes allaitantes par rapport aux femmes non allaitantes, tout au moins à l'échelon d'une population.

La conséquence d'un déclin de l'allaitement maternel va donc être la réduction de l'écart entre les naissances, et par conséquent la survenue plus fréquente de grossesses rapprochées si des mesures contraceptives efficaces ne sont pas appliquées, comme cela se voit encore dans les pays en voie de développement ou parmi les familles les plus défavorisées de nos sociétés industrielles.

Il faut bien sûr prendre également en considération la reprise des rapports sexuels, celle-ci ayant en général lieu avant le retour des règles. Toutefois, dans certaines sociétés traditionnelles, des interdits culturels ou religieux amènent à retarder cette reprise jusqu'après la fin de l'allaitement ou jusqu'à ce que l'enfant marche.

LES MESURES CONTRACEPTIVES ONT-ELLES UNE INFLUENCE SUR L'ALLAITEMENT ?

Les contraceptifs hormonaux

C'est essentiellement à leur sujet que se posent les questions sur l'influence possible des mesures contraceptives sur la quantité et la composition du lait fourni par la femme ainsi que sur l'enfant nourri au sein.

a) *Influence sur le volume de la sécrétion lactée*

D'emblée mettons à part les œstrogènes fortement dosés (type stilbœstrol) qui ne sont pas utilisés comme contraceptifs mais étaient employés traditionnellement pour arrêter la montée laiteuse [1].

Les nombreuses études sur l'influence des contraceptifs hormonaux sur la production de lait par la mère sont contradictoires, difficiles à comparer et à interpréter, en raison notamment du faible nombre de femmes étudiées, de la disparité de leurs conditions socio-économiques et de la grande diversité des contraceptifs utilisés.

On peut cependant en dégager les éléments suivants :

— Dans les pilules mixtes combinées ou séquentielles utilisées initialement, c'est le composant œstrogénique qui semble responsable de l'effet inhibiteur constaté sur la lactation ;
— Les produits contenant de fortes doses d'œstrogènes (60 à 100 γ) ont une action dépressive nette sur la lactation quand ils sont administrés dans le post-partum immédiat, action qui aboutit souvent à un arrêt de la lactation à plus ou moins long terme. En revanche, cet effet inhibiteur est moins marqué sur la lactation installée, c'est-à-dire après la 4ᵉ semaine post-partum environ ;
— Les pilules contenant de faibles doses d'œstrogènes (30 γ — « minipilules ») ont une action dépressive nettement moins marquée sur la lactation que les précédentes, même quand elles sont administrées précocement ; cette action apparaît très réduite ou nulle sur la lactation installée ;
— Les progestatifs seuls n'ont aucune action inhibitrice sur le volume de la sécrétion lactée. Avec certains (médroxyprogestérone retard IM, lynestrénol), la sécrétion lactée serait même augmentée.

b) *Influence sur la composition du lait*

Là aussi les études sont contradictoires.

1. On utilise actuellement de plus en plus dans ce but un produit à action anti-prolactine (Bromocryptine), qui semble par ailleurs provoquer une survenue plus précoce du retour de couches.

Des chercheurs indiens et de nombreux autres auteurs n'ont pas trouvé de changement significatif dans la composition du lait avec différents types de pilule œstro-progestative ni avec un progestatif seul.

A l'inverse, des auteurs égyptiens ont trouvé une diminution des taux des protéines et des graisses dans le lait allant jusqu'à près de 50 % en cas d'administration de divers types de contraceptifs hormonaux (œstro-progestatifs fortement et faiblement dosés et progestatifs utilisés seuls). Un autre auteur égyptien obtient des résultats semblables avec l'administration de chlormadinone.

Il convient d'être très prudent dans l'interprétation de ces données quand on sait les difficultés rencontrées lors des prélèvements et des analyses de lait (notamment en raison de la grande variabilité de la composition du lait dans le temps).

c) *Effet des contraceptifs hormonaux sur l'enfant au sein*

Ce sujet est également très controversé.

La quantité de contraceptifs stéroïdiens excrétée dans le lait varie de 0,0002 à 1 % de la dose administrée, selon les auteurs et les produits. De plus, il n'est pas mentionné si le produit retrouvé est toujours attaché au stéroïde sous sa forme originale ou à un métabolite inactif.

Un auteur a décrit un cas de gynécomastie [1] apparue chez un nourrisson mâle dont la mère avait pris du norétynodrel à partir du 3e jour post-partum.

Beaucoup de publicité a été faite autour de cette publication qui est restée unique. Les quelques études prospectives réalisées par la suite n'ont permis de constater aucun effet des contraceptifs hormonaux chez les enfants.

1. Hypertrophie mammaire chez l'homme.

Les autres moyens contraceptifs

Le stérilet peut être mis en place vers le 20e, 25e jour du post-partum ; il est en général bien accepté, et le risque d'expulsion semble faible à partir de cette date. Des auteurs chiliens et indiens ont constaté une prolongation de la lactation chez les femmes allaitantes porteuses de D.I.U. [1].

En revanche, d'autres auteurs ne constatent aucun effet particulier des dispositifs intra-utérins sur la lactation.

Quant aux procédés mécaniques traditionnels, ils gardent la même valeur que la femme allaite ou non, et n'ont aucun effet sur la lactation.

EN CONCLUSION

1. *Par rapport à la première question,* on peut dire que l'allaitement maternel n'est pas à proprement parler un moyen anticonceptionnel sûr à l'échelon individuel. Il est cependant incontestable qu'il retarde la reprise de l'ovulation pendant un temps plus ou moins long selon les femmes.

Pour ce faire, la technique — car il faut bien parler de « technique » — de l'allaitement doit être rigoureuse :

— Tétées fréquentes, comme c'est le cas dans l'allaitement à la demande qui, de plus, est particulièrement bien adapté aux besoins affectifs et nutritionnels du nourrisson et respecte son rythme propre ;
— Bonne qualité de la tétée (la télévision, les bruits extérieurs et les visites sont à éviter lors de ces moments privilégiés) ;
— Maintenance d'un nombre suffisant de tétées tout au long de l'allaitement, et prolongation de la durée de celui-ci. L'augmentation de la

1. Dispositif intra-utérin (stérilet).

durée du congé postnatal en fournit un moyen, mais la fatigue et les problèmes matériels occasionnés par une grande famille obligent parfois la femme à interrompre l'allaitement.

Un des moyens pour conserver longtemps un nombre suffisant de tétées (5 ou 6 au minimum) est de faire précéder ou suivre le nouveau repas (bouillie, purée de légumes, etc.) par une tétée, même de courte durée, en fragmentant le ou les repas complémentaires en petites collations et en les répartissant dans la journée. Ceci heurte les conceptions traditionnelles de l'alimentation du nourrisson, mais, étant donné les multiples avantages de l'allaitement maternel, il est nécessaire de repenser les schémas habituels, utilisés plus souvent par routine qu'en fonction des besoins de l'enfant.

2. *En ce qui concerne les effets des contraceptifs sur la lactation,* nous venons de le voir, les auteurs sont loin de s'accorder sur l'influence de tel ou tel contraceptif hormonal.

Toutefois, nous pouvons, dans l'état actuel de nos connaissances, proposer les règles suivantes :

— Dans les 4 premières semaines du post-partum, abstention de tout moyen contraceptif inutile lorsque la femme allaite ;
— Pendant la période d'allaitement, et pour avoir une contraception efficace à cent pour cent, utiliser des contraceptifs hormonaux combinés ou biphasiques minidosés (à 30 γ d'œstrogènes) ou des progestagènes seuls, après avoir vérifié, d'une part, l'absence de contre-indication à ces produits et, d'autre part, que l'allaitement est complet avec tétées fréquentes ;
— En présence de contre-indication à ces substances, mettre en place un dispositif intra-utérin en général bien toléré à ce moment, ou éventuellement utiliser les autres moyens contraceptifs ;

... en attendant le jour où sera disponible une contraception masculine qui trouvera ici une indication privilégiée.

Ces règles doivent bien sûr être modulées en fonction de la demande formulée par le couple, mais, d'une manière générale, il ressort nettement de ce qui précède que l'allaitement maternel est parfaitement compatible avec une contraception efficace.

Eléments de bibliographie

CHOPRA (J.G.) : « Effects of steroid contraceptives on lactation », in *Amer. J. Clin. Nutr.*, 1972, *25*, p. 1202-1214.

DELVOYE (P.), L'HERMITTE (M.), VIS (H.L.) et ROBYN (C.) : « Interrelations entre l'allaitement, l'état nutritionnel et la reproduction », in *J. Gynec. Obstetr. Biol. Repr.*, 1978, *7*, p. 285-294.

JELLIFFE (D.B.) et JELLIFFE (E.F.P.) : *Human milk in the modern world*, Oxford, Oxford University Press, 1978 (500 p.).

PARKES (A.S.), THOMSON (A.M.), POTTS (M.) et HERBERTSON (M.A.) : « Fertility regulation during human lactation. (Proceeding of the sixth biomedical workshop of the International Planned Parenthood Federation) », in *J. Biosoc. Sci.*, 1977, suppl. 4 (211 p.).

TALBOT-WARGON (C.) : *Le Point sur la contraception orale dans le post-partum immédiat*, thèse Paris VI, 1977 (135 p.).

THOMSON (A.M.), HYTTEN (F.E.) et BLACK (A.E.) : « Lactation and reproduction », in *Bull. Org. mond. Santé*, 1975, *52*, p. 337-349.

VAN GINNEKEN (J.K.) : « La prolongation de l'allaitement naturel comme moyen d'espacer les naissances », in *Etud. Planning Fam.* (Population Council), 1974, *5*, p. 326-336.

VIS (H.L.) et HENNART (T.P.) : « L'allaitement maternel en Afrique centrale », in *Carnets de l'enfance* (U.N.I.C.E.F.), 1974, *25*, p. 87-107.

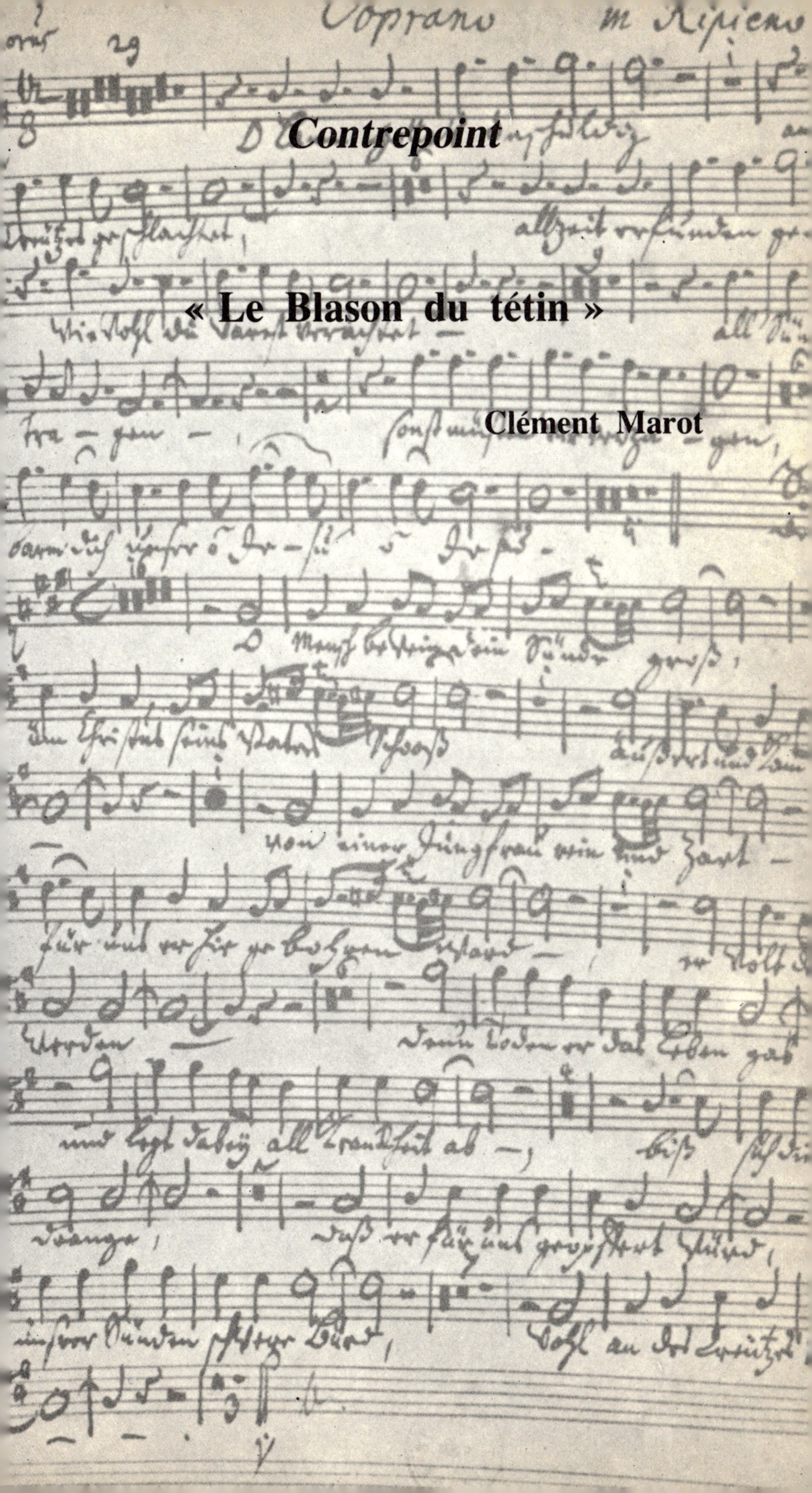

Contrepoint

« Le Blason du tétin »

Clément Marot

Tétin refait, plus blanc qu'un œuf,
Tétin de satin blanc tout neuf,
Tétin qui fait honte à la rose,
Tétin plus beau que nulle chose,
Tétin dur, non pas tétin voire,
Mais petite boule d'ivoire,
Au milieu de qui est assise,
Une fraise ou une cerise,
Que nul ne voit, ne touche aussi.
Mois je gaige qu'il est ainsi :
Tétin donc au petit bout rouge,
Tétin qui jamais ne se bouge,
Soit pour venir, soit pour aller,
Soit pour courir, soit pour baller ;
Tétin gauche, tétin mignon,
Toujours loin de son compagnon ;
Tétin qui porte témoignage
Du demeurant du personnage ;
Quant on te voit, il vient à maints
Une envie, dedans les mains
De te taster, de te tenir :
Mais il se faut bien contenir
D'en approcher, bon gré ma vie !
Car il viendrait une aultre envie
O Tétin ne grand, ne petit
Tétin meur[1]*, tétin d'appêtit,*
Tétin qui nuict et jour criez :
Mariez moy tost, mariez.
Tétin qui t'enfles et repoulces
Ton gorgias de deux bons poulces,
A bon droict, heureux on dira
Celui qui de laict t'emplira
Faisant du tétin de pucelle
Tétin de femme entière et belle.

1. Mûr.

Allaitement et esthétique mammaire

Jean-Pierre Lalardrie

Françoise Firmin

Une idée ancienne et tenace, partout exprimée, est que l'allaitement maternel est l'ennemi des belles poitrines, qu'aucun sein de morphologie correcte ne peut la conserver après avoir allaité. Cela a concouru, dans un passé récent, à faire repousser par certaines jeunes mères et par certains gynécologues ce mode d'alimentation du nouveau-né. Cette crainte peut, en tout cas, peser lourdement dans la balance au moment du choix. L'expérience que nous avons de la chirurgie plastique mammaire nous autorise à apporter des nuances et à affirmer que, *sous certaines conditions*, l'allaitement ne nuit d'aucune manière à la beauté d'un sein.

On a dit aussi, on a écrit que les interventions chirurgicales de réduction ou de remodelage pouvaient rendre un sein impropre à l'allaitement. Il s'agit là également d'un vieux mythe qu'il faut détruire.

L'esthétique mammaire dépend de trois éléments essentiels

- Un développement suffisant et harmonieux qui donne au sein un volume adapté à la silhouette de la femme. On admet ainsi qu'un volume de 200 à 350 cm^3 est « normal ». En deçà c'est l'hypoplasie ou l'hypotrophie.
- Un bon rapport entre la base thoracique du cône

mammaire et sa projection antérieure, son relief. La projection antérieure du sein normal est inférieure ou égale au tiers de sa base thoracique. En deçà le sein est plat ; au-delà, la ptôse [1] mammaire est physiquement inévitable, le porte-à-faux étant excessif.

- Enfin une adéquation idéale entre le contenu (glande et graisse) et le contenant (la peau). La peau est en effet le seul élément de suspension du sein. Qu'elle abdique, et c'est la ptôse inévitable.

Que se passe-t-il lors de l'allaitement ?

D'après notre expérience, un sein hypotrophique ou hypertrophique n'est jamais amélioré, mais, au contraire, souvent altéré par l'allaitement. En revanche, *un sein morphologiquement normal, respectant les éléments cités plus haut, avec une peau d'élasticité normale, peut allaiter sans qu'apparaisse plus tard la moindre altération esthétique. Mais cela à certaines conditions :* il faut éviter à tout prix une augmentation excessive, une augmentation brutale, et surtout des variations brutales du volume mammaire.

De là découlent, sur le plan pratique, certains gestes et conseils thérapeutiques :

— Un pansement compressif adapté pendant les deux premiers mois de la grossesse, renouvelé dans le post-partum (et associé à un traitement spécifique si la femme choisit l'allaitement artificiel) ;

— Une conduite étroitement surveillée et guidée de l'allaitement (mode et rythme des prises, moyens physiques adjuvants ancestraux ou modernes [2]) de façon à *éviter autant que possible toute augmentation ou variation brutale ou excessive de volume.* Cela n'est jamais aisé à réaliser, c'est parfois très difficile, c'est toujours efficace.

1. Chute du sein.

2. Si l'importance de la montée de lait dépasse momentanément ce que le bébé prend, ou encore en cas d'engorgement mammaire, il faut sans doute préférer au tire-lait une expression manuelle douce, ayant lieu — si nécessaire — sous une douche chaude. (Voir p. 156 pour plus de détails.) [N.D.L.R.]

Conséquences des interventions plastiques sur l'allaitement

1° La réduction de la glande mammaire n'a jamais nui à la possibilité d'allaiter. Quelques centimètres cubes d'une glande fonctionnelle suffisent à satisfaire les bébés les plus gourmands, et il est de notoriété que, malgré l'imagerie classique de la nourrice, les gros seins sont parfois décevants — tout au moins sur le plan de la lactation.

2° La section des galactophores, enfin, ne compromet rien. Nous avons assisté à un allaitement normal chez trois femmes ayant subi une réduction bilatérale supérieure à 1,500 kg, avec greffe de la plaque aréolo-mamelonnaire. Il y a vingt ans, P. Clarkson, un auteur britannique, avait déjà rapporté un cas semblable et avait été accueilli avec un septicisme narquois. C'est pourtant une réalité. *L'allaitement est même possible après section complète des galactophores,* seul geste vraiment utile pour corriger l'invagination du mamelon.

Contrepoint

« Mère ou nourrice ? »

Anne Bouchart-Godard

La grossesse, l'accouchement et, à leur suite, l'allaitement au sein constituent, pour la femme et son petit, des expériences corporellement engageantes, intensément. Chez les humains, toute expérience corporelle est aussi, dans le même temps, expérience émotionnelle et objet de pensée. C'est pourquoi la notion d'instinct maternel n'a guère de sens appliquée aux femmes, et semble en avoir de moins en moins depuis les dernières découvertes concernant les mammifères supérieurs dont les conduites de maternage se révèlent dépendre assez étroitement du maternage reçu antérieurement. C'est dire à quel point l'adulte mère et son nouveau-né sont, à certains égards, proches l'un de l'autre jusqu'à partager des expériences corporelles où les mots n'ont pas leur place. Ces expériences pourraient être qualifiées de « sauvages » ou d' « animales », dans la mesure où elles dépassent le cadre symbolique. Parmi ces expériences intéressant tout particulièrement le corps (grossesse, incluant le rapport sexuel dont elle est issue, accouchement, allaitement au sein) qui viennent en continuité corporelle, seul l'allaitement introduit aussi radicalement à une *possible substitution :* une *autre femme* que la mère, une nourrice, voire une femelle, peut donner son sein, son lait. Un *autre objet* que le sein, un biberon, peut contenir et offrir le lait.

Une distinction entre la nourrice et la mère émerge donc avec la séparation des corps qu'inscrit la coupure du cordon ombilical. Le fœtus et celle qui le porte doivent être distingués de l'enfant et celle qui le nourrit. L'allaitement au sein apparaît ainsi comme acte *intermédiaire* relevant du registre sauvage, par le lien du corps qu'il maintient, et ouvrant au registre symbolique, par la place de la substitution possible.

Nous faisons l'hypothèse que dans certains cas l'allaitement au sein par la mère est appréhendé comme acte sauvage « animal », mettant en danger le caractère humain de la mère et de l'enfant, dans la mesure où la distinction entre la mère utérine et la mère nourrice y apparaît menacée. Ainsi semblerait-il nécessaire à certaines femmes, dans certaines cultures, ou classes sociales, d'y renoncer pour elles-mêmes et de confier cette fonction à une nourrice, autre femme, ou de recourir à un substitut du sein tel que le biberon. Une distinction réelle des personnes, ou de l'objet allaitant, serait introduite pour garantir le changement de statut du fœtus en infans, enfant ne parlant pas encore mais déjà pris dans ce mouvement menant à la parole. Le recours à la nourrice, très répandu en France à une certaine époque, puis le recours au biberon, prendraient sens comme tentative de mettre une distance entre la *« mère animale »* et la mère éducatrice ou *« mère symbolique »*, tout particulièrement à une époque où les bébés étaient essentiellement affaire de femmes. La nourrice traditionnelle prenait la suite de la femme enceinte devenue mère, assurant la continuation des soins du corps, dont l'allaitement constitue un point nodal. La fonction et les options éducatives restaient alors du domaine de la mère de naissance, la faisant apparaître comme mère symbolique, après qu'elle eut été durant neuf mois mère animale. A la nourrice revenait le maternage, engageant son investissement libidinal érotique, tandis que la mère de naissance pouvait s'en dégager plus radicalement pour assumer l'autre fonction.

La fonction symbolique menacée dans l'acte « animal » d'allaiter se serait trouvée sauvegardée par le jeu des substitutions, mettant en scène trois personnes : la mère, la nourrice, l'enfant.

L'histoire du XVIIIe siècle en France nous apprend comment l'alliance entre le médecin et la mère, au sein des classes aisées, dans les villes, vient modifier cet équilibre, revalorise la fonction maternelle, et rend caduque le recours à la nourrice. La nourrice change de statut ; de « bonne mère nature » qu'elle était, elle devient mère de tous les vices, responsable de tous les maux [1]. La triangulation s'opérant entre la mère, la nourrice et l'enfant maintenu dans un monde de femmes s'organise dès lors entre la mère, le médecin et l'enfant. Parallèlement à cette « lutte » des médecins contre les nourrices s'organise la lutte contre les sages-femmes, grâce à l'introduction de l'instrument, en obstétrique, augmentant l'efficacité technique médicale. L'enfant qui appartenait aux femmes et n'entrait dans la société des hommes que plus tardivement devient alors objet d'intérêt et d'appropriation culturelle pour les hommes, par l'intermédiaire des médecins, dès sa naissance.

A la faveur de progrès scientifiques importants, et d'exigences industrielles accrues, l'allaitement au sein devient moins indispensable pour la survie de l'enfant tandis qu'il entre de plus en plus en contradiction avec les contraintes socio-économiques. Une première brèche est ainsi faite au monde de l'allaitement au sein.

Tant que le pouvoir médical reste mal assuré auprès des femmes-mères, le lien créé par l'allaitement au sein constitue un espace de jouissance possible risquant d'échapper à la symbolisation, risquant d'échapper au pouvoir social. A ce titre, et sous divers prétextes, il est déconseillé, découragé, dénigré, entravé. Actuellement, il semble que l'organisation socio-médicale couvre assez bien le champ périnatal pour qu'un nouvel équilibre soit possible. En effet, un nombre croissant de médecins en viennent à préconiser l'allaitement maternel, à le conseiller, le suggérer, tenter de le favoriser. Les maternités suivent lentement le mouvement, ainsi qu'un certain nombre de femmes, qui offrent encore de nombreuses résistances, plus ou moins latentes, à se conformer à ce nouveau souhait médical, qu'elles ne parviennent pas à reconnaître comme étant aussi le leur.

Le lait de la mère, considéré comme « dangereux » lorsqu'il était donné à l'enfant selon le bon vouloir des

1. DONZELOT (J.) : *La Police des familles*, Ed. de Minuit, 1977.

femmes (ce danger les obligeant à distinguer la personne enceinte de la personne allaitante), ce lait de la mère est à nouveau potentiellement bon s'il est « ordonné » par le médecin, et si la femme respecte les conseils prodigués à ce sujet. L'intervention de la nourrice, nécessairement distincte de la mère, dans une tentative de maintenir une mère symbolique, ne se révèle plus aussi utile à partir du moment où le tiers médical s'est inséré dans la relation de la mère à son enfant, dès la naissance, dès la conception même. Le recours au biberon, substitut de nourrice, permettant une distanciation de la mère et de l'enfant par l'instrument, fort utile à une période intermédiaire, devient lui-même moins satisfaisant. L'allaitement au sein n'est pas alors seulement toléré, mais bien, de plus en plus, « ordonné » (au sens de l'ordonnance). On peut remarquer, à ce propos, que tout ce qui concerne les conditions de naissance et les premiers soins aux petits est, dans toutes les cultures, soigneusement ritualisé. La culture représentée chez nous pour cette période par le monde médical laisse peu de place à une liberté de la mère, des parents, à un choix possible quant à la manière de faire et de penser. Les parents doivent se conformer aux rites prévus s'ils veulent rester intégrés socialement et faire adopter leur enfant par le groupe. C'est dans ce contexte que l'allaitement au sein maternel réapparaît comme « médicament », « vaccin », « ordonnés » par les médecins.

Ainsi la femme peut-elle à nouveau, en accord avec les exigences sociales, se rapprocher de son bébé, corporellement, dès la naissance. Ainsi peut-elle « se donner à manger » à son petit, sans risquer de devenir animale, sans se déshumaniser, puisque le tiers médical est présent dans l'esprit même de l'allaitement, pour y garantir son humanité. Il ne s'agit plus du simple plaisir que l'un et l'autre pourraient y trouver. Il s'agit des bienfaits reconnus-contrôlés-attribués scientifiquement au lait maternel. Le plaisir lui-même y est devenu « bonne médecine », préventive contre les dangers psychiques ultérieurs. La liberté, désirée et angoissante pour la mère, reste entravée ; ses désirs « sauvages » restent endigués, le danger d'animalité pesant sur la fonction maternelle est écarté. Le tiers intervient pour

DIRE à propos de l'allaitement et des soins, que ce soit pour interdire ou ordonner.

Ce plaisir admis et recommandé aux mères, pour le bien de l'enfant, nous paraît occulter le plaisir dont il s'agit réellement. A notre époque où l'on parle si aisément de relations sexuelles, que l'on n'hésite pas à représenter, un tabou plus profond semble subsister concernant le plaisir partagé dans la relation d'allaitement. On entend rarement parler de cette sorte de plaisir sexuel, le premier connu, le premier à marquer de son empreinte tous les plaisirs ultérieurs et la manière dont ils vont s'organiser. Il s'agit d'un plaisir partagé avec la mère. « Quand on a vu l'enfant rassasié abandonner le sein, retomber dans les bras de sa mère, et les joues rouges, avec un sourire heureux s'endormir, on ne peut manquer de dire que cette image reste le modèle et l'expression de la satisfaction sexuelle qu'il connaîtra plus tard [1]. »

Ainsi le lait, le sein, le corps, en tant qu' « objets scientifiques », viennent couvrir le lait, le sein, le corps « sauvages » de la mère, lui permettant un « corps à corps » avec son petit qui soit *imprégné de références sociales,* la mettant à l'abri des excès et d'un statut « hors la loi ».

Elle n'a donc plus besoin d'en passer par une nourrice pour maintenir dans sa fonction maternelle un registre symbolique. Un autre danger la guette cependant du fait de l'intervention de ces « objets scientifiques » que constituent le lait, le sein, le corps de la mère et celui du bébé aussi, dans le discours et la pratique d'une médecine idéalisée : au danger de « sauvagerie » répond le danger de « robotisation » qui peut atteindre certaines femmes en difficulté d'assimiler cette instance tierce, et en appliquent les préceptes à la lettre, se faisant seulement instrument, prolongement des médecins ; trop dociles, elles s'effacent si bien qu'elles laissent toute la place au tiers, ramenant la relation à nouveau, en fait, à deux termes : l'enfant et l'instance médico-sociale dont la mère ne serait qu'une exécutante et non une personne.

1. FREUD (S.) : *Trois Essais sur la théorie de la sexualité*, Idées/Gallimard, 1962, p. 74.

L'allaitement maternel, quand il peut dépasser les nombreuses difficultés, dont les deux dangers cités d'une relation « animale » hors la loi ou d'une relation « robotisée », semble répondre, mieux que tout autre, aux différentes exigences actuelles, internes et externes, individuelles et sociales, affectives et médicales, concernant l'établissement de la relation primaire au bébé réel après la naissance ; mieux que tout autre il semble permettre la continuation du lien existant entre l'enfant et la femme qui le porte en son sein, tout en reconnaissant la coupure fondamentale humanisante qu'inscrit corporellement et psychiquement la naissance.

Offrant les conditions d'un échange le plus étroit entre les corps, et les affects qui s'y transmettent, l'allaitement au sein permet l'*association* et la *distinction* entre le plaisir lié à la satisfaction d'un besoin tel qu'il s'exprime dans la faim, et le plaisir libéré du besoin tel qu'il s'éprouve dans l'*acte de sucer.* L'absorption de lait et la succion peuvent y être conjointes ou disjointes *au gré du bébé,* qui organise alors la qualité de son expérience, pourvu que sa mère puisse le supporter et l'y autorise. Le *jeu gratuit* avec la succion et avec le mamelon introduit d'emblée un espace de gratuité du plaisir et de la relation à l'autre, un espace présymbolique si précieux pour l'équilibre psychique et la pensée ultérieurs.

Le biberon vide laissant un enfant repu de lait mais avide de sucer un objet vivant constitue un drame quotidien, que les mères savent apaiser en offrant à la place d'un jeu de succion un jeu de paroles, de chansons, de visages, qui ouvre aussi, mais de façon moins progressive, à l'aire transitionnelle décrite par Winnicott, et aux différentes capacités psychiques qui en découlent et s'y étaient.

Suçoter une tétine, objet inerte non-soi, son pouce, objet vivant partie de soi, le mamelon, objet vivant non-soi, constitue des *actes de suçotements différents* et *différenciateurs,* chaque acte prenant une valeur organisatrice spécifique. Tandis que le pouce et la tétine peuvent constituer des objets de suçotement à l'entière disposition du bébé, qui en maîtrise le maniement, le sein, aussi disponible soit-il, reste lié au bon vouloir et à l'*intention* de la mère : il se distingue donc radicalement des objets précédents. C'est la mère qui choisit de l'offrir ou pas, de le laisser à sucer ou pas, de le laisser mordiller, ou simplement tenu serré dans la bouche... elle dispose du quand et du comment la rencontre avec le sein sera possible. Dans son jeu avec le mamelon, le bébé entre donc *en jeu avec une personne*. Il y trouve la possibilité d'une sorte d'expérience sexuelle dans un plaisir partagé, dont il expérimente dans le même temps les contours et les limites. La capacité d'accéder à l'autre, d'avoir une idée précoce de l'autre, s'enracine dans l'expérience offerte d'une complémentarité des désirs et des plaisirs, complémentarité imparfaite mais suffisante pour permettre qu'elle soit idéalisée. L'échange et la permanence de soi s'organisent sur le modèle du lait que la mère désire offrir et dont elle accepte de se séparer tandis qu'elle présente aussi son corps permanent contenant, son sein, au jeu des attaques amoureuses et hostiles.

Ainsi, l'expérience la plus sexualisée, par la mère et l'enfant, la plus animale potentiellement, est aussi l'expérience la plus humanisante puisqu'elle favorise la rencontre la plus complète entre deux *personnes*, l'une naissante, l'autre déjà constituée. Cette rencontre offre au bébé l'occasion d'une identification à une personne humaine par les mots qu'elle lui adresse et par tout ce qu'elle lui propose et qu'elle imprègne : le lait qu'il absorbe, le sein qui subsiste à cette absorption, le mamelon qu'il tient en bouche et avec lequel il joue, le visage qu'il boit du regard, l'odeur dont il s'emplit, les sons dont son corps entier est pénétré, l'enveloppe corporelle qui l'entoure et le porte...

La portée sexuelle de cette rencontre peut inquiéter considérablement la mère, se sentant en danger d'entretenir des relations incestueuses ou sauvages ; elle inquiète ses proches, son mari, ses parents, qui lui jalousent cette relation ; elle perturbe les médecins, le groupe social, qui redoutent que la référence au tiers en soit écartée... Ces plaisirs premiers ne peuvent en aucun cas laisser indifférent ; si proches de la jouissance muette, ils introduisent de façon privilégiée aux mots, quand la nourrice est aussi mère symbolique.

Témoignages de mères

Certains de ces témoignages nous ont été apportés par des lettres adressées aux « Cahiers du nouveau-né »,

d'autres, qui se présentent sous forme d'interviews, ont été recueillis par Lucienne Audouin, *auprès de jeunes accouchées ou encore de personnes de son entourage proche.*

Bruxelles, le 9 octobre 1979.

En lisant certaines parties de votre cahier *Naître... et ensuite ?*, des larmes tombaient, des larmes pleines d'émotion en face de ceux qui cherchent une vérité, une réalité. Comment puis-je l'appeler ? Des larmes pleines de tendresse, de culpabilité, d'amour. Aujourd'hui j'ai envie de vous écrire. Pour moi... pour vous... pour mon enfant de 6 ans... pour les enfants et les mères... pour la vie... pour que mon désir sur l'élargissement de votre travail soit écouté par quelqu'un.

Je pense à l'allaitement, à mes seins, à l'enfant, à l'infirmière qui venait avec lui pour la première fois... pour essayer. J'étais si sûre, moi, qui suis installée dans le doute dès que je sais que j'existe. J'étais si sûre à ce moment-là que tout se passerait bien, le lait sortait et sortait, l'enfant buvait et buvait. Avoir mal... ça n'existait pas pour moi et pourtant je l'avais tellement entendu. Cela a bien commencé, je me rappelle toujours les paroles de l'infirmière : « Poussez un peu avec vos doigts pour que l'enfant puisse bien respirer », elle avait raison, depuis lors je le faisais toujours... sans penser... quand il fallait... mes doigts bougeaient seuls... la bouche de mon enfant s'ouvrait seule... le lait sortait seul... Il ne fallait rien faire. Le mot « il faut » qui est souvent derrière et devant moi n'existait pas. Ce plaisir, cet amour entre les deux corps unis a duré neuf mois. Après, malgré le lait qui était toujours avec moi, il m'a fallu interrompre, les dents de mon enfant commençant à apparaître. J'ai fait doucement le sevrage, le temps de nous habituer, quatre fois, trois fois, deux fois, une fois le dernier mois. Le mot « il faut » est réapparu, le médecin m'avait dit : « Maintenant, si vous voulez faire le sevrage, il ne faut rien boire, le moins possible », en deux jours je n'avais plus rien. Pendant ces deux jours j'ai eu très mal, un peu... le lait sortait et la bouche de mon enfant n'était pas là pour le recevoir... il tombait sur mes vêtements ou sur le lavabo.

C'est mon plus beau souvenir, ces neuf mois. Ma mère a eu huit enfants et elle n'a presque pas allaité. Les huit nous sommes marqués par un manque d'affection, vraie ou fausse, mais c'est la marque de la famille. Ma mère était une professionnelle réussie. Mon père m'aimait beaucoup mais je crois que malgré moi je devais être avant tout une mère... et pourtant j'ai seulement un enfant. Si le choix existe, je pourrais dire que je l'ai choisi ainsi, j'ai voulu étudier et j'ai voulu et dû voyager.

Pendant que j'allaitais, je me rappelle d'un mauvais souvenir. Une femme envoyée par l'Œuvre nationale de l'enfance de Belgique pour visiter chez elles les jeunes mères venait souvent. J'avais peur qu'elle arrive, elle disait toujours que mon lait faisait du mal à mon enfant, parce qu'il était trop gras.

Cette femme se croyait porteuse d'un savoir, j'étais jeune, sans expérience, loin de mon pays, mes amies n'avaient pas d'enfant, son arrivée m'angoissait toujours. Après, heureusement, elle n'est plus venue, elle savait peut-être que tout en l'écoutant je ne l'écoutais plus.

Mon enfant est né le même jour où mon mari a fini son mémoire, le même jour où le médecin devait arriver des vacances. L' « autre » médecin (qui devait le remplacer) voulait faire une césarienne, selon lui l'enfant était très grand et la mère très petite. Je poussais fort. Je ne voulais pas une césarienne, mon médecin qui « venait d'arriver des vacances » est arrivé... c'est lui qui m'a aidée... je ne l'oublierai jamais. Quelle douleur et quel plaisir je sentais dans l'accouchement. J'aurais voulu que le médecin parle plus, il était vieux, timide, mais j'avais confiance en lui.

Juste après l'accouchement une infirmière est venue

me mettre une sonde pour pisser sans me donner le temps d'en avoir envie. Elle voulait me mettre cette sonde avec une telle brutalité, et cela juste au moment où je me reposais avec mon enfant et mon mari à mon côté. J'étais épuisée mais je l'en ai empêché avec le peu de force qui me restait, on forçait les deux, je ne voulais pas... je voulais qu'on me laisse tranquille... je savais que ça allait venir ; en écoutant les cris une autre infirmière est venue m'aider. Quelques minutes plus tard je pissais seule... il ne fallait pas me forcer, j'étais trop sensible mais j'avais confiance en moi.

J'ai fini « psychologie » il y a un an. Mon enfant a déjà 6 ans, j'ai envie maintenant d'en avoir un deuxième. Mon désir le plus grand en ce moment c'est que votre manière de travailler soit connue et pratiquée partout, sans mystification et avec beaucoup d'espoir.

Ma langue maternelle étant l'espagnol, j'ai des difficultés pour écrire en français, j'espère néanmoins que vous pourrez comprendre l'essentiel de cette lettre. J'ai essayé de raconter cette expérience d'une manière spontanée, en la laissant sortir, comme ça, afin que les facteurs irrationnels et subjectifs apparaissent plus clairement.

Si jamais vous avez besoin de moi, j'aimerais beaucoup que vous preniez contact avec moi, et collaborer avec mes possibilités. Je vous salue très affectivement même sans vous connaître, par ce que vous faites, par ce que vous écrivez.

Graciela QUINTANA.

Paris, le 2 février 1979.

Ayant lu au passage, dans la préface de *Naître... et ensuite ?*, que les témoignages étaient les bienvenus pour une contribution éventuelle aux prochains « Cahiers du nouveau-né », j'ai pensé vous parler de mon expérience personnelle de l'*allaitement*, de la grande aventure que cela a été pour moi, et de ses péripéties.

Dans mon entourage, j'avais entendu et j'entends encore des mères, ou des mères à venir, parler de leur choix de ne pas allaiter leur enfant, ou de leur crainte d'allaiter, en raison de l'idée que cela abîme les seins de la femme qui allaite [...]. J'entendais cela avec étonnement, persuadée de l'ignorance et de l'erreur de ces femmes, moi qui étais convaincue que la grossesse et la maternité ne pouvaient qu'embellir mon corps, épanouir mes formes, mes seins, mes hanches. Depuis que j'en ai fait l'expérience, je pense que je ne me trompais pas lorsque j'en attendais un épanouissement, mais qu'il n'est pas forcément dans le corps ou pas uniquement là.

Pour ma part, j'avais la crainte, en attendant la naissance de mon premier enfant, de ne pas pouvoir, de ne pas réussir à l'allaiter : il m'apparaissait essentiel de nourrir mon enfant au sein et ma peur s'était accrochée au témoignage particulier d'une amie qui avait accouché alors que j'en étais aux premiers mois de ma grossesse ; elle disait avoir dû renoncer à allaiter son enfant à cause des crevasses qui s'étaient formées sur ses bouts de sein ; elle faisait allusion au personnel de la maternité qui ne l'avait pas du tout aidée dans cette expérience, m'avertissant qu'on y rencontrait entre autres des gens qui n'étaient pas favorables — même sans le dire — à l'allaitement maternel. Elle m'avait indiqué aussi une pommade très efficace pour éviter ces ennuis qu'elle avait eus et je me l'étais procurée à la fin de ma grossesse en vue de l'emporter à la maternité.

De plus, convaincue par les propos d'une sage-femme dans un des cours de préparation à l'accouchement, je pensais qu'il convenait de préparer mes seins afin que le bébé puisse attraper sans difficulté le mamelon : je tirais donc dessus régulièrement pendant le dernier mois de ma grossesse, pour en augmenter l'élasticité et en favoriser la prise (soit dit en passant, cette sage-femme avait raconté son expérience dans un pays du Maghreb où elle avait rencontré un médecin qui donnait aux futures accouchées attendant un premier enfant le conseil étonnant de se faire sucer les seins par leur mari ou, à défaut, par de jeunes chios qui tètent encore leur mère...).

Bref, je me préparais donc à ne pas rater mon allaitement, je dis bien « mon » allaitement. Même si je n'ai reconstitué l'histoire qu'après coup, je savais déjà à l'époque que ma mère ne m'avait pas allaitée — sans avoir jamais pu lui poser la question directement — je le savais par déduction, puisqu'elle m'avait dit avoir allaité quelque temps ma sœur aînée, qui était son premier enfant.

Par ailleurs, vers la fin de ma grossesse, ma mère me téléphonait fréquemment et m'avait à plusieurs reprises posé la même question — comme si elle ne pouvait pas entendre ma réponse — elle me demandait : « Qu'est-ce que les médecins disent ? Qu'est-ce qu'ils pensent de l'allaitement maternel ? Est-ce qu'ils disent que c'est mieux ou quoi ? »

Et puis le jour est venu où mon fils est né. Entre parenthèses, j'ai réalisé après coup que je ne l'avais pas senti passer, je veux dire que je n'ai pas su par où il est passé ; il est sorti de moi, il est né par miracle, alors que pour mon second enfant ça a été tout différent, je connaissais le chemin et je l'ai aidé à le franchir, tandis que pour le premier le médecin a eu recours aux forceps. Quand il est né on me l'a retiré très rapidement, sans rien me dire, et au bout d'une heure peut-être, je ne sais pas, mon mari lui aussi était reparti, je me suis retrouvée seule dans la salle de travail. Tout le monde avait disparu. Je me suis inquiétée auprès d'une infirmière dont j'ai entendu le pas dans le couloir et que j'ai appelée, je me suis inquiétée auprès d'elle de savoir où était mon fils, et que j'aimerais bien l'avoir auprès de moi. Elle a commencé par me dire que moi, la mère, j'étais fatiguée, et que lui, l'enfant, il était bien au chaud sous une lampe. Moi j'entendais des pleurs de nourrissons par-ci, par-là, et finalement elle est allée voir et m'a rapporté mon bébé. Je lui ai dit que je voulais lui proposer mon sein, l'infirmière m'a donné des compresses et de l'eau stériles et, dès que j'ai pris mon enfant contre ma poitrine nue, il s'est mis à chercher avec sa bouche, reniflant vivement, tout en émoi de me sentir ; il a tout de suite attrapé mon sein et s'est mis à téter comme s'il n'avait jamais fait que cela, devant l'infirmière amusée et étonnée et qui m'a mise aussitôt en garde : il fallait faire bien attention à ce qu'il ne fasse pas semblant de téter, à ce qu'il ne soit pas en train de « tétouiller » — c'est qu'il n'était pas question de s'amuser — cela ne nous a guère perturbés, mon fils et moi, on l'a laissée causer et on s'est très bien entendu tous les deux. Il s'est montré avide et goulu, ce dont je lui étais très reconnaissante, et moi j'avais à cœur de le nourrir exclusivement de mon sein, corrigeant par la suite le livret rempli par l'hôpital et qui portait la mention « allaitement mixte ». C'est ainsi que dès le troisième jour la courbe de poids de mon enfant remontait et j'en étais très fière... (Surtout qu'à côté de moi, ma voisine de chambre se battait littéralement avec son bébé — apathique et pour ainsi dire né repu — désespérant pendant deux ou trois jours de lui faire prendre ses bouts de sein, qu'elle avait en ombilic de surcroît ; la malheureuse en était venue à déclarer : « Peut-être qu'il n'aime pas mon lait. » Mais pour finir, lorsqu'il a bien voulu se réveiller, il lui a bien montré qu'il ne crachait pas dessus.)

Puis j'ai quitté la maternité, au bout de onze jours au lieu de six jours habituels à cause d'une épisiotomie infectée. Mes parents s'étaient installés à la maison dans l'intervalle, ma mère ayant volontiers répondu à l'appel de sa fille qui avait réclamé son aide. Au bout de quelques jours après notre retour, mon appétit s'est mis à décliner, et j'ai dû me rendre à l'évidence, horreur ! les montées laiteuses n'étaient plus si abondantes et le lait de la mère ne suffisait plus à calmer la faim de l'enfant : c'était ce qu'on pourrait appeler un « passage à vide », mais c'était surtout quelque chose de dramatique pour moi que de me résoudre à lui donner un biberon complémentaire (et de remplacement). Ce lait artificiel, dit « maternisé », c'était mon rival, et je l'acceptais très mal (ce qui n'était pas le cas de mon fils). Et surtout je souffrais à l'idée que je n'allais peut-être pas pouvoir continuer à l'allaiter, si la source venait à tarir.

Voyant mon désarroi, ma mère, histoire de me réconforter, me fait cette déclaration que je n'oublierai jamais (même si je lui ai pardonné depuis) : « Qu'est-ce que tu veux, il y a des bonnes mères et des mauvaises mères ; il y a celles qui ont du lait et celles qui n'en ont pas ! » Quand j'ai entendu ça, mon sang, ou plutôt mon lait n'a fait qu'un tour : « Ah ! c'est comme ça ! Eh bien, elle va voir ce qu'elle va voir ! »

Résolue à ne pas donner raison à cette mère-là, je me suis mise à forcer mon appétit, à lutter contre un certain dégoût pour la nourriture qui m'était venu (je me rappelle maintenant que c'était ma mère qui préparait les repas !) ; je me suis mise à boire du lait en abondance, du lait frais pour lequel j'avais gardé l'appétit tandis que ma mère me disait qu'il allait me couper l'appétit avant de passer à table. Alors les montées laiteuses ont repris, si bien que j'ai pu nourrir mon enfant de mon lait exclusivement, jusqu'au moment de reprendre mon travail, soit pendant près de deux mois et demi.

Alors il y a eu le sevrage, qui était un renoncement, un arrachement extrêmement pénible pour moi. Je sentais bien que je n'étais pas décidée, si bien que les montées laiteuses persistaient, douloureusement, et ce n'est que lorsque j'ai demandé à mon mari de prendre des photos pendant la tétée, qu'assurée de l'immortalité de l'image de l'enfant au sein, je suis parvenue à ce renoncement et les montées laiteuses ont cessé (sans le recours d'aucun médicament). Je dois aussi mentionner un rêve que j'ai fait dans le même temps, un rêve dont je suis sortie étonnamment apaisée et résolue, ou plutôt convaincue que c'en était fini de ces problèmes de sevrage : c'était un rêve où un sein — qui n'était pas le mien — giclait d'abondance en un jet puissant. Quant à mon enfant il a tout de suite adopté le biberon et le lait artificiel comme des substituts tout à fait satisfaisants (je lui en aurais presque voulu de ne pas montrer qu'il préférait le sein et le lait de sa mère ; mais c'était bien là la preuve que c'était la mère, pas l'enfant, qu'il fallait sevrer).

J'ajouterai encore un élément au sujet de cette première expérience que j'ai eue de l'allaitement et qui me confirme qu'il s'agissait pour moi de refaire mon propre allaitement : je me suis rendu compte que pendant que mon enfant était au sein, j'avais pour moi-même des mouvements de succion et de déglutition involontaires, à mon insu, en le regardant [...].

Françoise CHABANE.

Paris, le 24 février 1979.

J'ai reçu la lettre que vous m'avez envoyée en réponse à mon témoignage sur l'allaitement que j'avais fait parvenir aux « Cahiers du nouveau-né ».

J'ai pensé y ajouter d'autres éléments car c'est une histoire qui me paraît très riche, puisque j'en ai été enrichie, et si je n'hésite pas à la raconter en vue d'une éventuelle publication, c'est que je ne considère pas que cette histoire m'appartienne vraiment. Je trouve plutôt que c'est une histoire à raconter.

Pour commencer je voulais compléter mon témoignage précédent, en disant que je suis convaincue qu'une chose a joué pour moi dans la réussite de mon premier allaitement, tel que je l'ai rapporté, c'est que mon mari ait été totalement acquis au fait que j'allaite notre enfant, que pour lui ça allait de soi comme la chose la plus évidente et la plus naturelle au monde, car j'étais à l'affût de la moindre manifestation de rivalité, de jalousie supposée de sa part : rivalité dont mes seins étaient l'enjeu, seins de femme ou seins de mère, je courais le risque de ne plus savoir à quel sein me vouer. Et puis j'ai pensé vous raconter ce qui s'était passé quant au sevrage de mon deuxième enfant : l'allaitement s'est déroulé de manière très satisfaisante, pour moi aussi bien que pour mon enfant à ce que je crois, car il prospérait de jour en jour.

Il faut dire que pendant près de deux mois je me levais trois fois au milieu de la nuit pour trois tétées échelonnées entre 11 heures du soir et 6 heures du matin *grosso modo*, car ce bébé se faisait entendre de manière impérieuse. Son père, qui avait le sommeil léger, m' « aidait » éventuellement à me réveiller dans les occasions où je résistais aux appels de notre enfant auquel je serais parfois parvenue à faire la sourde oreille... s'il n'avait été que de moi.

Je me levais, pas toujours de bonne grâce, parfois en somnambule, mais je me répétais qu'il fallait lui répondre en attendant que vienne le temps où il n'aurait plus besoin du sein de sa mère la nuit, et qu'alors je serais sûrement récompensée de la disponibilité que j'aurais eue pour lui jusque-là.

A la fin du deuxième mois il en était donc à six tétées par jour, et ne marquait pas de différence dans son rythme entre le jour et la nuit. C'était plutôt fatigant, mais en même temps ça me rassurait sur la vitalité de mon enfant.

Et puis, autour de 2 mois, il s'est produit un changement dont la brutalité m'a surprise ; une nuit où nous avions eu beaucoup de mal à l'endormir (nous y avions passé deux heures, après la tétée de 20 heures, à le lever et à le promener, avant qu'il tombe d'épuisement). Le matin suivant, je me réveille sans être tirée du sommeil par ses cris (ni par la voix de mon mari), ce qui ne m'était jamais arrivé depuis sa naissance : je constate qu'il est 6 heures du matin ; ce sont mes seins gonflés de lait qui m'ont réveillée ; ce sont eux qui réclament le bébé. Malgré tout je réussis à me rendormir, après m'être assurée qu'il n'était rien arrivé à mon enfant ; simplement, pour la première fois de sa vie il avait réussi à coincer son pouce dans sa bouche. Je me réveille à nouveau vers 8 heures. Un peu plus tard mon enfant a la bonne idée d'en faire autant, car je suis bien soulagée de pouvoir lui donner mes seins qui sont pleins à craquer.

Mais à partir de cette nuit-là, il n'a plus réclamé de tétées nocturnes et il est ainsi passé du jour au lendemain de six à quatre tétées quotidiennes.

Quelques semaines plus tard, la date de ma reprise de travail approchait et je me suis dit que j'allais essayer une formule d'allaitement mixte : si je continuais à avoir du lait tout en reprenant mes activités, je pourrais allaiter mon enfant le matin et le soir et, dans la journée, la nourrice lui donnerait le biberon [...].

Pendant deux ou trois jours il a donc pris en alternance le sein et le biberon, et puis il s'est mis à manifester un comportement nouveau lorsque je lui proposais mon sein : j'avais de la résistance à percevoir tel quel ce qu'il manifestait car cela n'était pas sans me troubler : parfois il prenait mon sein, commençait à téter, puis s'arrêtait et commençait à crier comme s'il ne savait plus (?) prendre le sein de sa mère ou comme s'il ne le reconnaissait plus (?), ou comme s'il était déçu (?) dans son attente ; quand je voulais le convaincre et l'aider à le reprendre en bouche, il criait plus fort et se débattait. C'est ainsi qu'au bout de deux ou trois essais du genre j'en suis venue à devoir accepter l'idée que c'était bel et bien le sein de sa mère qui ne convenait plus à mon enfant, car il prenait le biberon sans aucun problème. Il m'a bien fallu admettre que mon sein le perturbait maintenant qu'il avait pris la mesure d'un autre calibre ou surtout peut-être d'un autre débit, avec la tétine du biberon. J'ai dû faire effort sur moi-même pour accepter cela, et je m'y suis aidée en disant à mon enfant que c'était sûrement lui qui avait raison et que s'il préférait le biberon au sein de sa maman, c'est qu'il voulait grandir plus vite que sa maman ne le croyait et qu'il fallait donc qu'elle se passe de lui donner son sein pour ne pas l'en empêcher.

Mais la production de lait a mis près de deux semaines à s'arrêter tout à fait, bien que je me sois décidée au bout de quelques jours à limiter au strict minimum ma consommation de liquides. En fait je me suis rassurée contre la crainte d'un rejet de la part de mon enfant, en constatant qu'il ne voyait aucun inconvénient à boire le lait que sa mère continuait à fabriquer pourvu qu'il lui soit proposé dans un biberon.

Le sevrage, tel que j'en ai fait l'expérience, n'a pas été ce que je croyais. Je m'imaginais que c'était une décision que prend la mère et que son enfant accepte, plus ou moins bien ou plus ou moins mal ; mais pour ce que j'en ai vécu, j'ai l'impression que c'est mon enfant qui a emporté la décision que je n'étais pas prête à prendre. C'est vraiment une affaire à deux où chacun a son mot à dire et où moi j'avais à entendre ce que disait mon enfant, même si cela n'était pas fait pour me plaire.

Voilà ce que je voulais ajouter, avec mes meilleurs sentiments.

Françoise CHABANE.

« De mère en fille...[1] »

D'abord mon expérience personnelle, il y a 30, 27, 25, 21 et 17 ans accouchant en clinique :

1° J'ai toujours refusé l'anesthésie générale, voulant voir naître nos enfants, et je mettais en rage le personnel de la salle de travail qui voulait m'endormir de force et râlait que j'exige la présence de mon mari.

2° Je mettais mes enfants au sein, sans l'aide de personne, ils prenaient bien et tant qu'ils voulaient et je me faisais attraper. J'entends encore dans le premier cas, avec mépris : « Vous voulez faire du zèle » ; dans le deuxième : « Si vous voulez faire le malheur de votre enfant, continuez ! » J'étais pourtant motivée, eh bien je me rappelle m'être sentie coupable en entendant cela.

Une génération a passé, je pensais que les choses avaient changé... eh bien non.

Ma fille 27 ans a accouché cet été de son deuxième, elle avait nourri complètement le premier. Je n'étais pas à Paris ; ayant accouru pour saluer mon petit-fils, je demandais à ma fille si elle avait besoin de moi, elle me répondit que je devais retourner auprès de mes parents âgés, que pour le deuxième elle n'était pas sans

1. Ces sous-titres sont de la rédaction.

expérience et que, à sa sortie de l'hôpital, elle aurait davantage besoin de moi. Je repartis donc.

Quand je la retrouvai huit jours après, je trouvai une femme consternée : « Je n'ai pas de lait, je complète toutes les tétées, comment ça se fait ? Je voudrais le nourrir comme le premier », etc. Et le jeune mari médecin : « Tu n'as pas assez de lait, eh bien, complète. »

Devant une telle déception, je la fis parler et j'appris ceci : c'est qu'au deuxième jour l'enfant avait pris 70 grammes et, lorsqu'on le remit au sein trois heures après, il ne prit évidemment que 10 grammes (n'ayant sans doute pas faim). Alors ma fille eut droit à toutes les réflexions possibles, telles que : « Alors vous n'avez plus de lait », « La montée de lait ne se fait pas », « Il va falloir compléter », « Du reste vous avez des seins à crevasses ».

Et le lait tomba effectivement, elle fit une crevasse et un abcès ! Mais il remonta aussi vite, plus vite même qu'il était tombé, avec mes paroles à moi : « Ecoute, je t'ai nourrie, tu as nourri le premier », « Le lait est là, c'est le bébé qui va le faire monter », « Pour cela on va essayer l'allaitement *à la demande* », et elle accepta ma condition qui était de ne pas « peser » à chaque tétée.

Trois jours après elle le nourrissait totalement et le bébé se réglait tout seul à quatre repas par jour *âgé de 10 jours ;* voilà, c'est une histoire très simple et très bête. A 6 mois elle a commencé à l'habituer à des purées de légumes sans cesser d'allaiter puis en espaçant progressivement les tétées. Sevrage sur un mois en l'expliquant au bébé (cf. Dolto).

Je fais plusieurs remarques :

— De même que pour moi, l'entourage, spécialement des femmes qui n'ont pas nourri, fait des réflexions de ce type : « Ça va durer longtemps cette plaisanterie (l'allaitement), tu nourris toujours, c'est grotesque », etc., « Le lait de femme c'est pas assez nourrissant », comme si le personnel des cliniques, hôpitaux, et l'entourage de l'accouchée ou de la jeune mère ne pouvaient pas supporter le bonheur (plaisir) d'une femme et de son enfant au sein.

— La fragilité d'une accouchée, sensible à toutes les paroles qu'on lui dit, spécialement de la part de ceux, celles, qui détiennent le savoir « officiel », qui croient détenir le SAVOIR, or le « savoir » dont il est question, c'est un savoir qui se passe autrement de femme qui a nourri en tous les cas et qui sait que le lait est là, surtout quand il y a un tel désir.

— En Afrique, c'est celle qui n'a pas de lait qui est « montrée du doigt », donc le lait devrait toujours monter. Que celles qui ont choisi de ne pas nourrir ne soient pas culpabilisées mais que celles qui le veulent ne soient pas empêchées, c'est ce qu'il faudrait obtenir.

— Une de mes nièces : « Je voudrais bien nourrir, mais je serai comme maman, elle n'a pas eu de lait je n'en aurai pas. » Je suis allée la voir le lendemain de l'accouchement, l'enfant n'avait pas pris au sein et il y avait le biberon sur la table, je lui ai dit que si le bébé n'avait pas faim au sein, il n'aurait pas faim au biberon, et je lui ai dit : « Jette le biberon », elle m'a répondu : « Je vais me faire attraper », comme si elle était une petite fille prise en faute par sa mère (le personnel de l'hôpital). Elle n'a pas eu de lait.

— Par contre, une autre nièce a imposé à la clinique d'avoir l'enfant dans sa chambre la nuit, de le nourrir à la demande, elle a refusé qu'on le pèse à chaque tétée, elle a fait ce qu'elle a voulu, a eu fait de cause, et nourri six mois.

Il faut donc que le mouvement provienne des femmes.

Mme D…

« Ce sera le biberon ! »

Mme…, 27 ans, primipare.

Question. — Vous avez décidé de ne pas allaiter ?

Réponse. — Oui, parce que toutes mes amies m'ont dit que ce n'était pas bien du tout, on ne peut pas sortir, il faut rester pour la tétée, et puis ça coule, ça transperce les habits, et de toute façon je travaille, alors pour allaiter si peu de temps ça ne vaut pas la peine, et puis je voulais que mon mari lui donne le biberon pour qu'il s'intéresse à elle parce qu'il ne s'y est pas du tout intéressé pendant la grossesse, je m'en inquiétais même un peu. Parfois je lui demandais de donner le biberon à sa nièce pour qu'il s'entraîne un peu : il n'a jamais voulu. Mais là je crois que c'est bien parti : il lui a déjà donné le biberon [à Peggy] et il est content.

« Ce sera le sein ! »

Mme..., 37 ans.
Accouchement en 1965.

« [...] Avant l'accouchement, j'avais décidé de l'allaiter pour qu'il démarre mieux dans la vie, et puis aussi par plaisir. J'ai eu plein de lait... Et de voir mon lait qui giclait, mon soutien-gorge mouillé, ça me faisait vraiment plaisir ! Et, donner le sein devant les gens, ça ne me gênait pas du tout. De toute façon, je n'ai jamais été aussi bien que pendant mes grossesses [...]. »

« Je n'ai pas des seins particulièrement faits pour allaiter »

Mme..., 27 ans, primipare.

Question. — Vous allaitez ?

Réponse. — J'essaie de lui donner le sein mais, pour l'instant, je n'ai pas de lait, enfin je n'en ai pas beaucoup. En plus je n'ai pas des seins particulièrement faits pour allaiter et elle, comme elle est si petite, elle n'a pas assez de force pour téter, alors elle s'énerve, on sent qu'elle a envie de manger et qu'il n'y en a pas assez qui sort. On va la peser à la prochaine tétée et si elle ne prend pas, on verra pour la passer au biberon.

Q. — Comment ressentez-vous le fait d'allaiter ?

R. — Oui c'est chouette. La petite main qui s'agrippe sur le sein. Le biberon c'est mignon, mais...

« Des seins gradués »

Mme..., 33 ans, primipare.

Question. — Vous l'allaitez ?

Réponse. — Oui, mais le problème c'est que je n'ai pas assez de lait, il faut compléter par le biberon. L'embêtant du sein, c'est qu'on ne sait jamais ce qu'il a pris.

« Le cordon lacté »

Mme..., 33 ans.

1968... une fille née à terme

Question. — Avant l'accouchement, qu'aviez-vous décidé, de l'allaiter ?

Réponse. — Oui, absolument. Pour moi allaiter c'est lié à la maternité. Ne pas allaiter, pour moi c'est impensable et qu'aussi pour l'enfant c'est le mieux. Ma mère m'avait dit que c'était merveilleux, elle m'a allaitée jusqu'à un an, j'avais plein de dents, qu'elle m'allaitait encore ! Et puis si on a des seins, c'est pour pouvoir allaiter.

Q. — Comment ça s'est passé ?

R. — Ça a été très facile, pas de problème, j'avais du lait, elle tétait... Mais c'est quand même fatigant je trouve, parce qu'on n'a pas une bonne position, moi j'avais vite mal au dos, et puis ça ne coule pas vite car ça demande plus d'effort au bébé de téter le sein que le biberon.

Pour moi c'était un plaisir physique de sentir le bébé qui vous prend quelque chose. Et puis de sentir le bébé contre soi c'est extraordinaire je trouve, parce que après l'accouchement on se sent dépossédée de quelque chose et après, quand on allaite, on a l'impression que le lien à nouveau est très étroit, qu'il reste quelque chose de très étroit entre le bébé et vous. Et puis on sent que le bébé n'est pas un être à part entière, qu'il dépend de vous.

Allaiter ça a été pour moi une impression, un contact de tendresse énorme ; un bébé ça ne manifeste rien et de vous téter c'est comme s'il vous embrassait, en vous tétant il vous prouve qu'il vous aime.

L'allaitement, c'est vraiment un lien affectif.

Q. — Combien de temps avez-vous allaité Sophie ?

R. — Un mois et demi parce qu'elle avait tout le temps faim, mon lait n'était pas suffisant.

Q. — Avez-vous vu le médecin ?

R. — Oui, il m'a dit qu'il fallait la passer à la farine. J'étais contente d'arrêter parce que j'étais fatiguée. J'ai vécu le sevrage sans problème, sauf que j'ai dû me bander les seins pour faire passer le lait parce que l'allaitement mixte n'a pas suffi à me le faire passer. C'était horrible.

1969... un garçon

Q. — Comment ça s'est passé ?

R. — Comme pour Sophie, je voulais l'allaiter et je l'ai allaité un mois et demi. J'ai dû arrêter aussi parce que mon lait n'était pas suffisant.

1972... une fille

Q. — Comment ça s'est passé ?

R. — Comme pour les deux autres. Bien sûr allaiter c'est avoir des seins énormes, lourds, et puis le lait traverse les robes, les habits, c'est un handicap, mais par rapport à la joie que ça donne, vous vous en foutez.

Et puis les selles du bébé aussi sont différentes, quand on allaite c'est tout à fait différent, et puis aussi quand on allaite, on peut donner au bébé quand il réclame, dès qu'il a faim, alors qu'au biberon c'est impossible, il faut respecter les horaires.

« Un lait fantastique ! »

Mme..., 40 ans.

Premier accouchement, 1965

J'avais fermement décidé de ne pas l'allaiter, un peu

par dégoût : c'est le côté animal, le côté femelle qui me dégoûtait, par peur de souffrir aussi, parce que j'avais vu que j'avais les bouts de sein fragiles dans les rapports amoureux. Et puis c'est une corvée. Par pudeur aussi, l'idée de sortir son sein et de le tendre me gênait. De plus, j'avais la certitude que je n'aurais pas de lait.

Dans l'hôpital où j'ai accouché, il y avait une énorme pression pour l'allaitement au sein. Quand une femme ne voulait pas allaiter, il y avait une délégation de médecins pour faire un sermon ! Devant un refus d'allaiter, comme le mien, c'était le tire-lait obligatoire. Heureusement, au tire-lait, ils ont vu que je n'avais pas assez de lait, aussi on l'a mis au biberon. En plus, ce tire-lait me faisait très mal !

Deuxième accouchement : pas d'allaitement

Troisième accouchement, 1973

Bien sûr, je ne l'ai pas allaité. Mais après la sortie de la clinique, une fois rentrée à la maison, il s'est passé une chose extraordinaire : j'avais un lait fantastique malgré le traitement qu'on m'avait fait à la clinique. Un lait fantastique ! J'ai eu les seins douloureux pendant un mois, et un lait, un lait... Bien sûr, j'ai eu des regrets devant tant de lait qu'il aurait été si facile de donner.

Question. — Et vous n'avez pas pensé à lui donner ce lait ?

Réponse. — J'étais mal informée, je ne savais pas si on pouvait faire machine arrière... et puis, j'avais l'habitude des séries de biberons.

« Ils me disaient que cela devait provenir de mon lait, qu'il n'était pas assez nourrissant »

Mme..., 49 ans,
a accouché en 1954 d'une
fille née à terme.

Question. — Avant l'accouchement, aviez-vous décidé d'allaiter ou pas ?

Réponse. — Oh oui ! je voulais, j'avais très envie. De toute façon j'avais eu une grossesse très agréable. J'étais ravie d'être enceinte. Bien sûr, d'abord il y a eu le choc de le dire aux parents puisque je n'étais pas mariée, mais après, le choc passé, c'était un bonheur extraordinaire, une impression de plénitude. Je n'avais pas eu une enfance heureuse, j'avais une mère qui n'en était pas une, aussi j'avais beaucoup investi dans ce fait d'attendre un enfant. Pour moi, l'allaiter c'était pour être plus près de mon enfant et lui plus près de moi, un échange, quoi !

Q. — Et après l'accouchement ?

R. — Ça a mal démarré au début parce que j'avais eu une hémorragie pendant l'accouchement et j'avais 7 de tension. J'étais très fatiguée. Le premier ou le deuxième jour, alors que les bébés n'ont pas encore le droit de téter, j'avais tellement de lait que le docteur a dit de me l'enlever avec le tire-lait, aussi le soir je l'ai demandé à l'infirmière de nuit — mais vous allez voir, un vrai chameau, cette femme m'a torturée pendant huit jours — elle me répond que ce n'est pas la peine de me tirer le lait. Je n'ai pas arrêté de pleurer. Incroyable, elle m'a laissée comme ça. Tous les soirs cette femme n'arrêtait pas d'être méchante, un soir c'était parce qu'elle devait vider les cendriers, alors elle me reprochait d'avoir eu trop de visites ; quand elle devait sortir les fleurs de la chambre, pareil...

Le troisième jour, quand j'ai pu donner à téter à mon bébé ça a été un peu difficile au début parce que toutes les femmes ont les bouts de sein qui ne sont pas faits. C'est-à-dire c'était difficile parce que je sentais que je n'étais pas aidée, personne ne me disait : « Il faut faire comme ça ou comme ça. » Finalement, je n'ai gardé du séjour à la maternité que les mauvais souvenirs.

Au bout de trois jours j'ai eu des crevasses. Vraiment quel mauvais souvenir. Le bébé tétait et moi j'avais des larmes qui coulaient le long des joues à chaque fois. Tout le monde s'en rappelle dans la famille. Mais je me suis dit que c'était peut-être comme ça pour tout le monde, je n'ai pas pensé à arrêter de l'allaiter.

Je l'ai allaitée pendant trois mois ; oui j'ai arrêté au bout de trois mois parce que comme mon mari faisait son service militaire, mes beaux-parents m'avaient prise avec eux en vacances avec mon bébé à Aix-en-Provence. Et l'enfant pleurait souvent et mes beaux-parents qui étaient très anxieux me disaient sans arrêt : « Elle doit avoir faim, c'est pour ça qu'elle pleure. » Bien sûr je pensais d'un autre côté à ce que ma mère me disait, qu' « un bébé qui pleure c'est très bon pour ses poumons ».

Enfin, c'est à ce moment-là qu'elle a commencé à moins bien boire, alors j'ai loué un pèse-bébé. Puis comme elle ne grossissait pas trop et que sans arrêt mes beaux-parents me disaient « que ça devait venir de mon lait », qu' « il n'était pas assez nourrissant », je suis allée voir un médecin et il m'a dit de commencer l'allaitement mixte. Je sentais cela vraiment comme un reproche.

« Vont-elles se venger sur le bébé ? »

Question. — Alors, sans raison, comme ça, il vous arrive d'avoir un coup de tristesse, le cafard...

Réponse. — *(Rit.)* Ici, oui. Enfin, en réalité il y a toujours une raison, par exemple au début un jour elles ont commencé à dire qu'il était trop petit et qu'il recrachait ses biberons, alors là je me suis mise à pleurer et j'ai pleuré toute la matinée, je me suis dit : « Ça va être comme pour le premier » : oui Arnaud était trop petit et à la fin il avait trop maigri aussi parce que soi-disant il avait attrapé un petit microbe, ils l'avaient embarqué quinze jours chez les prématurés.

Q. — Donc après l'accouchement de votre fils aîné, vous êtes rentrée sans lui à la maison ?

R. — Oui, j'allais le voir mais ce n'était pas terrible. Il y avait des perfusions. Enfin lui, il n'était pas impressionnant, mais les autres bébés à côté... Mais même c'est impressionnant de voir son bébé avec une perfusion dans la tête. Alors pour celui-là, quand elles m'ont dit qu'il était trop petit et qu'il recrachait des biberons, je me suis dit : « Ça va recommencer. » Hier il avait pris, mais aujourd'hui : pas un gramme ! Il n'a pas bougé, j'espère qu'il va reprendre. *(Rit.)*

Je trouve qu'il suffit que quelqu'un soit désagréable avec vous pour que vous ayez le cafard. Par exemple, hier après-midi et hier soir il y avait une personne qui s'occupe des bébés et qui est désagréable comme c'est pas possible, c'est une puéricultrice qui a un petit chignon. Déjà que j'en suis malade quand il recrache ! Hier il n'a pas du tout craché, il a seulement crachouillé un peu là *(Montre le coin de la bouche)*, et puis cette personne vient et me dit : « Il a encore craché ce bébé ! » C'est pas croyable !

Le soir j'ai eu beaucoup de mal à lui donner le biberon, parfois je mets une heure pour lui donner ! Mais le matin le pédiatre m'avait dit : « Ne le forcez pas, surtout pas », eh bien cette personne me dit : « Faites-lui finir son biberon. » Incroyable !

Déjà que j'étais énervée parce qu'il ne finissait pas son biberon, alors si elle, elle s'en mêle ; alors que le pédiatre avait dit exactement le contraire ! J'étais furieuse. *(Silence.)*

Et puis ça vous met le moral à zéro.

Q. — Et vous n'avez rien dit à cette puéricultrice ?

R. — Non, je n'ose pas l'engueuler, sinon elles vont se venger sur le bébé *(Rit)*, elles vont faire exprès de le secouer trop pour le faire vomir.

« Le plaisir que ça marche bien ! »

Mme..., 38 ans,
avait décidé d'être une
mère célibataire.

Question. — Avant l'accouchement, qu'aviez-vous décidé, de l'allaiter ?

Réponse. — Oh oui ! je voulais l'allaiter, pour avoir cette joie, de sentir exister mes seins autrement que comme atout sexuel, vivre cette fonction-là. En plus j'étais convaincue que c'était le meilleur aliment pour l'enfant.

Q. — Et l'allaitement, comment ça s'est passé ?

R. — Pas de problème. J'aurais voulu allaiter dès le premier jour.

Q. — Pourquoi ?

R. — A cause de la séparation d'avec mon bébé à l'accouchement, et puis pour savoir qu'en l'allaitant il m'appartenait. Pour moi, l'allaiter c'était le geste qui signait ma maternité. Déjà le fait de l'avoir portée était pour moi le signe de ma féminité, mais le fait de l'allaiter venait achever, signer ça. Allaiter, c'était une joie que j'avais envie d'avoir. Ça me rassurait sur ma féminité maternelle, ça me montrait que j'étais capable d'être maman. Pour moi le nourrir au biberon ça aurait été comme l'introduction d'un tiers entre nous. Ça me prouvait que mon corps était capable d'assumer ce qu'il avait fabriqué ; qu'il produise du lait comme ça, j'ai trouvé ça formidable. Il y avait toujours une connotation d'étonnement parce que tout le temps je me voyais faire ce que je faisais, j'étais émerveillée par moi-même. Comme si c'était invraisemblable. Ma sœur Véronique m'avait dit que lorsque son bébé la tétait, elle avait une véritable volupté sensuelle, alors j'y ai pensé, mais moi non. C'était simplement un plaisir. Plaisir que ça marche bien.

Q. — Vous l'avez allaitée jusqu'à quand ?

R. — J'ai arrêté quand elle a eu 2 mois et demi parce

que je devais la mettre à la crèche. Mais je l'ai fait progressivement, d'ailleurs j'avais l'impression d'avoir moins de lait quand j'ai eu décidé de la sevrer. Je n'ai pas souffert de cette séparation parce que ça s'est fait progressivement. Le sevrage de mon bébé a correspondu à mon sevrage affectif.

« Un " blocage " de la montée de lait »

Mars 1979.

[...] Je vous écris quelques lignes en contribution éventuelle à votre publication sur l'allaitement.

Auparavant je me permets de vous rappeler brièvement certains faits qui, s'ils ne concernent pas directement le sujet, prouvent, s'il en était besoin, l'étroite liaison entre le psychisme, l'affectivité et la physiologie.

Tout d'abord, de 1970 à début 1974 j'allais de consultation en consultation à la recherche de la solution médicale à mes problèmes. En effet, je désirais avoir un enfant mais sans succès et j'accusais de nombreux troubles : douleurs intenses, métrorragies incessantes... Tous les traitements entrepris restèrent inefficaces. Il m'a manqué à ce moment-là de rencontrer un médecin qui m'envisage dans ma totalité et non pas du seul point de vue de mon utérus et qui m'aurait aidée à comprendre que tous ces troubles servaient à exprimer par mon corps un conflit psychologique très profond.

En 1974, je décidais de laisser de côté ce problème et de compenser cela en reprenant des études et une activité qui me passionnait. C'est alors que délivrée de cette idée fixe, j'eus la joie d'être enceinte le mois suivant.

Ce premier bébé est né en janvier 1975, et c'est en accouchant, en vivant très bien cette naissance, que j'ai eu la compréhension globale du blocage que j'avais eu jusque-là, car ce n'est qu'à partir de ce jour-là que j'ai accepté mon corps. Tous mes symptômes, étant devenus « inutiles », disparurent aussitôt.

J'ai eu la joie d'allaiter ce premier bébé pendant un mois.

Mais bientôt, comme je désirais un autre enfant, j'avais une galactorrhée spontanée importante. Je ne sais si les deux faits sont liés, mais je le ressentais tellement comme tel que je n'en parlais même pas. Après l'échec d'une deuxième grossesse en 1976, le diagnostic d'adénome à prolactine fut posé. Après trois mois de traitement par le Parlodel, je pense mener à bien une troisième grossesse, et c'est en mars 1978 que naît mon deuxième enfant. Du fait de l'adénome à prolactine, les médecins n'ont pas autorisé l'allaitement.

Lorsque, la montée de lait s'étant établie, malgré le Parlodel, je tenais mon enfant pour lui donner son biberon et qu'il commençait à téter, je me sentais tout entière prise par le plaisir de cette relation privilégiée, et le lait s'écoulait de mes seins, comme une façon de lui dire mon attachement.

Puis quand mon enfant eut un mois et demi, cette lactation intempestive diminua peu à peu, puis disparut tout à fait quand je commençai à ne plus vivre en symbiose avec lui mais à avoir d'autres types de relations plus élaborées, par le sourire, la parole...

C. L...

Critique de livres :

« Nestlé contre les bébés »

« Entrer dans la vie »

« Nestlé contre les bébés [1] »

Par le biais du martèlement publicitaire engagé en Afrique, en Asie et en Amérique du Sud pour vendre ses produits, Nestlé n'est-il pas responsable de la mort de milliers d'enfants ? Telle est l'accusation fracassante portée par le groupe de travail de Berne et dont le livre *Nestlé contre les bébés* s'emploie a démontrer la réalité.

Les causes tout d'abord : les pays occidentaux ont une courbe de natalité qui baisse régulièrement. D'où une consommation de moins en moins grande de lait et de produits pour bébés. Les pays du tiers monde au contraire, malgré un faible niveau de vie, ont une forte expansion démographique. Ils constituent donc une cible privilégiée pour l'écoulement de ces produits.

Pour les firmes comme Nestlé, il s'agit donc de persuader les femmes africaines, sud-américaines, asiatiques, de l'intérêt qu'elles ont à adopter l'alimentation artificielle, aux dépens bien sûr de l'allaitement naturel. D'où il découle la mise en place d'un important dispositif publicitaire : annonces dans les journaux et surtout à la radio car l'analphabétisme sévit, affiches dans les maternités, distributions gratuites d'échantillons de lait aux femmes ayant accouché, dont les adresses sont bien entendu relevées au passage, démarchage à domicile

1. Ed. F. Maspéro/Presses universitaires de Grenoble, « Cahiers libres ».

auprès des femmes et du personnel soignant, utilisation de pseudo-infirmières, portant parfois frauduleusement l'insigne de la Croix-Rouge, qui, sous couvert d'éducation sanitaire, vont dans la brousse, porter la « bonne parole » Nestlé.

On s'en doute, le résultat est particulièrement affligeant. Prises dans l'image idéalisée d'une vie à l'occidentale, dont la réalité économique les tient à distance, ces femmes sous-prolétarisées achètent biberon et lait maternisé, croyant entrer ainsi peu ou prou dans un processus dont elles sont en réalité non seulement les exclues, mais aussi les victimes. La qualité de l'hygiène laissant à désirer, surtout depuis qu'une moitié de la population a quitté la campagne pour venir s'entasser dans les bidonvilles, l'utilisation de ces produits s'accompagne le plus souvent d'infections en chaîne avec diarrhée, dénutrition, déshydratation, etc. Par ailleurs les mères, n'ayant pas assez d'argent pour suivre le rythme normal imposé par l'achat du lait, le diluent inconsidérément et l'enfant ne reçoit plus qu'une part de sa ration normale. Mais surtout, une fois le processus engagé, rien ne peut plus l'arrêter... La mère en effet ne peut, d'une manière générale, fournir du lait à son enfant que si celui-ci est régulièrement tiré, le mécanisme de production étant autostimulé par la tétée. En conséquence, l'utilisation même momentanée des échantillons fournis par les firmes entraîne un processus irréversible de tarissement de la lactation. De plus, la période d'hypofertilité relative se trouve raccourcie, entraînant la multiplication des naissances. L'ouvrage démonte de manière limpide ce mécanisme et produit les commentaires de spécialistes éminents de la nutrition, ainsi que celui de nombreux pédiatres du tiers monde. On y trouve également les déclarations multiples d'organismes internationaux dénonçant ce scandale.

Le tout constitue un dossier très lourd, solidement étayé. A lire absolument.

Dr L. Le Vaguerèse.

« Entrer dans la vie [1] »

Naissances et enfances dans la France traditionnelle

Le livre de Jacques Gelis, M. Laget et M.-F. Morel, publié en format de poche dans la collection « Archives », traduit une certaine conception de l'histoire, l'une de celles sans doute qui nous parle le plus, tant il est aisé d'en trouver encore aujourd'hui la trace autour de nous.

Comme le notent les auteurs, jusqu'à l'aube du XXe siècle, la vie de la femme est marquée essentiellement par la naissance, l'allaitement et la mort des enfants en bas âge. Voici comment s'écrit dans les registres celle de Pierre Portet, vigneron à Pignan, près de Montpellier, et d'Agnès Fabre. Ils se sont mariés en 1728 :

Alexis né le 5 mars 1729, mort le 25 mai 1735 ;
Antoine né le 8 octobre 1730 ;
Marie née le 17 octobre 1734, morte le 22 mars 1735 ;
Pierre né le 6 mars 1736 ;
Fulcrande née le 4 mars 1739, morte le 30 août 1739 ;
Madeleine née le 6 juin 1740 ;
Martine née le 15 février 1742, morte le 14 juillet 1742 ;
Agnès née le 17 juillet 1743, morte le 21 septembre 1746 ;
Aubert né le 31 décembre 1745, mort le 22 août 1746.

Neufs enfants portés à terme, six morts en bas âge.

Progressivement pourtant, cette mortalité infantile va baisser. Elle passe de 25% à la fin du XVIIIe à 15 % à l'aube du XXe siècle. Parallèlement, au fur et à mesure que les chances de survie de l'enfant deviennent plus grandes et que le spectre de la famine et des guerres sur le territoire national s'éloigne, la famille tend à resserrer ses liens autour des enfants et de leur éducation. La

1. Coll. Archives/Gallimard.

cellule familiale telle que nous l'entendons aujourd'hui, et qui somme toute est une notion terriblement récente, prend corps progressivement. L'Eglise et l'Etat subissent pendant cette même période une transformation en profondeur. L'Eglise tout d'abord s'affronte au schisme protestant. Pour lutter contre celui-ci, l'enfant dès son plus jeune âge, et en premier lieu par l'intermédiaire du baptême, devra avoir sa voie déjà tracée à l'intérieur du sérail. Il faut pour cela contrôler les nourrices et les matrones afin de les tenir dans le sein de l'Eglise catholique, et ce, bien sûr, contre l'emprise toujours redoutée des tenant de l'« Eglise Prétendument Reformée ». Comme on le voit, l'enfant dès sa naissance est déjà un enjeu pour les pouvoirs constitués.

L'Etat, quant à lui, évolue lentement mais sûrement vers la centralisation. Très tôt les problèmes de natalité et de survie des enfants vont préoccuper les politiciens. Leurs voix ressemblent étrangement d'ailleurs à celle d'un de nos ex-Premiers ministres. Il faut des enfants pour la France et pour l'armée. C'est dans le vivier des campagnes que l'Etat trouvera les sources inépuisables de chair à canon qui font au bout du compte les victoires. La médecine naissante va bientôt contribuer à ce programme, par l'avènement de la technique obstétricale, l'utilisation du forceps, ainsi que par la mise sur pied d'un vaste mouvement d'éducation des couches populaires. La prévention, on le voit, ne date pas d'hier. En 1776, c'est l'entreprise de Mme du Coudray qui va enseigner aux campagnes l'art des accouchements et des notions de puériculture. C'est l'organisation lente, hésitante, puis enfin établie, de la surveillance et de l'éducation des nourrices et des enfants qui leur sont confiés. On y verra l'origine de l'Aide à l'enfance et du corps des assistantes sociales.

Il s'agit en effet d'une affaire d'importance. La plupart des enfants sont placés à l'extérieur, et principalement les enfants des villes auprès du sous-prolétariat des campagnes qui y trouve un moyen de subsistance. Car les famines, par ailleurs, si elles ont diminué, n'ont pas pour autant disparu. Elles entraînent de nombreux abandons d'enfants qu'il s'agit de recueillir et d'éduquer. Face à ce problème qu'il faut à tout prix résoudre, on voit naître et se développer des réponses collectives qui vont donner le jour à nos structures actuelles et aux projets qui en sont issus encore aujourd'hui.

Plusieurs parties de ce livre sont par ailleurs consacrées à la vie de la famille, à l'évolution du concept d'enfant (en prolongement, en particulier, du travail fondamental fait par Ph. Ariès à ce propos [1]).

Les problèmes liés à l'allaitement ainsi qu'à l'alimentation des tout-petits figurent également en bonne place dans ce livre vivant et particulièrement instructif.

Dr L. Le Vaguerèse.

1. Ariès (Ph.) : *L'Enfant et la vie familiale sous l'Ancien Régime*, 1960. Coll. Points/Histoire, Le Seuil, 1975.

Table ronde — discussion du 9 juin 1979

Modérateur : Roger Salbreux

Centre international de
l'enfance
Château de Longchamp
Paris

AVERTISSEMENT AU LECTEUR

Le premier numéro de ces Cahiers, *Naître... et ensuite ?*, s'achevait sur une table ronde qui était, en fait, un heureux contretemps. Celle-ci a permis une rediscussion de ce qui avait été dit quatre mois plus tôt, et une évolution certaine des positions.

C'est la raison pour laquelle, lorsque les articles de la première partie de ce livre sur l'allaitement ont été rassemblés, nous avons organisé une table ronde qui avait pour but une discussion, une critique de ce livre.

Tous les participants — ils étaient environ soixante-dix — ont reçu l'ensemble des textes qui précèdent. C'est-à-dire que les lecteurs actuels et les participants à la réunion du 9 juin en sont au même point d'information à ce moment précis du livre.

Outre les auteurs des articles, l'assemblée devait comporter une répartition sensiblement équilibrée entre mères de famille, accoucheurs et sages-femmes, pédiatres et puéricultrices, monitrices de la Leche League, psychologues et psychanalystes. Par une malheureuse infortune, la plupart des accoucheurs ont été empêchés, par leurs obligations professionnelles, d'y participer.

LA RÉDACTION.

ROGER SALBREUX :

Je ne sais pas très bien pourquoi j'ai été choisi pour modérer cette table ronde, n'ayant, comme vous pouvez l'imaginer, aucune expérience personnelle du sujet, si ce n'est peut-être professionnellement lorsque, au début de ma carrière, j'ai exercé la pédiatrie.

Je remercie toutes les personnes, fort nombreuses, qui sont venues, et tout de suite je vais entrer dans mon rôle et proposer des règles pour le fonctionnement de cette table ronde.

Vous avez tous reçu le fascicule qui contient le texte de la première partie de ce « Cahier du nouveau-né » sur l'allaitement maternel. Certaines personnes ont, sur notre suggestion, préparé une courte intervention pour donner leur opinion sur ce livre. Nous leur donnerons d'abord la parole pour ensuite laisser la place à un débat plus libre et plus ouvert.

Je donne donc la parole à Mme Revault d'Allonnes.

CLAUDE REVAULT D'ALLONNES :

Je suis un peu impressionnée d'ouvrir la première la discussion.

Je voudrais parler de mon impression sur la structure du numéro. La critique est facile, l'art est difficile. Je n'ai pas participé à la préparation, je parle de l'extérieur.

J'ai trouvé qu'on ne pouvait pas prétendre cerner en une seule démarche l'allaitement sous tous ses aspects, épidémiologique, culturel, scientifique, pratique, psychologique, et que si on partait dans tous les sens, en prenant l'allaitement dans différentes directions, le résultat risquait d'être très éparpillé et le projet affaibli. Pour ma part j'aurais souhaité qu'on choisisse un angle d'attaque qu'on présente sous un aspect particulier, qu'on creuse dans une direction en précisant qu'on ne peut pas tout traiter dans un seul numéro. C'est le premier point.

Le deuxième point : il me semble que ce qui est dit sur le lait et le fait d'allaiter *par les femmes elles-mêmes* est passionnant ; mais quand on donne une étude de cas ou une histoire de vie, cela n'est pas très intéressant de les planter là, comme cela ; il faut les analyser et dégager le sens. A mon avis, les différentes paroles qui sont données devraient être reprises dans une analyse [1].

Troisième point : le travail qu'Anne Bouchart [2] a fait me paraît un effort de réflexion et de recherche centrale. A mes yeux, il mériterait d'être approfondi aussi loin que possible. J'aurais souhaité qu'elle développe encore quelques points. Il me semble qu'on tient là quelque chose qui pourrait justement servir d'axe d'organisation pour les réflexions de ce numéro.

ROGER SALBREUX :

Je vous remercie et je donne maintenant la parole à Mme Chabane.

FRANCOISE CHABANE :

Je vais essayer de parler, mais je suis tout émue.

1. N.D.L.R. — C'est délibérément que les témoignages n'ont pas été l'objet d'une analyse visant à faire apparaître certains axes de leur sens, car toute analyse ne peut se faire qu'à travers une « grille de lecture ». Dans l'état actuel du sujet, nous avons préféré que le lecteur utilise sa propre grille, plutôt que de dire : premièrement voici l'événement, deuxièmement voilà ce qu'on peut en penser.

2. Voir p. 275.

Heureusement j'ai préparé mon petit papier. Je voudrais dire ce qui m'est apparu au fil de la lecture de ce livre. C'est en tant que mère que je parle. Et une mère a forcément un parti à prendre quand elle se trouve face à un nouveau-né tout neuf comme cela. Il faut bien qu'elle le nourrisse, soit qu'elle lui donne le sein, soit qu'elle lui donne le biberon. Il faut bien faire ce choix. Mais je crois que la plupart du temps on ne doit pas savoir comment on le fait : pourquoi on donne le sein ou pourquoi on donne le biberon.

Comme je l'ai dit dans mon témoignage, pour moi, cela a été une chose essentielle de réussir à allaiter mon premier enfant. Cela m'a paru être quelque chose d'extraordinaire, alors qu'en fait, si on considère l'histoire de l'humanité, c'était, il n'y a pas si longtemps, la chose la plus naturelle qui soit au monde. C'était une nécessité vitale, cela faisait partie de la condition humaine au même titre que la grossesse. On a inventé l'allaitement artificiel il n'y a pas si longtemps, et cette nouvelle méthode a été promue comme un progrès de la science. Et puis d'après une statistique — que j'ai trouvée dans ce livre — il apparaît que l'on revient à l'allaitement maternel, à la manière de nourrir ancestrale. On revient aux sources ou, plutôt, on revient à la source. Je me demande si le discours écologique ambiant n'y est pas pour quelque chose. Mais en fait, *on revient à l'allaitement maternel comme si c'était devenu un luxe*. Je suis tentée, peut-être abusivement, d'interpréter les données socio-économiques de la manière suivante : en fait on peut se permettre plus facilement d'allaiter son enfant si on est d'un niveau cadre supérieur que si on est ouvrière ou paysanne. J'ai l'impression que l'ordre des choses s'en trouve inversé comme si c'était le sein qui était devenu le substitut du biberon. Quand j'ai accouché, la première fois, en 1975, j'ai entendu une aide-puéricultrice qui me déclarait, tout de go, comme cela, que les bébés digéraient mieux le lait artificiel que le lait maternel. Je me suis dit que c'était sans doute parce qu'ils y étaient plus habitués. *(Rires.)*

Voilà donc que les médecins se sont mis à prescrire l'allaitement maternel en fonction de critères médicaux : c'est plus efficace, cela donne de meilleurs résultats, cela évite les maladies, il y a moins d'inconvénients, moins de dangers. Et on a établi des règles pour apprendre aux femmes à allaiter leurs enfants. C'est tout un tissu de réglementations très strictes, à vrai dire, et d'interdits avec tout ce qu'il faut faire et surtout tout ce qu'il ne faut pas faire. Il y a le mode d'emploi et la posologie, en fait c'est cela : la tétée *ne doit pas* durer plus de dix minutes... Le bébé *ne doit pas* s'attarder au sein, sinon vous aurez des crevasses et vous l'aurez bien mérité. Le sein *doit* être vidé à chaque tétée (et pourquoi pas lavé, rincé, stérilisé après chaque usage ?). *(Sourires.) Il faut* peser le bébé avant et après chaque tétée pour contrôler s'il n'a pris ni trop ni trop peu. C'est vous qui seriez coupable, le bébé on ne peut pas trop l'accuser. Et encore... S'il s'endort voluptueusement sur le sein de sa mère, il y a plusieurs méthodes, parce qu'il ne faut surtout pas que cela dure : il faut lui tirer l'oreille, lui pincer l'orteil, lui taper sur les fesses (plus ou moins vigoureusement selon le tempérament de la personne qui vous l'enseigne). Surtout il faut le ramener à la « réalité ».

Tout cela en fait pour dire qu'il n'est surtout pas question de laisser croire au bébé et à la mère qu'ils sont là pour le plaisir. Je crois que c'est quelque chose qui se retrouve dans à peu près tous les témoignages. C'est vraiment la dimension du plaisir qui est en jeu et la réaction que cela provoque.

Voilà comment cette relation entre une mère et son enfant qui se rencontrent autour d'un sein pour faire connaissance l'un avec l'autre — comme on se retrouverait autour d'un verre — cette relation se trouve complètement censurée et transformée en un acte purement efficace. C'est devenu une nouvelle technique. Voilà la relation complètement culpabilisée — et tous les témoignages de femmes semblent converger — par les censeurs, c'est-à-dire les gens « censés savoir » ; et le pire c'est quand ils croient eux-mêmes et plus encore quand nous voulons bien croire, nous, en tant que mères, qu'ils savent, à notre place, ce qu'il faut que nous fassions, au lieu que d'avoir la joie vraiment immense de le découvrir soi-même avec son bébé.

Il me semble qu'il y a suffisamment d'obstacles personnels, d'ordre inconscient, susceptibles d'entraver le déroulement harmonieux de l'allaitement d'un enfant par sa mère, pour que la science ne vienne pas en rajouter de son cru... ou plutôt la soi-disant science, car on professe vraiment des énormités *au nom de* la science. C'est ce que j'ai retiré de la lecture de l'article sur la physiologie de la lactation en particulier [1].

Je suis convaincue que la seule attitude, la seule parole qui puisse aider une femme, qui en a envie, à allaiter son enfant, c'est de l'aider à le faire toute seule ou, plutôt, de l'aider à le faire avec l'aide de son bébé. Il ne peut pas être question de s'en remettre à des spécialistes patentés qui ont de bons conseils (ou des mauvais) à donner là-dessus, mais de s'en remettre à soi-même, de s'autoriser à se faire confiance à soi et à son enfant, ce qui n'est pas forcément simple et de tout repos, mais il n'y a pas d'autre « méthode ». Devenir mère c'est un apprentissage et cela ne peut pas s'apprendre dans les livres, car c'est le bébé qui fait la mère, au même titre et tout autant que c'est la mère qui fait le bébé... avec le père bien entendu. *(Sourires.)*

C'est le bébé qui vient de naître qui fait mère celle qui n'était jusque-là que la fille de sa mère, et la fille devient mère avec tout l'héritage qu'elle a recueilli de sa propre mère. C'est bien dit dans le petit paragraphe « de mère en fille ». Je crois qu'effectivement c'est comme cela que cela se passe. En matière d'allaitement, comme pour le reste, la transmission s'opère de mère en fille. Il doit être plus facile d'allaiter son enfant si on a été soi-même nourrie au sein d'une manière satisfaisante par sa propre mère, enfin c'est le sentiment que j'en ai.

Pour conclure, je vais me permettre d'ajouter un élément personnel pour dire ma conviction quant aux processus inconscients qui sont à l'œuvre dans tout cela.

Je suis convaincue qu'en fait si je suis là, aujourd'hui, à parler d'allaitement maternel, c'est une vieille histoire qui remonte certainement à mon propre allaitement dont je peux dire à présent, grâce au concours de la psychanalyse, que cela s'est très mal passé à l'époque entre ma mère et moi. Ma mère ne m'a pas nourrie au sein mais au biberon, et ce qu'elle m'en a dit c'est que j'étais « allergique au lait ». Bref, *cela* (à savoir le lait)

1. Voir p. 105.

ne passait pas entre elle et moi ou *cela* passait très mal. Ce doit être très fâcheux pour un nourrisson, dans tous les cas, d'être « allergique au lait », mais c'est encore plus particulièrement fâcheux quand la mère qui le dit s'appelle *Le Lay :* c'est mon nom de naissance. *(Sourires.)*

C'est bien des années après que je m'aperçois que c'était pour moi tout un programme que d'arriver, dans ces conditions-là, à donner mon lait à mon premier enfant. C'était primordial. Pour moi, l'enjeu était vraiment d'importance, il s'agissait de me réconcilier avec le lait de ma mère, avec la mère Le Lay, disons.

Je ne sais pas pourquoi j'ai eu besoin de dire tout cela publiquement. Mais je suis convaincue d'une chose, c'est que c'est encore un épisode de la même histoire. Cela coule de source...

ROGER SALBREUX :

Merci. Votre témoignage est très intéressant et a un cachet d'authenticité qui ne trompe pas et qui nous a tous beaucoup émus. Je donne maintenant la parole à Mme Dunais.

MADELEINE DUNAIS :

Bien que j'aie trouvé l'ensemble de ces textes un peu long, je ne suis pas restée indifférente. Je les ai lus, relus, re-relus plusieurs fois.

Une chose m'a frappée et c'est peut-être pour cela que j'ai beaucoup relu : j'ai trouvé que tout ceci manquait de poids, de virulence.

Est-ce qu'il faut allaiter ? Est-ce qu'il ne faut pas allaiter ? J'ai allaité mes enfants et, si j'en avais encore d'autres, je continuerais. Mais je voudrais connaître l'opinion de quelqu'un qui ne serait pas très convaincu, à la fin de la lecture de ce livre. Est-ce que c'est bien ou, dans le fond, est-ce que ce n'est pas si bien que cela ? Là, je pose une question.

Lorsque j'ai lu que « l'allaitement maternel est pour nous le mode d'alimentation le plus adapté au bébé mais qu'il n'est pas adapté à toutes les femmes [1] », alors, excusez-moi, j'ai bondi et, comme je l'ai relu, j'ai bondi plusieurs fois.

Je pense que lorsqu'on croit vraiment à quelque chose, on ne le murmure pas, on le chante, on le crie sur les toits. Si les gens sont sourds, je pense qu'il faut même le hurler.

ROGER SALBREUX :

Vous nous apportez en tout cas des interrogations. Je voudrais que tout à l'heure on demande aux participants à la table ronde de vous répondre, mais nous allons d'abord épuiser la série des interventions prévues et je demande donc à M. Kjellberg d'intervenir.

GÖRAN KJELLBERG :

Je suis pédiatre à Uppsala, en Suède, et je voudrais insister sur certains points en rapport avec l'expérience suédoise [2]. Au cours des dernières quarante années, on a mis sur pied un système de surveillance des grossesses, des accouchements et des nourrissons englobant toute la population concernée. Ainsi 97 % des femmes enceintes sont suivies en consultations prénatales, 99,8 % des mères accouchent en maternité et 98 % des enfants sont suivis en P.M.I. [3] jusqu'à l'âge de un an. Les possibilités d'atteindre les familles avec un message d'éducation sanitaire sont donc nombreuses.

En même temps on a pu observer une diminution catastrophique de l'allaitement maternel. Les raisons de cette baisse sont, entre autres, les facteurs évoqués par Françoise Julien, c'est-à-dire les horaires rigides imposés aux mères et les attitudes du personnel soignant.

Actuellement nous voyons un changement des attitudes qui est dû à de nombreuses actions. Entre autres, on a essayé de situer les maternités et les services de

1. Voir p. 195.
2. Voir p. 197.
3. Protection maternelle et infantile.

néonatologie très proches les unes des autres. On fait venir le pédiatre le premier jour après l'accouchement et le cinquième jour (jour de départ de la mère) pour examiner l'enfant et parler avec la mère. A ces occasions on essaie d'informer le plus possible. Mais il faut dire que pour augmenter la fréquence de l'allaitement maternel, on est très dépendant du personnel paramédical. Dans ce domaine il nous est apparu que la catégorie de personnel la plus difficile à influencer était celle qui avait la formation la plus modeste. Il nous semble que la formation du personnel reste un des points fondamentaux pour augmenter la fréquence de l'allaitement maternel.

ROGER SALBREUX :

Ce n'est peut-être pas tout à fait dans mon rôle de faire une remarque, mais je me félicite que les hasards de la prise de parole aient fait que les premières interventions n'aient pas été médicales. Je pense que, grâce à cela, le problème a bien été exposé, d'une façon beaucoup plus intuitive, instinctive. Et bien que je conçoive sans peine ce que vous avez voulu dire, il faudra que ce soit situé dans l'ensemble de la discussion. Effectivement, si les programmes de santé publique mis en œuvre n'entraînent, comme vous venez de l'expliquer, aucune amélioration, et peut-être même une désaffection vis-à-vis de l'allaitement maternel, c'est à l'évidence parce que les bases de ces programmes de santé publique n'ont pas été suffisamment bien évaluées, en tout cas pas évaluées avec les personnes concernées, c'est-à-dire avec les femmes.

Maintenant je vais donner la parole à M. Bernard This qui l'a demandée.

BERNARD THIS :

Pourquoi avons-nous pris l'habitude d'attendre si longtemps entre le moment de la naissance et le moment de la première tétée ?

C'est un problème qui, depuis des années, me

préoccupe et me scandalise. Je pose cette question à tout le monde et j'obtiens des réponses inattendues : « C'est comme les escargots, il faut qu'ils se purgent ! »

Françoise Loux, dans son article et dans son livre, donne une explication qu'on pourrait qualifier de sociologique-religieuse. Elle nous explique très justement que, tant que l'enfant n'est pas baptisé, il est en situation de danger : le diable peut, avec la nourriture, pénétrer dans le corps de l'enfant ; le diable peut s'emparer du corps et de l'âme de l'enfant et de la mère. Cela se réfère au baptême.

Mais avant l'ère chrétienne, on empêchait déjà l'enfant de prendre le sein, à la naissance. C'est tout le problème des prémices : ce qui est premier doit être sacrifié, offert aux dieux. Le premier lait qui, pour les Grecs, s'appelait *protogala* en faisait partie. Les Latins l'ont appelé *colostrum.* Pourquoi ce nom ?

J'ai cherché dans tous les dictionnaires mais ils refusent de me répondre. Dans le « Gaffiot » la *colostratio* c'est la maladie du colostrum... *(Sourires)* avec référence à Pline. Je fonce sur les textes de Pline et je découvre que, pour Pline, la *colostratio* est la maladie de l'enfant qui tète une mère qui est enceinte du suivant. Selon Pline, cela donne un lait qui contient des grumeaux que l'enfant ne peut pas digérer. Mais en réalité, cette *colostratio* n'est pas une maladie du nouveau-né, c'est une maladie de l'enfant plus âgé.

Il y a aussi une autre explication et je vous la donne pour ce qu'elle vaut. On appelle en latin *colostrati* les enfants atteints de la « maladie du colostrum » et on appelle *colorati* ceux qui sont colorés. Y a-t-il une relation entre les deux : *colostratus* et *coloratus ?* En ce cas la *colostratio* serait tout simplement l'ictère, et on aurait attribué au colostrum le fait de donner une jaunisse. C'est une des raisons pour lesquelles on aurait empêché les mères de nourrir.

Ce n'est pas la seule. Il faut retourner aux textes d'Hippocrate qui explique que la psychose puerpérale, la folie des femmes qui nourrissent, est due au fait que les lochies — c'est-à-dire le sang après la naissance — remontent au cerveau et rendent la femme folle. Donc il faut absolument éviter tout « processus de remontée » *(Rires)*, et comme l'allaitement favorisait la remontée, on interdisait aux femmes de nourrir pour que le sang descende et que rien ne remonte.

C'est pour cela que l'on mettait d'abord l'enfant au sein d'une nourrice, d'une femme qui ne risquait plus rien. Les médecins ont conseillé aux reines d'avoir des nourrices pour éviter la folie du post-partum.

Je crois qu'il faut étudier les textes anciens pour comprendre les raisons de cette coutume stupide qui fait jeûner le nouveau-né pendant vingt-quatre ou quarante-huit heures.

S'il ne s'agit pas d'être les prosélytes de l'allaitement maternel, il n'est pas interdit de comprendre ce qui, dans notre civilisation, vient bloquer l'allaitement.

ROGER SALBREUX :

Merci beaucoup, This.

Nous avons déjà, au terme de ces interventions, un certain nombre d'informations, ces dernières, pour ma part, tout à fait nouvelles ; nous avons des témoignages, nous avons des questions. Je crois qu'on peut déjà, si vous êtes d'accord, ouvrir une discussion générale.

FRANÇOISE LOUX :

Bernard This a un peu parlé du travail que j'ai fait, et je voudrais compléter ce qu'il vient de dire. Je parle effectivement dans mon texte du baptême et de la croyance qu'il était absolument nécessaire de fermer tous les orifices de l'enfant avant qu'il ait eu lieu car autrement le diable pouvait pénétrer à l'intérieur de son corps. Mais il ne faudrait pas donner au baptême une acception purement religieuse et dire qu'il ne s'agit là que de croyances catholiques. Je crois que le baptême est profondément inséré dans la culture populaire parce que cela correspond à des traditions anciennes très profondes. Dans ces traditions, on considère que l'enfant à la naissance n'est pas vraiment séparé de sa mère. C'est un petit être qui n'est pas terminé et la relation que le cordon établit entre la mère et l'enfant doit continuer, et continue par le lait. Mais il faut bien que cette relation s'arrête un jour. Et si elle s'arrête mal, l'enfant risque de mourir.

Donc il y a une série de rituels très importants qui permettent une séparation progressive. On considère que la séparation de l'enfant avec la mère ne peut se faire que si l'enfant est pris en charge par la société dans son ensemble par des rituels de socialisation. Le baptême est un de ces rituels de socialisation — le premier, d'où son importance. Il peut y en avoir d'autres dans d'autres sociétés, dans d'autres cultures.

A mon avis, la séparation pendant un, deux ou trois jours de la mère et de l'enfant, avant le début de l'allaitement, c'est une sorte de séparation première pour faire sentir à la mère et à l'enfant que c'est une première étape : l'enfant est né, il va y avoir l'allaitement, l'allaitement constitue de nouveaux liens mais ces liens sont des liens qui doivent un jour s'arrêter.

Je pense que c'est important et, dans le texte général, j'ai l'impression qu'on n'a pas parlé assez du problème du sevrage qui est fondamental par rapport à l'allaitement.

ROGER SALBREUX :

Merci, madame. Monsieur ?

CHARLES COHEN-SALMON :

En égyptien ancien, le mot *kâ* signifie « âme » au singulier et « aliments » au pluriel. Chez nous en Occident, où l'on ne meurt plus de faim, l'aliment a perdu cette signification vitale. Il existe cependant un aliment qui peut « manquer », c'est le lait maternel. C'est ce manque, ou les fantasmes de ce manque qui peuvent faire revivre la crainte de la famine, et on retourne à l'aliment-vie et au manque d'aliment-mort. C'est pourquoi avec l'allaitement nous sommes dans l'irrationnel. En ce sens, j'aimerais essayer de voir comment cet aspect, cette nature de l'acte d'allaitement lié à la naissance de la vie peut entraîner des croyances irrationnelles, et d'évoquer la responsabilité que nous avons, en tant que scientifiques, psychologues, médecins, etc., vis-à-vis du développement de ces croyances.

Je prendrai l'exemple, tout de suite, ce sera plus simple, d'un article-témoignage qui se trouve dans les *Fiches écologiques*, revue éditée par Stock. C'est le témoignage d'une femme qui accouche à Ouillon-Morlaas et qui, visiblement, élève des chèvres. On comprend que c'est un couple qui a dû fuir la ville pour aller élever des chèvres, dans la nature. Les chèvres signifiant ici la liberté.

Elle cherche un accoucheur qui pratique l'« accouchement Leboyer ». Je ne vous détaille pas les avatars de sa grossesse et de son accouchement. Elle veut allaiter, elle a toutes sortes de complications, elle n'y parvient pas. Après avoir donné à son gosse de l'eau avec du jus de raisin, sentant qu'il va mal, elle lui donne un lait en poudre parce que, dit-elle, « les chèvres avaient encore les chevreaux », et elle ajoute que ce lait constipe la petite. Elle poursuit : « Enfin à la Pentecôte, je la mets au lait de chèvre. Quinze jours après elle a grossi et elle va très bien à la selle ; moi je vais mieux. » *(Rires.)*

Tout cela n'est pas logique du tout, ce n'est pas rationnel : j'ai plongé mon nez dans la table de composition des aliments pour voir les compositions respectives des laits de chèvre et de vache. Cela se vaut largement. Le lait de chèvre est même plus déséquilibré que le lait de vache. Et elle ne dit pas si elle a ou non dilué ce lait.

Ce qui me semble remarquable, c'est que ce choix est issu d'un interdit. Le lait de vache est ici un tabou, car il représente l'allaitement d'une certaine société que cette jeune femme refuse. Elle choisit un lait qui n'est pas meilleur que l'autre, loin de là. Quant aux relations affectives, je ne vois pas pourquoi elles seraient supérieures avec le lait de chèvre qu'avec le lait de vache. Tout cela est de l'ordre de la croyance.

Deuxième point, à propos de nos responsabilités : lorsque l'on parle de l'allaitement maternel, il faut aussi parler de l'allaitement artificiel et voir comment une mère qui allaite avec le lait artificiel peut le faire bien. Comment les relations avec son enfant peuvent tout autant être riches lors d'un allaitement artificiel, par les contacts de peau, par les contacts de regards, par la parole. Il faut faire la part des choses sans trop idéaliser. Par exemple, dans le film de Claude Edelman *J'ai choisi d'allaiter*, produit par une grande marque de laits pour bébés, il n'y a pas un mot, un moindre mot, une petite phrase sur celles qui ne *peuvent* pas ou ne *veulent* pas allaiter et qui peuvent quand même avoir des relations très riches avec leurs enfants.

ANDRÉ HENNEQUET :

Bravo !

ROGER SALBREUX :

Merci beaucoup, monsieur. Vous avez demandé la parole, madame ?

FLORENCE BÉGOIN-GUIGNARD :

Je voudrais d'abord vous remercier de m'avoir permis d'être parmi vous aujourd'hui et dire le plaisir que j'ai à y être, non seulement en tant que psychanalyste mais en tant que mère de famille. J'ai deux enfants et je les ai tous deux nourris au sein assez longtemps. C'est donc un sujet qui m'intéresse beaucoup.

Je crois que ce que l'on peut vivre quand on allaite un bébé est d'ordre extrêmement divers et compliqué, et j'aurais voulu repartir de la remarque du Dr This tout à l'heure qui se posait la question : « Pourquoi attend-on si longtemps avant de mettre le bébé au sein ? » En fait, chez ceux qui assistent à l'accouchement, la représentation inconsciente qu'ils ont du bébé subit une modification extrêmement rapide, et même brutale, entre *l'expulsion* de l'enfant et la mise au sein. Vu de l'extérieur, *il est absolument scandaleux que quelque chose qui vient de sortir de la mère se mette tout de suite à téter le sein de cette même mère.* Il ne faut quand même pas oublier que le bébé est le fruit d'une relation sexuelle ; ce bébé devrait être en quelque sorte « *purifié* » pendant un certain temps avant d'être mis au sein. *On ne peut pas mettre dans le même sac la mère sexuelle et la mère nourricière.* Une hypothèse que nous pourrions essayer d'analyser ensemble serait que dans toutes les coutumes, y compris celle du baptême, il y a ce désir de mettre un peu d'espace, un peu de temps, un peu de tiers même (encore faut-il voir quel tiers) entre la mère et l'enfant, pour nous laisser le temps et l'espace d'oublier que l'enfant est le fruit de la relation sexuelle. Je pense que, magiquement, on enlève à la mère un bébé sexuel et sale, pour le nettoyer, le laver, l'« astiquer » ; celui qu'on ramène... on l'a purifié, ce n'est plus le même bébé. Le drame, c'est qu'au même instant la mise au sein est, pour le nouveau-né, la seule espérance de retrouver un peu de la cohésion perdue dans les affres de la naissance. La mise au sein immédiate m'apparaît donc indispensable, quels que soient les avatars ultérieurs de l'allaitement.

Cela m'amène à un deuxième point dont j'aurais voulu qu'on discute. *Il s'agit du plaisir de l'allaitement chez la mère.* C'est cela qui fait problème, qui est culpabilisé, et qui empêche souvent les mères d'allaiter. Au niveau de ce mot « plaisir », il y a des condensations extrêmes qu'il serait assez intéressant de décondenser (voir l'excellent texte d'Anne Bouchart). Que la mère puisse éprouver une excitation de l'ordre du plaisir sexuel en allaitant son bébé, soit ; nous savons bien qu'au niveau des zones érogènes, les sensations nouvelles sont assimilées aux sensations connues. Mais en fait, le plaisir essentiel que prend la mère et qui me semble bien plus fondamental, c'est le plaisir de donner quelque chose à son enfant qui lui permette de se développer et qui lui fasse plaisir à lui, comme c'est le cas dans toute relation d'amour authentique. Ramener le plaisir de nourrir à un plaisir d'organe est, me semble-t-il, une erreur, un abus de langage. Pour être précise, on peut avoir des excitations génitales dans plusieurs circonstances, y compris l'allaitement ; ce n'est pas cela qu'on peut appeler le plaisir spécifique de la mère. Je ne voudrais pas que l'on pense que le plaisir de la mère est, selon moi, complètement désexualisé ; je crois que le plaisir de la mère vient de ses capacités de s'identifier au plaisir diffus, sûrement sexuel mais pas génitalisé, du nouveau-né. C'est l'occasion privilégiée de réintégrer ses propres aspects « nouveau-né » à sa personnalité de femme adulte, de vivre, en quelque sorte, à deux niveaux simultanément.

ROGER SALBREUX :

Merci, madame, de cette brièveté et de cette clarté. Michel Odent a demandé la parole, puis Françoise Dolto.

MICHEL ODENT :

Je voudrais conter une anecdote qui renforcera la proposition de prendre éventuellement pour point de départ l'article d'Anne Bouchart. Cet article nous rappelle que nous sommes constamment obligés, à propos de l'allaitement maternel, de passer du registre « symbolique » au registre animal, au registre « sauvage ». L'anecdote en question paraît très significative et répond, dans une certaine mesure, à certaines questions posées ce matin.

Il s'agit d'une jeune femme qui vient de mettre au monde son premier enfant dans cette salle de naissance que, précisément, nous appelons « sauvage [1] ». Elle vient de terminer son accouchement en position accroupie [2] ; elle accouche en hurlant, s'assoit par terre, prend le bébé dans ses bras très simplement ; bientôt les regards se croisent ; bientôt le bébé tourne la tête à droite, à gauche, cherche... La jeune mère fait exactement le geste qui convient pour aider le bébé à trouver le sein, et ainsi nous assistons à une tétée prolongée et vigoureuse. Deux heures après, la mère et l'enfant sont de retour dans leur chambre et, à ce moment, la jeune mère demande les comprimés qu'il est habituel de donner lorsqu'une femme a choisi l'allaitement artificiel.

1. Le mot « sauvage » est utilisé par plusieurs personnes lors de cette table ronde, avec des sens qui ne sont sans doute pas toujours exactement superposables. (N.D.L.R.)

2. La recherche de Michel Odent sur les positions obstétricales sera détaillée dans un tout prochain numéro des « Cahiers du nouveau-né ».

Voilà très succinctement cette anecdote.

Je crois qu'à partir de là on peut dire beaucoup de choses. Mais que s'est-il passé ? *(Sourires.)*

Cela nous a montré, au moment de l'accouchement même, que cette jeune femme était en train d'obéir à une mémoire très profondément inscrite en elle, une mémoire préculturelle. Le nouveau-né, de son côté, a obéi, lui aussi, à un savoir très ancien : c'était quelque chose comme un comportement génétiquement programmé. Voilà en quel registre nous étions à ce moment-là... Et puis, deux heures après, nous sommes passés dans ce qu'Anne Bouchart appelle le registre symbolique, nous avons changé de mémoire. A ce moment-là, cette jeune femme a écouté une mémoire culturelle ; une mémoire culturelle alimentée, sans doute, par ce qu'elle a vécu quand elle était petite fille. C'est une femme qui est née aux alentours des années 50, à l'époque où l'allaitement maternel était peu valorisé, à l'époque où il n'était pas de bon ton de toucher, de bercer l'enfant. On peut dire que la mémoire culturelle à long terme l'a aussi emporté très vraisemblablement sur une autre mémoire, une mémoire à court terme sensible à l'information ou au plaidoyer rationnel : cette jeune femme savait que le lait de la mère est le meilleur pour l'enfant. Nous rejoignons Charles Cohen-Salmon qui nous a parlé d'irrationalité. La mémoire culturelle à long terme l'a emporté ; ce qu'elle a vécu quand elle était petite fille l'a emporté.

Si je vous ai raconté cette courte anecdote, c'est aussi dans le but de souligner pourquoi on observe si rarement une première tétée précoce dans notre monde occidental. Si on observe rarement une tétée précoce, c'est parce que, du fait de la position d'accouchement allongée, on est obligé de mettre le bébé sur le ventre de la mère. Lorsque les femmes ont une liberté de position et qu'elles accouchent volontiers accroupies, ensuite, souvent, elles s'assoient. Cette position est tout à fait favorable à une tétée précoce. Les regards se croisent. On ne met pas le bébé sur le ventre de sa mère : la mère tient le bébé contre elle et la première tétée va de soi.

BERNARD THIS :

Pas de bain ? Précisément, c'est souvent là qu'on interpose le bain-purification-séparation, comme disait Florence Bégoin.

MICHEL ODENT :

Ce bébé n'avait pas demandé de bain. *(Rires.)*

ROGER SALBREUX :

Merci de cette anecdote extrêmement stimulante pour la discussion. Madame Dolto.

FRANÇOISE DOLTO :

Je voudrais répondre à diverses personnes qui ont parlé, et cette réponse me semble contenue dans deux mots qui sont : l'*olfaction* et la *parole*.

L'olfaction est, pour nous, adultes, un sens qui reste animal. Et autour de la naissance, ce qu'a dit Mme Bouchart, le côté animal de l'accouchement s'accompagne de perceptions olfactives particulières.

Cela se retrouve dans l'histoire de M. Cohen-Salmon : pourquoi cette mère a-t-elle choisi le lait de chèvre ? Elle était prolongée par son amitié avec les chèvres, et l'odeur des chèvres. Aussi son bébé entouré de l'odeur des chèvres devenait un bébé bien à elle, alors que le lait de vache aurait vraiment, pour elle, fait de son bébé un étranger dans l'espace, son odeur ne lui plaisant pas.

A propos du refus de l'« animal », je me souviens d'une histoire dramatique. C'était pendant la guerre, une femme venait d'accoucher et on voulait qu'elle allaite son enfant. Elle avait très bien accouché, allait très bien, n'avait aucun signe de psychose puerpérale. Son bébé était très beau, elle l'aimait, mais... impossible de lui donner le sein. Elle était révoltée à cette idée. « Je ne suis pas une bête ! Je ne suis pas une bête, leur disait-elle. Ce sont les bêtes qui nourrissent leurs petits. »

Alors on lui disait : « Voyez, il a faim. Si on commence à lui donner autre chose, vous n'aurez pas de lait (ce qui était vrai, pendant la guerre on risquait de ne pas avoir de lait). Vous ne savez pas ce qui peut arriver en temps de guerre. Le lait maternel est une sécurité. » Elle avait une montée de lait superbe.

On lui a laissé ce bébé pour qu'elle puisse s'habituer.

S'est-elle habituée ? Pas du tout. Qu'est-ce qu'on a trouvé ? Un bébé tout seul et une mère défenestrée. *« Vous ne pouvez pas m'imposer d'être une bête. »* C'était quelque chose qu'il aurait bien sûr fallu écouter psychologiquement, mais il n'y avait pas encore de psychologues dans les maternités à ce moment-là. C'est important car c'est certainement un moment extrêmement sensible pour que la femme puisse dire tout ce qui peut faire obstacle à la fois à la nature et à la culture qui la relieraient à son enfant.

Or la culture, c'est la parole. Ce n'est évidemment pas l'olfaction, ce n'est évidemment pas le léchage, qui font partie du plaisir, mais du plaisir qui, pour un être humain, quand il n'y a pas de paroles, peut le faire virer du côté qu'il ressent comme pervers. Et il est évident que c'est sacré pour une mère de ne pas mettre au monde — à moins qu'elle ne soit perverse — un bébé qu'elle risquerait d'élever en pervers, dès le début.

Et vous savez que la plupart des « bêtises » que les mères font dans l'éducation et qui névrosent et parfois psychotisent les enfants, c'est justement au nom de : « Je ne peux pas en faire une bête. » C'est toujours ça. C'est ça par exemple qui conduit à priver précocement l'enfant de ses excréments. Or c'est sa manière à lui d'appeler ; par l'olfaction il signifie à sa mère de venir s'occuper de lui. C'est une sécurité. Le priver de ce langage, c'est comme le rendre muet, c'est comme une extinction de voix, il ne peut pas parler, il est « en extinction de pipi-caca dans ses langes pour appeler maman-au-loin ». Il est animal et voilà que son autre, qui est son objet partiel de saine animalité, n'est pas là.

Je crois que c'est important d'insister sur cela : l'olfaction et la parole.

A ce propos, vous vous souvenez peut-être de cette histoire que je vous ai racontée où une jeune femme, qui venait d'accoucher dans le Midi, m'avait fait appeler (alors que j'étais en vacances près de là) parce que son bébé ne voulait plus téter [1]. Nous avions trouvé la raison : une pommade d'odeur désagréable que le médecin avait fait mettre sur les mamelons pour prévenir les crevasses. Il avait suffi de bien laver le sein et d'ôter toute trace d'odeur pour que le bébé se remette à téter « à s'en couper le souffle ». La mère était ravie, mais... le médecin furieux ! Cette histoire témoigne de l'extraordinaire importance de l'olfaction chez l'enfant. Mais il y a autre chose : au début ce médecin ne voulait pas qu'elle allaite. Pourquoi ? Il en avait parlé avec elle, ils étaient amis, *jusque-là. (Rires.)* Il lui avait dit : « Si vous ne donnez pas à téter, vous éviterez le complexe du sevrage ! *(Rires.)* Vous êtes une mère inhumaine parce que vous voulez rester une mère animale et vous allez lui donner le complexe du sevrage. Chez les animaux, les mères quittent complètement leurs petits au moment du sevrage. Mais c'est différent chez les enfants : les mères ne les quittent pas, et c'est cela qui fait le danger. » Il avait même parlé d'ethnologie et d'Afrique... « En Afrique, quand les mères sèvrent, les enfants vont ailleurs, beaucoup s'en portent extrêmement mal, mais ce n'est plus la mère qui les garde [2]. Si vous voulez garder votre enfant, la meilleure manière est de ne pas lui donner à téter, comme ça vous évitez au moins un complexe dans la quantité de complexes qu'ils peuvent risquer d'avoir. » *(Rires.)*

Voilà la « science » du côté du médecin, et moi, en enlevant cette pommade malodorante, j'étais une « psychanalyste sauvage » qui n'avait rien compris aux rationalisations du confrère, justifiées par le sentiment de bien aider la population féminine et l'avenir des enfants, en évitant le complexe du sevrage. L'aide-soignante, qui n'était pas contente non plus, avait, elle

1. Voir *Naître... et ensuite ?*, *op. cit.*, pp. 262-264.
2. Le Pr Satgé donne, p. 358, quelques précisions sur cette coutume.

aussi, ses raisons : il fallait amener le bébé six fois par jour aux femmes qui donnaient le sein, alors que les enfants qui étaient nourris au biberon ne voyaient leur mère que cinq minutes par jour, si le père venait. Cela faisait, pour cette aide-soignante, une *économie* de travail.

C'était sur ces deux points que je voulais appeler votre attention : l'animal relié à l'olfactif et le culturel relié à l'économie. Economie de travail pour la personne civilisée et économie de dépendance de l'enfant à elle et d'elle à l'enfant. *Ce n'est que par la parole que nous pouvons aider*, dans les deux sens. La parole humanise tout ce qui est l'olfaction et du corps à corps allaitant, bref ce qui est perçu comme animalité.

MICHEL ODENT :

Le nerf olfactif est de tous les nerfs sensoriels le seul qui soit directement branché sur notre système limbique, notre rhinencéphale, c'est-à-dire le cerveau le plus animal, le plus ancien phylogénétiquement.

ROGER SALBREUX :

M. Hennequet demande la parole.

ANDRÉ HENNEQUET :

Je reviendrai peut-être un peu en arrière pour vous dire qu'en tant que médecin, je suis assez frappé par le côté croisade de ces réunions. Je trouve que le livre que j'ai entre les mains est très asymétrique en ce sens qu'il n'y a en gros que des plaidoyers pour l'allaitement maternel. Je n'ai pas trouvé beaucoup de pages consacrées à celles qui ont choisi l'allaitement artificiel et à celles, plus nombreuses encore, qui conditionnées plus ou moins habilement au départ vers l'allaitement maternel l'ont abandonné. Ne croyez surtout pas que je prenne parti. Simplement je constate l'asymétrie des exposés.

J'attire l'attention sur le fait que la femme occidentale est en position de choix, et cela pour la première fois dans l'histoire de l'humanité. Au départ l'allaitement fait partie de la condition humaine, il n'y a pas de choix et dans ces conditions il y a peu d'échecs. L'échec vient avec le choix et gommer ce choix me paraît malhonnête.

Je serais très intéressé de voir étayer par des arguments un adjectif qui a été employé tout à l'heure par notre confrère suédois concernant la régression, comme il a dit, « ca-tas-tro-phi-que » de l'allaitement maternel. Je voudrais qu'il m'explique en quoi elle est catastrophique. Je me place au niveau de l'humanité. Dans nos pays, où l'allaitement maternel n'est pas en première place, la santé de l'enfant est infiniment supérieure, globalement, à ce qu'elle est dans les pays où l'allaitement maternel est dominant [1, 2]. C'est global, bien sûr. Mais je voudrais que l'on m'explique en quoi c'est « catastrophique ».

CLAUDE THIS :

Que veut dire ce choix dont vous parlez ?

ANDRÉ HENNEQUET :

Je m'explique. Objectivement, le fait d'allaiter, pour une femme, implique obligatoirement une restriction à sa liberté propre. *(Protestations nombreuses.)*

FRANÇOISE CHABANE :

C'est vous qui le dites.

1. Ce qui ne veut évidemment pas dire qu'il y ait une relation de cause à effet entre ces deux points. (N.D.L.R.)

2. En d'autres termes, une bonne santé de l'enfant est compatible avec un allaitement artificiel dominant, une mauvaise avec un allaitement maternel dominant. (Pr A.H.)

ANDRÉ HENNEQUET :

C'est moi qui le dis mais c'est un fait. A partir du moment où il y a... *(Brouhaha.)*... Cela me paraît évident...

Laissez-moi parler !

Je pense, pour ma part, que quand une femme nourrit son enfant, elle ne peut pas avoir autant de liberté de mouvement que si elle ne l'allaitait pas. Il y a des choses qu'elle ne peut plus faire.

D'autre part, je pense qu'à l'allaitement maternel est accolée — cette fois-ci de façon aléatoire et non plus obligatoire — la possibilité de choses disons désagréables. J'entends par là la possibilité de douleurs, de tension au niveau des seins, de douleurs au niveau de la région dorso-lombaire... Ne riez pas, ce n'est évidemment pas moi qui l'ai vécu ! Je rapporte l'expérience de femmes que j'ai connues et qui ont allaité, notamment celle de ma femme puis celle de ma fille. Beaucoup, à un moment donné, se sont plaintes de ce genre de choses. De toute façon celles qui sont dans la situation : « Est-ce que j'allaite mon enfant ou pas ? » savent que ces choses existent, savent aussi qu'il y a des possibilités de manifestations encore plus pathologiques, par exemple les crevasses dont on leur parle, les abcès qui arrivent parfois, les lymphangites... Enfin bref, à l'allaitement s'associent *éventuellement* un certain nombre de choses qui ne sont pas agréables à envisager et sans doute à vivre. Je ne parle même pas de la fatigue, des nuits perturbées pour donner le sein, etc.

Voilà donc si vous voulez, dans le choix, deux choses qui pèsent : d'un côté tout ce que vous avez développé, très bien ; mais, il y a aussi deux aspects limitants et moins agréables.

GISÈLE LAVIOLLE :

Vous parlez d'ennuis, d'abcès... Quand j'ai accouché de mon deuxième enfant, on me l'a montré de loin et on me l'a enlevé. Ensuite, pendant que l'interne recousait mon épisiotomie, il me disait : « Ah ! là là ! vous voulez allaiter, vous ne vous rendez pas compte ! Vous allez avoir des abcès et c'est *nous* qui allons avoir des ennuis. *(Rires.)* Vous allez encore nous revenir avec un abcès et ça va encore nous causer des soucis. » Il a probablement eu une « bonne influence »... je n'ai pas réussi à allaiter cet enfant.

Troisième enfant, cinq ans plus tard. Je voulais toujours allaiter, sans me faire trop d'illusions mais en me disant : « Je vais quand même faire comme pour les deux premiers. » Cette fois-là j'ai fait deux abcès. C'est peut-être en relation. Et tout à fait par hasard, j'ai rencontré un groupe de la Leche League. Mon lait était complètement tombé. Je tirai le peu qui restait et jetai celui du côté qui était infecté. Alors, celles de la Leche League m'ont dit : « Mais si ! cela peut tout à fait revenir. Il n'y a pas de problème, vous êtes une bonne mère, vous pouvez y arriver, vous pouvez allaiter. » *Et mon lait est revenu en trois jours.* J'ai trouvé ça extraordinaire.

Vous avez insisté sur les ennuis. C'est un aspect des choses. Je crois qu'en allaitant, on accepte son corps d'abord.

ANDRÉ HENNEQUET :

Je ne dis pas le contraire.

GISÈLE LAVIOLLE :

La restriction à la liberté... c'est une chose qu'il faut apprendre aussi quand on est mère. Ne plus être tellement centrée sur soi, mais sur le bébé. A ce moment-là, beaucoup de problèmes sont très secondaires, la restriction de liberté est assez nulle quand on peut emmener son bébé partout avec soi. En outre, j'ai trouvé, en réussissant un allaitement très prolongé, que cela m'avait donné un sentiment de puissance extraordinaire, et cela m'a fait énormément mûrir.

Pouvoir se dire qu'on peut, qu'on a réussi quelque chose et puis qu'on est capable de subvenir à tous les besoins de ce bébé par le lait, et par tout le reste aussi : on le porte, on fait attention à lui, on l'écoute. Pour pouvoir l'allaiter correctement, il faut que le bébé soit le centre des préoccupations et, à ce moment-là, je trouve que c'est une expérience extrêmement maturante.

ANDRÉ HENNEQUET :

Il faut quand même que je vous réponde que c'est la *justification* a posteriori *d'un choix*, ce que vous venez de dire, ce n'est rien d'autre.

ROGER SALBREUX :

Un instant je vous prie ; il y a pléthore d'interventions et je suis obligé de donner la parole dans l'ordre. Madame Claude This.

CLAUDE THIS :

Ce n'est pas par hasard que les femmes viennent se plaindre à *vous.* C'est peut-être l'expression d'une culpabilité. A vous, homme médecin, il faut dire la plainte. Vous n'entendez que ce versant. Mais ce n'est pas le seul : ailleurs il y a peut-être ce que Mme Bégoin a pointé, c'est-à-dire quelque chose de l'ordre du plaisir. Elle a dit, à ce propos, quelque chose qui me semble très important : « Bien que l'on parle d'orgasme possible pendant l'allaitement, l'important n'est peut-être pas de cet ordre-là. » Je pense que cela nous ramène à une question qui serait : étant donné que tout se passe à un niveau oral-anal entre le bébé et sa mère, la mère se retrouve, disons, rejetée en arrière à un niveau où la mise au monde peut être envisagée, peut prendre appui sur les *fantasmes de dédoublement :* la mère vit son accouchement, la naissance de son bébé, comme une espèce de partage où elle se dédouble en quelque sorte, ce qui montre bien à quel point le père se trouve tout à fait éliminé. C'est une impasse qui réduit la relation à son animalité. Qu'est-ce que cette animalité ? C'est un plaisir de corps où il n'y a pas de sanction de la parole. Il n'y a pas ce que nous appelons la « castration symbolique », ce qui vient justement *sacrifier l'animalité.* Et en cela on peut bien comprendre ce que Freud nous a dit dans *Totem et tabou : « Même si c'est un mythe, il faut sacrifier l'animalité pour que quelque chose du père vienne prendre sa place. »*

ROGER SALBREUX :

Merci ! Après Claude This, Claude Revault d'Allonnes a demandé la parole.

CLAUDE REVAULT D'ALLONNES :

Je voulais relever, d'abord, quelque chose qui me frappe beaucoup, c'est notre intolérance. On a envie d'entendre un certain nombre de paroles et on se réjouit quand on les entend ; mais quand certains veulent faire entendre un autre son de cloche, on « rigole » et on les empêche de parler. Je supporte cette attitude très difficilement, bien que je ne partage pas la position qui a été développée, à propos du choix, par M. Hennequet.

Je voudrais moi-même revenir sur certaines choses qui n'ont pas été traitées et qui, je crois, sont importantes.

Tout à l'heure Françoise Dolto rapportait cette parole : « Il ne faut pas allaiter pour ne pas avoir à sevrer. » Parce que si on allaite, on établira des relations très particulières avec l'enfant, et cette relation devra finir un jour, donc il vaut mieux ne pas entamer ce processus pour ne pas trop s'y perdre, et pouvoir en sortir.

Ce n'est pas seulement une parole de médecin, c'est aussi quelque chose que les femmes peuvent vivre : la peur d'entrer dans ce processus. Françoise Dolto a dit ensuite quelque chose qui est très important quand elle a parlé d'économie. Il me semble que ce problème de l'allaitement prend place dans l'économie dans tous les sens du mot : l'économie institutionnelle — ce qui donnera le moins de mal au service — mais aussi l'économie de la femme elle-même, son économie libidinale. Il faut bien pointer qu'elle n'est pas toute seule, il y a un homme, il y a un compromis qui est établi avec le passé et la mère, on en parle souvent, mais aussi avec les autres enfants, avec la vie professionnelle, avec le père, avec les partenaires. Donc là il y a une sorte de *négociation* et de *transaction* qui se fait, et qui pèse sur la décision. Mais ce problème de l'économie m'amène à envisager une dimension et à la creuser : on a beaucoup parlé de l'animalité, et il était très important qu'on en parle, et qu'on voie combien cette dimension peut être satisfaisante pour certaines, mais extrêmement inquiétante pour d'autres.

Je voudrais parler d'une autre dimension que j'appellerai, pour vous la situer très rapidement, le « problème des vases communicants ». Finalement, il y a quelqu'un qui donne et quelqu'un qui reçoit, il y a un échange qui se fait, qui peut être très satisfaisant mais qui peut aussi être ressenti comme une menace dans la mesure où il y a quelque chose de l'ordre de « se perdre », « se vider », dans cette relation-là. Il y a quelque chose qui est une menace de destruction éventuelle pour la mère. *Le problème est d'échanger ou de donner sans se vider soi-même, et ce n'est pas du tout évident.* Certaines femmes, d'entrée de jeu, arrivent à établir cet équilibre, cette relation, et elles ne se sentent pas perdues ni détruites. Mais pour d'autres, ce n'est pas du tout évident, elles ont derrière elles une peur de ne plus exister pour elles-mêmes. Je rejoins ce que disait M. Hennequet tout à l'heure. Cela peut être une grande peur, pour certaines femmes, d'être complètement détruites, perdues, d'être vidées, de ne plus exister pour elles-mêmes. Et cette menace-là peut les amener à refuser l'allaitement, ou encore à le « rater » parce que c'est trop dur dans leur économie, trop lourd et trop aléatoire. Pour certaines, on retrouve le problème du sevrage, certaines peuvent avoir peur d'avoir une relation trop favorable avec l'enfant quand elles allaitent et d'être ensuite obligées de l'interrompre.

Le pôle de l'animalité, avec tout ce qui est plaisir, a été très bien pointé : ce n'est pas seulement l'orgasme, c'est aussi *donner* d'une certaine façon. Mais, ce don, ce n'est pas si simple ! On peut aussi se perdre dans un don. *Il faut que les deux pôles de la relation puissent exister, ce n'est pas seulement l'enfant qui prospère, qui prend son plaisir, mais la mère aussi.*

S'il y a un pôle de l'animalité, je crois qu'il y a un pôle de l'échange, une relation de vases communicants, des compromis qui ne sont pas évidents et des transactions à faire. C'est un *compromis* la décision d'allaiter ou de ne pas allaiter, de même que c'est quelquefois une *transaction avec des choses très archaïques* comme l'idée d'être dévorée, ou de se perdre.

ROGER SALBREUX :

Merci de cet effort de clarification et merci de nous avoir rappelés à la tolérance. Mme Chabane a demandé la parole.

FRANÇOISE CHABANE :

Je reviens sur cette question du choix. Ce choix dont vous parlez, monsieur Hennequet, est un choix... comment dire ? Vous dites *objectif*, mais cette objectivité ne correspond pas à la réalité. En fait les femmes, quand elles se trouvent dans cette position-là, devant leur nouveau-né, ne choisissent pas en toute objectivité, ce n'est pas possible.

ANDRÉ HENNEQUET :

Vous êtes sûre ?

FRANÇOISE CHABANE :

Oui !

ANDRÉ HENNEQUET :

Allez en Afrique du Nord et voyez les femmes qui choisissent l'allaitement artificiel. Elles le choisissent *volontairement*, croyez-moi ; elles refusent l'allaitement au sein.

FRANÇOISE CHABANE :

Qu'est-ce que vous appelez volontairement ?

ANDRÉ HENNEQUET :

Si pour vous il n'y a pas là un choix volontaire, alors on ne peut plus jamais parler de choix ! J'oppose très nettement la situation de cette femme qui « choisit » l'allaitement artificiel à celle de la femme, mettons du Centre Afrique tout à fait en dehors de notre civilisation, qui, elle, ne se pose aucune question.

FRANÇOISE CHABANE :

Peut-être mais, dans ces civilisations, toutes les femmes semblent avoir du lait. Chez nous, actuellement, il y a cette idée : on n'est pas certaine d'avoir du lait. Il y aurait les femmes qui peuvent allaiter et celles qui ne peuvent pas, et cette incertitude, ou plutôt cette croyance peut peser au moment du choix. Mais, après avoir lu dans ce livre la physiologie de la lactation, on peut être convaincu qu'il n'y a pas deux espèces de femmes et de mères, celles qui ont du lait et celles qui n'en ont pas. Bien sûr il y a des différences, la montée laiteuse peut être très rapide, comme elle peut être plus longue, la quantité du lait peut être très variable d'une femme à l'autre, d'un moment à l'autre ; mais les femmes qui ne peuvent pas allaiter sont des femmes auxquelles on a fait croire, et qui acceptent de croire, qu'elles n'auraient jamais de lait.

FRANÇOISE SEIGNEUR :

Alors que si on avait laissé le bébé au sein, le lait serait sûrement venu ! Je voudrais demander à M. Hennequet, qui suscite des échanges passionnés, dans quelle condition de choix une femme peut se trouver alors que tout est souvent fait autour d'elle pour dramatiser les conditions d'allaitement. Madame vient d'évoquer le problème : avoir du lait ou pas. Cela revient à dire qu'un sevrage « forcé » peut intervenir à l'extrême début de l'allaitement ou même avant qu'il n'ait commencé. Plusieurs articles dans ce numéro — celui de Françoise Julien, celui sur la Leche League — soulignent un point important : *le lait est produit en fonction de la demande de l'enfant.* Ce n'est pas évident, je crois que c'est très important, et que ce n'est pas suffisamment dit aux femmes. Les femmes craignent de ne pas avoir de lait et, quand elles ont cette crainte, rien n'est fait pour la désamorcer, pour déclencher et favoriser l'allaitement. Le lait est produit en fonction de la demande de l'enfant, c'est très important de le savoir.

ROGER SALBREUX :

Merci, madame.

Il y a beaucoup de demandes, ne vous impatientez pas... J'ai une très longue liste.

Françoise Julien.

FRANÇOISE JULIEN :

Je voulais répondre à M. Hennequet sur le choix. Je trouve que c'est un procès d'intention que de dire : « Vous partez en croisade pour l'allaitement maternel, vous ne parlez que de l'allaitement maternel et vous ne parlez pas de l'allaitement artificiel. »

ANDRÉ HENNEQUET :

J'ai dit que vous aviez une attitude de croisade pour l'allaitement maternel. *Une attitude !*

FRANÇOISE JULIEN :

Mais le thème de la discussion d'aujourd'hui ce n'est pas l'alimentation de l'enfant. Des exposés sur l'alimentation de l'enfant de zéro à deux ans, on en entend depuis dix ans. Non, aujourd'hui, cela s'intitule l' « allaitement maternel ». Si on commençait à parler d'autre chose, ce serait dommage. Je trouve insensé que vous nous reprochiez de parler de l'allaitement maternel.

ANDRÉ HENNEQUET :

Mais je ne vous le reproche pas, c'est un contresens total de votre part ! Sinon, je ne serais pas là.

FRANÇOISE JULIEN :

Mais vous avez raison : c'est une croisade et les femmes partent en guerre.

ANDRÉ HENNEQUET :

Alors ne vous en cachez pas !

FRANÇOISE JULIEN :

C'est vrai. J'ai fait une thèse sur l'allaitement maternel en n'étant pas du tout, au départ, « pour ». Mais — et cela rejoint votre intérêt pour le « choix » — les femmes venaient me dire : « On nous empêche d'allaiter, de pouvoir choisir l'allaitement maternel. » C'est là-dessus que j'ai fait mon travail et il est résumé dans ce livre. Je n'ai donc pas l'impression qu'on n'ait pas parlé du choix. Notre idée est qu'il faut aider les femmes à pouvoir choisir d'allaiter en les mettant dans des conditions telles que ce choix sera effectivement possible, et ne pas leur couper le lait immédiatement, ce qui se passe dans beaucoup de maternités.

Quand je vous entends recommencer... Cela fait très peu de temps que les femmes ont droit à la parole, et ce n'est quand même pas un hasard si les femmes ici ont toutes le même genre de discours alors que le discours que vous tenez, vous, c'est un discours d'homme, et c'est le seul qu'on a entendu jusqu'à présent. « Vous allez avoir mal, vous allez avoir des crevasses, des abcès. Il est préférable de donner des biberons. »

ANDRÉ HENNEQUET :

Mais je n'ai jamais dit cela, madame. Vous ne vous rendez pas compte à quel point vous transformez mes paroles et ma pensée. J'ai dit que la femme occidentale était en position de choix dans la mesure où dans notre société un enfant qui est élevé sans le lait de sa mère devient un adulte normal. Alors que dans les sociétés dites primitives, l'absence d'allaitement maternel est... incompatible avec la vie. Voilà où est le choix. Et la possibilité de ce choix nous différencie fondamentalement de ces sociétés.

FRANÇOISE JULIEN :

Mais ici on parle surtout de la femme française, on parle des femmes qui sont autour de cette table-là... C'est la première fois que je vois cela.

Je m'intéresse à l'allaitement maternel depuis trois ans. Jusqu'à présent elles venaient m'en parler ou elles écrivaient à Mme Dolto lorsque, après avoir accouché, elles étaient perdues... mais jamais on ne leur a *donné* la parole. Jamais elles n'ont écrit là-dessus. Jusqu'à présent, toutes les réunions de médecins sur l'allaitement maternel, c'était dramatique et sans intérêt.

ANDRÉ HENNEQUET :

Ecoutez, il y a eu récemment une autre réunion, ici

même, au Centre international de l'enfance, sur l'allaitement maternel, et j'y ai dit : « Je suis profondément choqué que des femmes non médecins ne soient pas ici. » Ne me reprochez pas cela ! Mais maintenant je regrette que des femmes qui n'allaitent pas, qui ont abandonné ou refusé l'allaitement, ne soient pas ici, et qu'on ne leur ait pas donné une place suffisante dans cette réunion.

ROGER SALBREUX :

Merci d'avoir précisé cela.

M. Satgé demande depuis très longtemps la parole.

PIERRE SATGÉ :

Nous avons une vieille discussion avec mon ami Hennequet. Je vais apporter un argument que peut-être certains d'entre vous connaissent, c'est le suivant. J'ai été élevé par le seul patron qui, en 1945-1950, croyait à l'allaitement au sein, c'était M. Lelong.

ANDRÉ HENNEQUET :

Il y avait aussi J. Levesque qui fut justement mon patron ; ils étaient « rivaux », mais tout autant « défenseurs » de l'allaitement maternel.

PIERRE SATGÉ :

A cette époque, je disais aux femmes que c'était bien d'allaiter mais, quand elles ne voulaient pas, je n'allais pas beaucoup plus loin.

Et puis les hasards de la vie m'ont amené, pendant sept ans, à essayer d'appliquer des règles de pédiatrie sociale en Afrique. J'avais avec mon équipe la responsabilité, au Sénégal, d'une zone de cinquante mille habitants dans laquelle j'ai constaté que tout le monde nourrissait au sein. Comme l'a dit Hennequet, là, la mère n'a pas le choix ; elle allaite spontanément et *je n'ai jamais vu d'agalactie* [1]. J'ai constaté que, dans les premiers mois de la vie, ces enfants qui vivaient dans des conditions infra-humaines étaient mieux que les enfants du XVIe arrondissement et de Neuilly, dans lesquels se recrutait auparavant ma clientèle ; ils étaient mieux sur le plan psychomoteur, ils étaient mieux sur le plan somatique jusque vers quatre ou six mois. A partir de ce moment-là, bien entendu, la catastrophe commençait, la diversification de l'alimentation entraînant presque inévitablement, dans les conditions où elle était faite, infection et malnutrition.

On ne peut évidemment pas extrapoler, et je ne peux pas apporter de preuves objectives, statistiques de l'intérêt de l'allaitement au sein. Comme tu l'as dit, Hennequet, nous avons fait beaucoup de progrès et nous sommes arrivés à un taux de mortalité infantile qui, sans être aussi beau que celui de la Suède, n'en est pas très loin tout de même. Les points que nous avons à gagner pour faire encore mieux sont des points extrêmement difficiles et dans lesquels les facteurs du gain seront multiples ; le moindre petit avantage peut compter. Après avoir vu des enfants élevés dans un environnement catastrophique, mais nourris au sein, mieux se porter dans les premiers mois que des enfants élevés dans d'excellentes conditions mais nourris au lait industriel, je suis obligé de conclure, de façon pas du tout scientifique, qu'il y a un fossé entre le lait de sein donné directement par la mère et le lait de vache. Ce n'est pas quantifiable sur le plan de notre société, mais cette expérience dans des conditions extrêmes met en évidence une différence fondamentale.

Je voudrais dire encore deux autres choses. J'ai été très intéressé par ce qu'a dit Bernard This sur le colostrum. Effectivement, ce délai existait dans la société grecque et dans la société latine, mais il n'existe pas dans la société africaine où les femmes mettent l'enfant au sein au bout de quelques heures, après une petite cérémonie où l'on apporte de l'eau à la mère, sans doute pour « purifier » le mamelon. Mais au bout de

1. Absence de lait.

trois ou quatre heures, l'enfant est au sein. Il n'y a pas un comportement unique dans toute l'humanité, cela se différencie d'un continent à l'autre, et en Afrique, si l'enfant ne buvait pas dans les premières vingt-quatre heures, il risquerait de mourir de déshydratation.

Dernier point de l'expérience africaine sur lequel je voulais insister : le sevrage. Mme Dolto l'a évoqué, mais on vit toujours sur une idée qui part d'une observation de quelques peuplades qui ne sont pas la majorité en Afrique, où l'enfant sevré est brusquement séparé de sa mère. *C'est loin d'être la règle partout.* Comme le dit Collomb : « La mère *africaine* est une mère *innombrable.* » Dans la majorité des cas, l'enfant, sevré totalement à dix-huit mois ou deux ans, reste dans le carré où il a été élevé ; il y est promené depuis longtemps par la grande sœur, la petite sœur, la tante... Le jour du sevrage, il y a une petite cérémonie où le marabout vient. La mère ne lui donne plus le sein, mais il est materné par les gens qui le maternaient déjà depuis plusieurs mois ; c'est cette règle qui est appliquée, non pas l'envoi à trente kilomètres qui se fait effectivement autour de Kampala : c'est notre collègue Gerber qui y a décrit en 1950 cette façon de faire, et on a cru que c'était la règle pour toute l'Afrique alors que c'est limité à des tribus, heureusement peu nombreuses.

Voilà les deux ou trois remarques que je voulais faire.

ANDRÉ HENNEQUET :

Tu ne parles pas de la régression « ca-tas-tro-phique » de l'allaitement au sein. Emploierais-tu cet adjectif ?

PIERRE SATGÉ :

Non ! Dans notre société, non ! L'ensemble des circonstances est changé. Mais je trouve que dans des conditions extrêmes, on constate des choses troublantes qui m'obligent à penser que le sein apporte des éléments *irremplaçables.*

ANDRÉ HENNEQUET :

... Mais dans notre société, ce n'est pas « catastrophique ».

PIERRE SATGÉ :

Je n'en sais rien ! Mon souci de pédiatre est que les enfants aient la meilleure santé possible... Ce qui est indispensable pour survivre dans des conditions extrêmes est probablement important en toutes circonstances.

ROGER SALBREUX :

Monsieur, vous avez demandé la parole.

HERVÉ LEMEUR :

Je voulais intervenir au sujet de ce choix en posant la question : « Dans quelles instances ce choix peut-il s'élaborer ? En tant que praticien, je suis effectivement tout à fait fâché — au vieux sens du terme — que, dans la brochure, jamais on ne prononce le mot de *psychoprophylaxie.* J'ai été étonné de voir le peu d'importance qu'a souvent ce mode de préparation, de voir qu'on le limite à une préparation à l'accouchement, voire à la naissance, à l'accueil de l'enfant. Pourquoi ne pas renforcer ces moyens de dialogue ? Françoise Dolto parlait tout à l'heure de l'importance de la parole. Pourquoi avoir mis de côté ces actions puisque, au fond, toutes nos réflexions, ici, doivent déboucher sur des actions, sur quelque chose qui nous permet d'intervenir, d'aider, de mettre une relation d'aide en place qui ne soit pas une relation postérieure ?

Madame disait son embarras du choix au moment de la naissance : « Qu'est-ce que je fais ? Je lui donne le biberon ou le sein ? » Comme si cette décision qui est capitale devait être prise de but en blanc. Aucune décision aussi importante dans la vie n'est prise dans de telles conditions.

FRANÇOISE CHABANE :

Je pense que j'ai été mal comprise, si vous avez pensé que c'était embarrassant.

HERVÉ LEMEUR :

Ecoutez, je pense justement que dans le cadre de cette préparation, il est important d'aborder ce problème de la nutrition de l'enfant tout en dédramatisant le choix, sans opposer deux images idéales de celle de la mère idéale, de la « bonne mère » et celle de la « mauvaise mère ». Tout à l'heure Mme Dunais nous a adressé un reproche en disant qu'on avait écrit que c'était adapté pour tous les enfants...

MADELEINE DUNAIS :

Je me suis contentée de citer [1].

HERVÉ LEMEUR :

...D'une façon assez agressive que je ne discute pas, en disant que c'était scandaleux d'avoir écrit que ce n'était pas forcément adapté à toutes les mères. C'est une référence à quoi ? *A la mère idéale ?* A qui, obligatoirement, l'allaitement serait adapté, comme elle serait obligatoirement adaptée à allaiter.

Alors je conteste cette référence — tout comme je me rallie tout à fait aux remarques sur l'intolérance et la difficulté du dialogue entre nous.

1. Voir p. 195.

ROGER SALBREUX :

Monsieur a demandé depuis longtemps la parole...

YVES HALFON :

Dans notre texte il est dit que l'allaitement maternel est, pour nous, le mode d'alimentation le plus approprié au bébé, mais qu'il n'est pas adapté à toutes les mères.

Cette phrase a été relevée et déjà discutée. Je demanderai qu'on se souvienne des propos de Françoise Dolto et de Claude Revault d'Allonnes : il faut éviter le systématique. A la maternité du Belvédère, on est partisan de l'allaitement maternel, mais il est très important de se rendre compte que, si pour beaucoup cela marche bien, cela peut être un échec pour d'autres femmes. Quand nous disons qu'il n'est pas adapté à toutes les mères, cela se place au niveau des processus inconscients qui peuvent être à l'œuvre chez certaines femmes qui arrêtent leur allaitement. Si on est partisan de l'allaitement maternel, il ne faudrait tout de même pas faire comme ce médecin dans l'histoire de Mme Dolto, qui rejetait cette femme parce qu'elle avait choisi l'allaitement au sein. Il ne faudrait pas à l'inverse rejeter celles qui n'y arrivent pas. C'est important : il faut les aider, les entendre. Elles aussi ont quelque chose à dire.

Cette notion de tolérance qu'on a soulevée tout à l'heure est aussi importante pour nous tous qui sommes partisans de l'allaitement maternel, cette notion qu'on doit se garder du danger de rejeter ces autres femmes qui ont des difficultés à allaiter. C'est ce sens-là que l'on voulait donner à notre phrase, même si elle est maladroite.

ÉTIENNE HERBINET :

Cette tolérance dont vous parlez maintenant n'a rien à voir avec celle dont il était question tout à l'heure. Nous n'allons pas nous y retrouver. On parle beaucoup aujourd'hui de psychologie, vous nous parlez d'inconscient. Très bien ; ce sont des choses importantes, et c'est pour cela que beaucoup de psychologues ont été invités. Mais il ne faut pas oublier d'autres aspects. On voit, j'ai vu tous les jours, ayant travaillé dans plusieurs maternités parisiennes, des femmes qui voulaient allaiter et qui n'y arrivaient pas. Je le répète, c'est une réalité quotidienne. Et ce n'est pas forcément en rapport avec l'inconscient (tout au moins avec celui de la femme). Il y a d'autres éléments à l'œuvre.

Françoise Julien, Marie-Thérèse Thirion et d'autres précisent dans ce livre comment certaines habitudes actuelles peuvent être cause d'échec :

— Les compléments de lait systématiques que l'on donne pour une bonne raison : le risque d'hypoglycémie. Bonne raison. Mais risque qui me semble souvent être mal évalué, et risque qui diminue probablement beaucoup si l'enfant bénéficie précocement du colostrum, comme le pense notamment Lestradet.

— La pesée avant et après la tétée et, si le bébé n'a pas pris la ration calculée (s'il n'en avait pas envie), on complète au biberon. Alors il n'a plus faim, il ne tète plus, le lait ne monte pas, et comme il ne pourra pas prendre assez à la prochaine tétée... on recomplètera. L'enfant est nourri de compléments ; le sein se tarit.

— De même les horaires rigides, le bébé pris à contretemps, « à rebrousse-poil » de ses besoins, de son envie.

— Dernier point qui est en fait le premier : dans le livre, dans cinq articles différents, on souligne l'importance de la précocité de la première tétée (Michel Odent, Françoise Julien, la Leche League, l'étude de l'O.M.S., Lestradet). On nous a même reproché de nous répéter ; je crois que ce n'est pas inutile de constater cette concordance massive car, en pratique, cette première tétée n'est qu'exceptionnellement réalisée en France. Pourquoi sépare-t-on si volontiers l'enfant de sa mère, pourquoi le prive-t-on de la première tétée précoce ? C'est *aussi* ce que nous essayons de chercher aujourd'hui au niveau de la psychologie et des traditions. Il faut sans doute tenir compte de ces raisons psychologiques, mythologiques, traditionnelles. Si cette première tétée précoce est physiologiquement utile, et cela semble vraiment être le cas, comment l'articuler avec d'autres exigences — d'une autre nature, parfois contradictoires mais complémentaires, telle que la nécessité de rituels de purification dont parlait Florence Bégoin — peut-être aussi importantes pour que la mère, le père et l'enfant « s'y retrouvent ».

BERNARD THIS :

Faut-il que la première tétée ait lieu avant ou après le bain ? *(Rires.)*

ÉTIENNE HERBINET :

Le bain n'est peut-être pas le seul mode de purification possible. Mais j'insiste, il me semble qu'il est important de ne pas mettre en vrac, dans le même sac, tous les échecs d'allaitement. Ceux qui « ne marchent pas » parce que l'équipe hospitalière a établi des règles maladroites qui contrarient la physiologie d'une lactation qui autrement aurait pu marcher. La répétition de ces échecs-là est *intolérable*, d'où une certaine intolérance qui est une remise en cause d'habitudes solidement établies bien que non nécessairement fondées, intolérance qui est une recherche de mouvement, d'évolution, avec l'optimisme que cela comporte.

Mais c'est très différent s'il y a des raisons *personnelles* soit de choisir de ne pas allaiter, soit de rencontrer un échec sur le chemin d'une tentative d'allaitement. Les raisons inconscientes qui sous-tendent probablement souvent ces échecs ne sont évidemment pas souvent clairement discernables dans la pratique quotidienne des médecins, des sages-femmes, des infirmières. C'est peut-être ce qui fait que cette indispensable tolérance-là, qui est respect du patient, ne va pas de soi. Car l'essor de la scientificité en médecine fait que l'on a tendance à ne croire, à ne prendre en compte, à ne respecter que ce que l'on comprend rationnellement et qui est mesurable. Cela ne veut pas dire pour autant qu'il faille, justement pour comprendre, psychologiser à l'excès, cherchant à savoir à tout prix, à étiqueter. Si la psychologie est irremplaçable dans certains cas, dans la plupart des autres, il suffit peut-être *dans notre pratique*, pour être *naturellement* tolérant, de savoir que l'allaitement n'est pas seulement une affaire de mécanique, d'hydraulique, de biologie et de raisonnement, mais que quelque chose que l'on peut par exemple appeler inconscient, quelque chose de non immédiatement accessible, compréhensible, observable, mais d'extrêmement riche, vivant et puissant est aussi à l'œuvre.

Alors, bien sûr qu'il faut *tolérer* les femmes qui rencontrent un échec d'allaitement. Mais je dirais aussi, et cela n'a rien à voir, que cela n'exclut pas d'être *intolérant* vis-à-vis de ceux qui ne tolèrent pas le succès, bien que ce soit involontairement.

FLORENCE BÉGOIN-GUIGNARD :

C'est le point essentiel ; peut-être pourrait-on dénouer quelque peu le conflit en dégageant quelques-unes des raisons de cette intolérance au succès.

Il me semble que dans ce qui pousse toute la société occidentale à séparer le bébé de la mère, il faut comprendre qu'à côté de l'envie universellement suscitée par le spectacle d'un bébé au sein, il y a aussi quelque chose de positif : *la réintroduction du père*. J'ai beaucoup aimé ce dicton : « Pain d'homme et lait de femme font venir les enfants forts », que rapporte Françoise Loux dans son texte.

FRANÇOISE LOUX :

Je voudrais revenir sur les traditions françaises anciennes. Je crois que ce n'est pas du passéisme, c'est important pour comprendre un certain nombre de choses actuelles.

Effectivement à ce moment-là on n'avait pas le choix. Si l'enfant n'était pas nourri au lait de femme, allaité par la mère ou par une nourrice, il mourait. A partir de cet *allaitement maternel essentiel*, toute une culture s'est élaborée avec toute une symbolique, un certain nombre de rituels, de gestes. Si on arrive à comprendre cette culture, on comprendra un certain nombre de choses dans nos rapports de femmes à l'allaitement. En tout cas, c'est ce qui m'est arrivé à moi.

Il n'est pas question de reprendre ces gestes anciens, mais les comprendre, c'est une façon de retrouver nos propres corps, nos propres gestes et de créer de nouveaux rituels par rapport à l'allaitement à l'intérieur même des institutions actuelles.

Il y a trois points que je voudrais souligner.

Le premier point c'est que je crois que les deux dimensions qu'on a soulignées : d'une part, la crainte de l'animalité et, d'autre part, la relation d'échange qui se fait entre la mère et l'enfant (et aussi entre la mère, l'enfant et le reste du monde), ces dimensions autrefois n'étaient pas séparées. On pensait que, lorsque l'enfant venait au monde, il était inachevé et que si on le laissait dans cet état d'inachèvement (il ne marchait pas, il n'avait pas de dents), il deviendrait un petit animal et que c'était très grave. Parce qu'un enfant-homme ce n'est pas un enfant-animal ; un enfant-homme ne peut pas vivre en pleine nature comme un animal, et si on ne l'aide pas à se transformer en homme... il meurt tout simplement, ce qui se passait effectivement dans la société ancienne. Le rôle de la mère était justement d'aider cet enfant à s'achever, d'aider cet enfant à devenir un homme. Elle l'aidait à s'achever en l'allaitant, parce qu'il ne pouvait pas se nourrir autrement et parce que le lien charnel, affectif devait être maintenu. Il y a un très beau proverbe qui dit : « A l'enfant, il faut la chaleur de la mère. » C'est important parce que cela dit tout de cette relation préférentielle nécessaire.

Mais cette relation ne devait pas durer tout le temps. On se méfiait du désir de la mère de garder pour elle son enfant, ce qui est presque un désir de dévoration. Il fallait que la mère arrive à confier cet enfant à la société, d'où des rituels à la naissance où le père intervenait de façon très importante, d'où aussi le rite du baptême où finalement la matrone — en général une vieille femme du village — amenait l'enfant au baptême. Ce n'était pas la mère qui l'amenait mais la matrone. D'où une préparation très progressive du sevrage. Et quand le sevrage était réussi, l'enfant vivait (et la mère pouvait se mettre à faire un autre enfant). Quand il n'était pas réussi, l'enfant mourait. Les proverbes sont très durs à cet égard, mais les enfants mouraient *réellement* (ils pouvaient aussi mourir symboliquement).

Deuxième point, je voudrais insister sur le problème du sevrage ; je change peut-être de « casquette », car je voudrais intervenir en tant que mère. J'ai allaité deux de mes enfants au sein et le troisième en tirant mon lait, car, comme je le raconte, c'était une situation particulière. J'ai allaité mes enfants à peu près deux mois et j'ai eu l'impression de les avoir réellement allaités. Mais en lisant les textes de ce livre, j'ai eu l'impression que je ne les avais pas réellement allaités, et que j'aurais dû le faire six, sept mois. Mais là pour moi c'est trop. Je n'aurais pas désiré allaiter mes enfants six, sept mois. C'est vrai qu'un problème de choix se pose, un problème de choix entre différents désirs : je suis une femme qui travaille et je suis une mère. Jusqu'ici je pense que j'ai mis les deux choses en harmonie mais, si j'avais dû allaiter pendant six mois, cela aurait été difficile ou acrobatique. Je pense qu'il ne faut pas oublier les femmes qui travaillent, les femmes qui travaillent par obligation, mais aussi les femmes qui travaillent par désir ; ce n'est pas dit clairement dans ces textes, mais j'ai eu l'impression qu'en filigrane il était suggéré qu'allaiter un enfant deux mois ce n'était pas l'allaiter. J'ai l'impression qu'un certain nombre de relations se sont établies entre mes enfants et moi qui n'auraient pas été possibles autrement, et aussi, sur un plan « médical » je pensais que c'était bon. Je ne l'ai pas retrouvé dans ces textes. Je crois aussi qu'il y a une certaine relation entre mère et enfant qui s'établit pendant le premier et le deuxième mois où la mère redevient elle-même un enfant, où elle a besoin de *vivre aux mêmes rythmes que son bébé.* Je n'aurais pas pu vivre ce type de rythme — vivant en même temps que mon bébé, me réveillant en même temps que lui, me rendormant en même temps que lui — pendant plus de deux mois. Je ne vois pas comment on peut allaiter autrement.

Un troisième point est le point dont on a parlé au sujet du caractère « sexuel », peut-on dire, des relations qui s'instaurent entre la mère et son bébé. C'est quelque chose qui était très bien reconnu par la société ancienne. Elle reconnaissait le bonheur de la mère qui allaitait.

Elle le reconnaissait si bien qu'il y avait une sorte d'interdit, de tabou sur les relations sexuelles avec le mari : tant que la mère allaitait son enfant, elle n'avait pas de relations sexuelles avec son mari. D'où un conflit : la mère qui désirait allaiter le plus longtemps possible son enfant et le mari qui avait le désir contraire[1].

Le moment qui était indiqué comme le meilleur pour le sevrage était l'apparition des dents. Il y avait un conflit pour savoir si c'était la première dent — celle du milieu — ou les dernières. Pourquoi l'apparition des dents ? Tout d'abord c'est le problème de l'achèvement de l'enfant. Une fois que l'enfant a sorti toutes ses dents, il est considéré comme achevé, donc, en principe, il ne devrait plus avoir besoin de sa mère de façon aussi totale. Ensuite il y a le problème de dévoration. On dit que la mère a peur que l'enfant ne la morde. C'est plus profond : c'est une peur de dévoration. Je l'ai ressentie moi-même par moments en allaitant mes premiers enfants, on a l'impression d'être dévorée par l'enfant. Quand il fait très chaud, qu'on est très fatiguée, on a l'impression d'être vidée, dévorée, dépossédée de soi-même. C'est quelque chose dont il faut tenir compte.

Enfin, on considérait que les dents, dans toute la culture traditionnelle, étaient un peu un symbole sexuel, phallique. L'enfant qui avait des dents était considéré comme sexué. Et les relations charnelles et sexuelles entre une mère et son enfant devenaient intolérables parce que c'était un inceste... il fallait que cela cesse.

ROGER SALBREUX :

Merci beaucoup. Madame Françoise Dolto.

FRANÇOISE DOLTO :

Vous parlez du sevrage et des femmes qui travaillent : pas seulement celles qui travaillent par obligation mais

1. Voir à ce sujet Françoise Dolto, *Naître... et ensuite ? op. cit.*, p. 299 et suiv. et p. 326.

celles qui travaillent par désir. Un bébé tant qu'il n'est pas âgé d'un certain nombre de semaines — et je ne crois pas que cela aille au-delà de trois à quatre mois — ne peut pas se structurer sans la présence de *la même personne* dont il reconnaît l'*odeur* (elle détient son *cavum*), dont il reconnaît la *voix* (elle détient son *larynx*), dont il reconnaît les *rythmes* (elle détient son *pharynx*). En détenant cette racine de l'*oralité* sonore, intériorisante de la parole à la culture, et de l'*analité* expulsive, extériorisante que la parole maternelle valorise, la mère détient la vitalité potentielle de tout le cycle digestif ; c'est d'elle que dépend la continuité d'une relation humanisée : il ne l'a pas mangée, il ne l'a pas excrétée, c'est pour cela qu'il est indispensable que ce soit la même personne qui le nourrisse et le change, sa présence, son visage, sa voix, ses rythmes porteurs et manipulateurs tissent la trame et la chaîne d'une alliance d'amour. Grâce à cette constance, l'enfant peut être en sécurité à l'intérieur de lui-même, et dans la relation à cet autre référent, il étend cette sécurité à la relation avec les autres qu'il apprend à connaître avec elle.

Ce centrage premier, au point de vue psychologique, ne se fait que par quelque chose qui est apparemment fusionnel mais qui ne l'est pas ; qui est dyadique au départ et qui est en fait triadique avec l'homme — dans le meilleur des cas — ou avec un autre (enfant, grand-mère, etc.). Ce troisième pôle, une personne ou plusieurs, le reste de la famille, est indispensable à l'éveil du bébé. Même si le sein se tarit, lorsque la mère a pris du plaisir avec son bébé, elle continue sa relation élective avec lui aux heures du plaisir attendues, par tous deux de se retrouver, *même si elle travaille.*

Un sevrage bien fait, c'est d'absences en présence retrouvée la *continuation* élective de la *communication de cœur et de corps* avec la mère, tout en recevant une autre nourriture venant d'elle ou d'une autre personne à qui elle l'a confié. C'est une étape de la socialisation progressive de l'enfant.

Nous savons maintenant — nous en avons des preuves tous les jours — que *la médiation* (l'humanisation) *se fait par la parole.* Il faut tout expliquer, en paroles justes, à l'enfant, très, très précocement : ce qu'il vit, les épreuves qu'il rencontre, l'absence de sa mère qui est remplacée par telle autre personne... La mère alors peut lui dire la nécessité matérielle ou morale de travailler. C'est surprenant mais le fait est que l'enfant accepte l'épreuve d'autant plus facilement qu'elle lui est expliquée.

Dès le début de la vie, il est indispensable que ce soit toujours la même personne qui s'occupe de l'enfant. Vous avez parlé de choix, monsieur Hennequet, cela me paraît important que la femme ait ce choix, mais cela devient dangereux si cela permet de choisir, pour être libre, de ne pas être présente au moment des repas et des changes de l'enfant au début de sa vie. C'est là qu'il faut que nous disions que se trouve la psychoprophylaxie de l'enfant social. Ce qui se passe, chez beaucoup de mères qui donnent le biberon, c'est que, puisqu'il s'agit du biberon, n'importe qui peut le donner. C'est tout à fait faux. Il est indispensable que ce soit *toujours la même personne au début* (pas forcément la génitrice d'ailleurs), et il est indispensable que cette personne lui parle au cours des soins et, en dehors de ces moments, le prépare progressivement, à partir de quelques semaines (si c'est la mère *dès le début*, si c'est une autre personne après quelques semaines), à entendre d'autres voix, à rencontrer d'autres enfants... tout en s'occupant de lui. L'enfant dont la mère n'est pas « en commerce » avec d'autres adultes et d'autres enfants va intégrer en lui autant respiratoirement que digestivement la solitude prolongée animale, car son corps, son être ne se distinguent de ceux de la mère que dans les moments où une troisième personne est présente. Malheureusement, dès l'accouchement, on isole souvent les enfants. Ils ne sont pas avec leur mère mais avec des bébés qui « braillent » toute la journée. L'enfant a besoin d'entendre les mêmes sonorités qu'il percevait déjà *in utero*, plus claires car il ne les entend plus à travers la paroi abdominale, il faut qu'il ait accès aux espaces sonores où vivent les adultes et les enfants avec des voix de toute sorte, il faut qu'il sente l'odeur et les rythmes du monde. C'est cela la socialisation d'un être humain.

Penser que c'est un « paquet à nourrir et à changer », cela arrive plus souvent quand l'enfant est au biberon, mais cela est beaucoup plus rare quand il est au sein.

Cependant il y a l'autre extrême, et surtout, quand il

est au sein, il peut y avoir ce sentiment de *l'objet possédé par la mère* dans le cas où manque la fréquentation d'autres enfants et dans l'isolement par rapport aux autres adultes de la mère et de son bébé. Si de sa mère l'enfant est l'objet totalement asservi, totalement dévoré, il fera des troubles graves au moment du sevrage : troubles somatiques digestifs (troubles d'appétit ou de constipation pouvant aller jusqu'au fécalome) ou encore troubles somatiques respiratoires. C'est là que s'expriment les troubles psychologiques qui signifient le sevrage manqué, que l'enfant soit au sein ou au biberon.

Il faut le tout : une personne unique qui soit la relation élective du bébé pour qu'il puisse se centrer à l'intérieur de lui-même au lieu d'être décentré par de multiples personnes qui s'occupent de lui ; il faut aussi que cette personne, dès le début, soit la médiatrice des autres humains pour permettre sa socialisation progressive.

ANDRÉ HENNEQUET :

Madame Dolto, je crois que là vous outrepassez ce qu'on a le droit de dire en ce qui concerne l'*apparition de troubles au sevrage*. Je me suis occupé de nourrissons et de jeunes enfants pendant toute ma carrière. En vingt-cinq ans où, avec Mme Aubry, je me suis occupé de crèches, je peux dire que ce que vous avez cité se produit mais que ce n'est pas la règle, c'est un risque qui n'est pas forcément lié à *cela*. A partir du moment où, *statistiquement*, ce n'est pas lié... on peut dire tout ce qu'on veut !

FRANÇOISE DOLTO :

Vous nous parlez de statistiques, mais cela n'a pas été recherché !

ANDRÉ HENNEQUET :

Je voudrais profiter du temps qui me reste pour dire que les femmes, dans notre société actuelle, disons française — je ne sais pas ce qui se passe à l'étranger — me paraissent, depuis quelques années, au contraire, beaucoup plus conditionnées, au moment où elles vont accoucher, vers l'allaitement au sein que vers l'allaitement artificiel, cela par l'influence des médias qui jouent un rôle très important. J'en vois les reflets tous les jours chez des mères d'enfants que je soigne et qui me disent souvent : « On a voulu me forcer à allaiter ! » Vous en êtes les artisans, du moins la plupart d'entre vous, c'est la sanction de votre effort.

C'est un des aspects de notre société occidentale actuelle que les femmes les plus instruites « reviennent » à l'allaitement au sein. Alors que dans les sociétés intermédiaires, on voit un phénomène très curieux : dans les classes sociales où les femmes commencent à se « libérer », elles rejettent l'allaitement au sein. L'allaitement artificiel est historiquement et objectivement un des aspects de la « libération » de la femme. Il n'y a aucun doute là-dessus, à mes yeux en tout cas. Actuellement, et presque paradoxalement, l'allaitement est une activité, disons de luxe, dans la mesure où il y a un choix possible, car un enfant qu'on n'allaite pas au sein peut s'élever apparemment normalement. Il n'y a pas d'arguments scientifiques irréfutables qui permettent de dire qu'un enfant allaité au sein est en meilleure santé que celui qui ne l'est pas. A mon avis, nos efforts doivent tendre pour que la femme qui veut allaiter et celle qui ne le veut pas se trouvent dans des conditions d'égalité. Vous risquez actuellement de culpabiliser les femmes qui n'allaitent pas, sans arguments rationnels. S'il y en a un, je l'attends !

ANNE BOUCHART :

Je voudrais nuancer cette notion de choix sur laquelle vous avez insisté. Il est vrai qu'elles ont différentes possibilités qui s'ouvrent à elles, mais il est vrai aussi, je crois, que les femmes sont très tiraillées, je dirai entre, d'une part, la nécessité de s'inscrire et d'inscrire l'enfant dans un groupe social et, d'autre part, les exigences internes qui les pousseraient à écouter le registre « sauvage » en elles. Par conséquent, il semble que le choix qu'une femme va faire est toujours compromis et qu'il va se faire dans le sens de l'amour de la personne qu'elle va choisir comme référence.

Autrement dit, c'est en fonction de qui elle aime qu'elle va allaiter au sein ou donner le biberon, ou encore choisir l'allaitement mixte. C'est *toujours un choix d'amour* que la femme est obligée de faire !

ANDRÉ HENNEQUET :

L'« amour » est une notion très « culturisée » !

ANNE BOUCHART :

Vous allez dans mon sens. Je veux dire que la femme — sinon à se situer dans un registre hors la loi — va nécessairement se référer à un représentant du groupe social auquel elle appartient. Et la plupart du temps, que va-t-il lui être offert comme référent de ce groupe ? Le médecin. C'est la parole du médecin qu'elle va être amenée à écouter et à laquelle, bien souvent, elle va se sentir tenue, je ne dirai pas d'obéir mais de se conformer. Dans mon article, j'ai parlé de l'ordonnance ; cela me paraît plus qu'un jeu de mots. Ce que vous dites de ce retour à l'allaitement au sein maternel pour une certaine catégorie de femmes ne me paraît *pas un retour pur et simple.* Il semble que quelque chose de très important se joue là, dans l'articulation d'un certain mouvement de libération de la femme avec un mouvement du côté des médecins, représentant l'ordre social, qui vient réinvestir l'allaitement maternel autrement, précisément, que comme quelque chose d'animal.

ANDRÉ HENNEQUET :

C'est le courant écologique, point final !

GISÈLE LAVIOLLE :

Au sujet de la libération. Je crois qu'on en est à une deuxième génération de libération de la femme.

Au cours de la première, il fallait aller travailler, s'affirmer dans des activités masculines, des activités intellectuelles et puis *se séparer* de son rôle de femme. On ne parlait pas du rôle *de la femme* car c'était tabou.

La deuxième a lieu maintenant. Les femmes disent : « Nous sommes *nous !* Nous avons un certain nombre de fonctions. La grossesse, les hommes ne la vivent pas. »

L'allaitement m'a personnellement beaucoup libérée. J'ai actuellement une façon de me prendre en charge que je n'avais pas avant, parce qu'il a fallu que je me batte contre tout le monde. Quand on me disait : « Comment ! il est encore au sein ? », je répondais : « Quand il fera son service militaire, je l'accompagnerai parce qu'il ne pourra pas se passer de moi ! » *(Rires.)*

ROGER SALBREUX :

Il serait bon que nous mettions de l'ordre dans la discussion. Il y a d'autres demandes à satisfaire et je ne peux satisfaire tout le monde. Mlle Danielle Rapoport souhaite intervenir, après je donnerai la parole à un certain nombre de personnes qui attendent.

DANIELLE RAPOPORT :

Je voudrais parler de deux points concernant ce numéro. Ce qui peut paraître un peu déséquilibré, c'est qu'on ne parle pas d'un « autre allaitement ». Je répondrai que ce n'est pas le sujet...

ANDRÉ HENNEQUET :

C'est *le* sujet ! On ne peut parler de l'un sans l'autre !

DANIELLE RAPOPORT :

Le deuxième point est qu'on ne parle peut-être pas assez — c'est peut-être cela qui vous a choqué — qu'on ne parle peut-être pas assez des avatars de l'allaitement maternel, en particulier de cas très nombreux que nous rencontrons dans nos services de pédiatrie. Et des exemples même où l'on voit des mères qui ne peuvent pas sevrer leur enfant parce qu'elles ont trop de lait ! Je pense à un cas de mérycisme que j'ai suivi, où il y avait toute une pathologie de la relation mère-enfant au niveau du sevrage et une surabondance de lait, cette mère ayant déjà perdu deux enfants auparavant, et me disant qu'elle avait du lait pour deux... [1].

Mais la différence entre l'*interrogatoire* médical et l'*entretien* avec les psychologues m'amène à dire quelque chose : si vous sentez tant d'intolérance dans notre public, c'est que moi, personnellement, qui semble passionnée pour ces problèmes, je voudrais vous dire, puisque nous travaillons dans le même hôpital, la somme d'énergie, la somme de patience, la somme de diplomatie, la somme de tolérance qu'il me faut depuis dix ans pour obtenir des améliorations évidentes : qu'une surveillante du troisième étage, par exemple, laisse entrer des mères dans le box des nourrissons. Combien il faut partir en croisade, effectivement, et combien quelquefois on n'en peut plus d'essayer d'obtenir des choses tout simplement évidentes. Alors, si ces femmes, ces mères, sont ici à vous dire : « Mais non, monsieur, nous n'avons pas encore le choix ! », je peux vous dire que c'est vrai. Et nous ne nous en rendons pas compte, nous, du côté médical (ce que vous disait Anne

1. RAPOPORT (D.) et LOSTIL (J.) : « A propos d'un cas de mérycisme, apport de la médecine psychosomatique dans un service de nourrissons », in *Méd. et hyg.*, 1977, *35*, p. 341-345.

Bouchart), combien les usagères qui viennent dans ces institutions médicales n'ont pas, encore, vraiment, le choix.

C'est cela que je voulais dire, parce qu'il nous faut être un tampon permanent entre vous et elles. Ici, de temps en temps, cela fait du bien de pouvoir être un peu intolérant, parce que vous ne nous laissez pas tellement l'être dans la vie hospitalière quotidienne...

ANDRÉ HENNEQUET :

Nous tombons dans l'attaque personnelle ?

DANIELLE RAPOPORT :

Ce n'est pas vous que j'attaque, mais l'institution hospitalière *telle qu'elle est actuellement*, dans trop de cas.

ÉTIENNE HERBINET :

Monsieur Hennequet, en y réfléchissant, je me demande si vous ne faites pas une confusion. Vous dites : « Vous culpabilisez les femmes... »

ANDRÉ HENNEQUET :

Vous êtes en train de le faire ; sans bien sûr que j'y voie une *intention*.

ÉTIENNE HERBINET :

Je me demande si ce sont obligatoirement les mêmes qui travaillent actuellement à ce livre et qui culpabilisent les femmes. Je m'explique. Il y a quelques années, dans la maternité parisienne très réputée où je travaillais, on faisait signer un papier aux femmes qui avaient choisi le biberon, un papier qui disait : « Je refuse d'allaiter mon enfant » (ou « Je refuse de nourrir mon enfant », je ne me souviens plus). On avait beau s'insurger, ça continuait.

ANDRÉ HENNEQUET :

Je ne savais pas cela. Vous vous rendez compte !

ÉTIENNE HERBINET :

Mais ce ne sont pas les mêmes personnes ! Cette attitude qui était réellement culpabilisante, et qui partait d'ailleurs d'un bon sentiment si l'on veut, était parfaitement compatible avec une manière de faire qui aboutit souvent à l'échec de l'allaitement. Françoise Julien l'a dit. Mais ça, quand on est médecin, sur place, on ne le voit pas forcément. Il a fallu que ma femme accouche là pour que je perçoive certaines choses. (Même expérience avec une autre personne de ma famille dans une maternité voisine.) Ensuite, quand on a « la puce à l'oreille », on le retrouve tous les jours en bavardant avec les accouchées et en regardant ce qui se passe.

Ceux qui cherchent alors des moyens pour que les femmes qui veulent allaiter n'en soient pas trop empêchées *en fait*, c'est notamment le cas de ceux qui travaillent à ce livre, ne sont pas forcément ceux-là mêmes qui culpabilisent les femmes qui ont choisi le biberon.

ANDRÉ HENNEQUET :

Peut-être... L'important, en tout cas, me semble être de respecter la liberté d'un choix qui, actuellement, existe[1].

ROGER SALBREUX :

Mme Firmin a demandé, il y a longtemps, la parole.

FRANÇOISE FIRMIN :

Je fais de la chirurgie plastique et réparatrice et vois des femmes qui viennent se plaindre de l'état de leurs seins. Il y a deux causes majeures au sein qui s'abîme : les modifications de volume trop importantes et les grossesses.

Parmi ces femmes qui viennent après avoir eu des enfants et se plaignent de l'état de leurs seins, il y a aussi bien celles qui ont allaité que celles qui n'ont pas allaité. Ce qui est curieux, c'est que celles qui ont allaité attribuent à l'allaitement le mauvais état de leurs seins alors que celles qui n'ont pas allaité l'attribuent, au contraire, à l'arrêt de la montée de lait et aux bandages serrés.

Il arrive que l'on me pose, avant ce fameux choix, la question : « Est-ce que l'allaitement abîme ou non les seins ? » Ce que l'on peut dire c'est que certains seins

1. N.D.L.R. — Le Pr A. Hennequet, à ce moment de la table ronde, a été obligé de partir. Après lecture du texte écrit de ses interventions, craignant que son attitude critique puisse faire penser qu'il était défavorable à l'allaitement maternel, il nous a demandé d'ajouter les précisions suivantes :

« Je ne suis en rien un opposant à l'allaitement maternel que j'ai toujours cherché à favoriser. Je suis absolument d'accord avec tout ce qui est entrepris pour lutter contre le conditionnement des femmes vers l'allaitement artificiel, et j'aurais aimé m'étendre sur l'idée que la meilleure façon de favoriser l'allaitement maternel est de le *démédicaliser* au maximum.

« Cela dit, je critique une attitude de " croisade " qui risque de culpabiliser les femmes qui, *pour des raisons très diverses*, n'ont pas désiré, voulu ou pu allaiter. Il n'y a, à mes yeux, aucun argument scientifique suffisant pour la justifier dans nos pays où nous pouvons " compenser " l'infériorité (possible) de l'allaitement artificiel. »

seront abîmés par l'allaitement et d'autres pas, sans qu'il soit possible de le prédire. Nous avons tenté dans notre court article de détailler quelques précautions qui permettent d'éviter beaucoup de dégradations.

Je voudrais aussi raconter une petite anecdote qui m'est arrivée, il y a environ deux mois, en consultation. Je vois arriver une jeune femme avec son enfant de deux ans et demi. Cette femme commence à me dire qu'elle vient pour un problème de seins très ptosés [1]. Avant que je ne la fasse se déshabiller pour pouvoir l'examiner, je vois son petit garçon de deux ans et demi se précipiter, ouvrir le corsage de sa mère et commencer à téter. J'étais un peu étonnée. Cette jeune femme, intelligente, m'a expliqué que quand son enfant était fatigué — c'était le cas puisqu'il avait attendu — il venait vers elle, prenait son sein et tétait. Elle avait donc encore du lait. Je lui dis : « C'est étonnant que vous vous préoccupiez de vos seins. Vous venez consulter pour vous faire opérer, et vous avez un enfant de deux ans et demi qui tète... Il a peut-être un problème de sevrage ! — Oui, me répondit-elle, j'y ai pensé. Mais j'ai aussi pensé que si vous m'opériez, le sevrage se ferait automatiquement. » *(Rires.)*

Je voulais savoir ce que vous pensiez de ces allaitements prolongés. Cela m'a paru sidérant.

ROGER SALBREUX :

Merci, madame. La parole est au Dr Béremberg.

SAMUEL BÉREMBERG :

Je regrette que M. Hennequet soit parti, car certains points de son argumentation sur la question du choix me semblent être discutables, et auraient mérité d'être discutés bien qu'il limitât son propos à la France, je crois.

Il ne faut pas oublier que plus de 95 % des enfants sont nés ailleurs qu'en France. *(Rires.)* Il a également

1. Tombants.

posé la question au sujet de la « catastrophe ». Il faut dire que c'est une catastrophe pour beaucoup de pays que d'avoir ce soi-disant choix. Mais même ici, en France, il y a une différence de morbidité et de mortalité entre les enfants allaités au sein et ceux qui sont nourris au lait artificiel. Il y a des anticorps qui sont présents dans le lait humain et non dans le lait artificiel. C'est exposé dans le livre. On l'a déjà assez décrit et cela continuera à être décrit.

Une question qui n'a pas été posée est la question de savoir qui fait le choix et sur quoi il se fonde. D'habitude, *il est fondé sur l'ignorance*. Si les mères et aussi les pères étaient un peu informés des différents avantages du lait humain — je ne parle pas d'un point de vue psychologique mais d'un point de vue uniquement biochimique et nutritionnel — la plupart auraient choisi le lait maternel.

Je crois que c'est une fausse discussion dès le départ, cette discussion sur la question du choix.

ROGER SALBREUX :

Je vous remercie de votre intervention si longtemps retenue.

Madame Pernoud.

LAURENCE PERNOUD :

Quand mon premier fils est né, je voulais absolument l'allaiter, ça a été très difficile, je me suis battue et j'y suis arrivée. Cela a influencé ce que j'ai écrit dans mon livre : quand il a paru pour la première fois en 1956 — cela fait déjà vingt-trois ans ! — j'ai bravement intitulé le chapitre sur l'allaitement : « Pourquoi vous allaiterez votre enfant ! » Je n'ai donc pas présenté les choses en termes de choix. Il est inutile de dire que cela m'a valu des discussions passionnées avec des pédiatres et des accoucheurs, des approbations de pas mal de femmes qui disaient : « Heureusement, parce que sinon nous serions passées à côté de quelque chose de très passionnant. » Mais j'ai eu des lettres de lectrices qui disaient : « C'est ennuyeux, vous m'avez donné des complexes, je ne voulais pas allaiter. »

Au bout d'un certain nombre d'années j'ai rectifié le tir et j'ai présenté les choses d'une manière plus objective en disant : *« Si vous hésitez, en tout cas, commencez par allaiter, car vous pourrez toujours passer du sein au biberon, mais dans l'autre sens, cela ne serait pas possible. »* Je suis contente de voir le mouvement actuel. Mais, s'il ne faut pas remplacer la tyrannie du biberon par la tyrannie du sein, on n'obtiendra jamais un vrai changement sans faire la « croisade » comme on disait tout à l'heure. *Il n'y a pas de révolution raisonnable.* Même si on trouve un peu excessif quelquefois l'engagement actuel, il est inévitable pour qu'on arrive à la seule chose importante : le choix. Il passe par des travaux de ce genre, et aussi par une information plus objective.

JACQUELINE RICARDOU :

Ce n'est pas si simple... J'ai l'impression que la réalité n'est pas aussi simple que semble le dire ce livre. J'ai l'impression que Pithiviers, les Lilas drainent des femmes qui sont demandeuses au départ.

Mais d'après mon expérience personnelle, si on propose l'allaitement à la population moyenne comme un choix, si on met les enfants précocement au sein, si on laisse la mère prendre son enfant comme elle le veut, si on ne pèse pas les enfants, bref si on n'introduit aucun obstacle au rapprochement enfant-mère — ce que nous avons essayé de faire à la maternité où je travaille comme pédiatre — on s'aperçoit qu'effectivement les allaitements démarrent mieux. Mais si on cherche à savoir ce qu'ils sont devenus un mois plus tard (j'ai aussi une clientèle en ville)... c'est terriblement décevant : il y a peut-être un enfant sur cinq (je n'ai pas fait le compte exact, ou sur sept, ou huit ou neuf !) qui est toujours allaité au sein un mois après l'accouchement.

GISÈLE LAVIOLLE :

Oui, mais l'allaitement n'est pas facilité, une mère n'est acceptée nulle part avec son bébé. Il est vrai que, si une mère veut allaiter son bébé, elle se retrouve souvent confinée chez elle. Il n'est pas admis que, dans toutes les occasions où elle veut aller, on la prenne avec son bébé et qu'elle puisse l'allaiter.

Moi j'ai appris à faire cela avec les réunions de la Leche League où l'on m'a dit : « Vous pouvez amener votre bébé, c'est évident qu'on amène son bébé. » Et toutes ces femmes avaient leur bébé, moi le mien et on les mettait au sein.Cela m'a décomplexée par rapport à tout le reste de l'humanité. Je donnais le sein très discrètement, en soulevant le pull. On n'est pas obligée de s'exhiber, on m'avait appris à le faire. Il faut faire des choix bien entendu ; il est évident qu'on ne va pas emmener son bébé dans un concert pop. Il faut aussi être centré sur le bébé. *(Brouhaha.)*

FRANÇOISE DOLTO :

Vous avez tout à fait raison, madame, mais ce que vous décrivez, ce centrage, cette attention, il faut *aussi* le faire avec un bébé au biberon !

GISÈLE LAVIOLLE :

Je ne le faisais auparavant ni avec un bébé au sein ni avec un bébé au biberon. C'est en allant aux réunions de la Leche League que j'ai appris à le faire.

DOMINIQUE SAPRIEL :

Je voulais aller dans le sens de Françoise Dolto en poussant plus loin ce qu'elle disait. Je vais poser la question : « Ne pourrait-on pas parler de l'allaitement maternel sans séparer le biberon du sein ? » C'est-à-dire : *« Peut-on allaiter au biberon ? »* Parce que, très souvent ce qu'on voit dans les maternités, c'est le biberon mis en place d'objet, séparé de la mère. C'est-à-dire que le biberon n'est plus introduit dans la relation de la mère à l'enfant et du couple à l'enfant. Si on réintroduisait une notion d'allaitement au biberon, c'est-à-dire de relation de la mère à l'enfant par le biberon, est-ce que cela ne permettrait pas à bien des infirmières, des puéricultrices qui s'occupent de ces mères dans les tout premiers jours de mieux comprendre ce qu'est l'allaitement maternel?

N'y aurait-il pas à saisir comment le biberon, objet partiel de la mère, se situe dans une relation personnalisée d'une mère avec son enfant ? Peut-on resituer l' « allaitement » au niveau du sein mais aussi au niveau du biberon ?

Par ailleurs, je trouve qu'il y a un thème qu'on n'a pas assez développé : les motivations de toutes les personnes « si gentilles » qui s'occupent de ces mères et de ces couples et qui sont si soucieuses d'intervenir auprès de ce nouveau-né sans tenir compte et même, je dirai, en faisant abstraction du désir de la mère. Le biberon ou même le sein, au lieu de se situer en objet médiateur, objet d'une relation, deviendrait, en quelque sorte, l'objet du prescripteur. C'est-à-dire qu'à ce moment-là le soignant, la grand-mère, qui on voudra, prendrait la place de la mère en prescrivant le sein ou le biberon. Comme si pour le soignant, l'aide-soignant, quelque chose d'insupportable est là, qui est cette relation privilégiée de la mère au tout-petit. C'est ce qu'on voit très souvent quand on fait des groupes avec ces personnes qui s'occupent des enfants : en fin de compte, elles ont envie de se substituer quelque part à la mère, que ce soit par le sein, que ce soit par le biberon, et que ce qui semble difficile pour elles, c'est de se situer en tiers dans la relation et d'aider réellement la femme, là où elle le demande.

D'autre part, il me semble aussi que chaque femme a subi une évolution au travers des échecs ou des succès. Cela fait que chaque enfant, dans l'histoire du couple, va avoir une signification différente pour elle, amenant quelque chose de différent à chaque moment de sa vie. Reconnaître ces différences et les accepter me semble important. *Il n'y a ni enfant idéal, ni mère idéale, ni allaitement idéal.*

JOËLLE CUKIER :

J'aurais voulu parler du maternage sur lequel nous insistons beaucoup à la Leche League, mais ce point a déjà été abordé, notamment par Françoise Dolto. Il m'a semblé, mais Françoise Loux avait l'impression du contraire, il m'a semblé que les témoignages qu'il y avait dans le livre — je l'ai lu un peu rapidement — étaient des témoignages d'allaitement courts, qui avaient duré moins de deux mois, certains étaient des échecs. Les problèmes, s'il y en a, se situent dans les deux premiers mois de l'allaitement. J'ai trouvé dommage qu'il n'y ait pas assez de témoignages pour expliquer qu'à partir de deux mois l'allaitement devient un bonheur complet, que tout devient plus facile.

M. Hennequet, qui est parti, nous reprochait de faire une croisade, d'enjoliver l'allaitement maternel, d'en faire quelque chose de tellement beau, tellement formidable, nous reprochait de ne pas parler des problèmes de crevasses, etc., etc. Pourquoi n'en parle-t-on pas ? Parce qu'on a ces problèmes lorsqu'on ne sait pas, cela vient d'une mauvaise information — excusez-moi — d'une mauvaise éducation des sages-femmes, des puéricultrices, des médecins. *L'allaitement est un art*, un art qui a été oublié. Les mamans qui viennent nous voir à la Leche League, qui nous demandent des conseils et qui les suivent n'ont pratiquement pas de problèmes. Lorsqu'elles en ont, on les aide. Il n'y a pas de femmes qui ne peuvent allaiter, il y a des femmes qui ne veulent pas allaiter. Si elles ne veulent pas allaiter, on ne fera rien pour les obliger à allaiter. Il y a des femmes qui doivent travailler, il y a des femmes qui ont un dégoût pour allaiter. On ne peut pas faire une psychanalyse de chaque femme qui va avoir un bébé ! Nous trouvons même dommage que, dans certains hôpitaux, on insiste parfois pour que les mères allaitent à tout prix.

Il faut que les femmes aient ce désir. Et pour nous, c'est presque un défi. N'importe quelle femme qui a ce désir, nous pouvons l'aider. Nous sommes sûres qu'elle pourra réussir. Pour une femme qui n'a pas vraiment ce désir, on essaiera mais elle va à un « échec ». Echec c'est un mot qu'on ne veut pas employer. On sait que ce sera très difficile et qu'on essaiera de présenter cela pour qu'elle soit satisfaite de sa tentative, qu'elle ne ressente pas l'arrêt de son allaitement comme un échec.

LAURENT LE VAGUERÈSE :

Je ne vais pas reprendre ce qui a été dit sur les difficultés auxquelles se heurtent les femmes qui veulent allaiter. Je crois qu'il a été clairement démontré que ces difficultés étaient dues pour une grande part à la tendance actuelle des médecins à préférer l'allaitement au biberon à l'allaitement au sein. Ce que je veux souligner, c'est que dans ces conditions, l'échec de l'allaitement au sein, pour les femmes qui le souhaitaient au départ, prend le sens d'une soumission au désir du médecin. Cette soumission, on la comprend aisément, car s'opposer au médecin n'est pas une chose facile. Non seulement la mère a peur d'être rejetée, ce qui ranime chez elle des craintes profondes de perte de l'amour de sa propre mère, mais elle craint aussi que son enfant à peine né ne soit lui-même rejeté, exclu de la société à laquelle elle aspire à l'intégrer.

Voilà où nous en sommes aujourd'hui, mais bien sûr cela peut changer. En effet l'opinion des médecins, qui s'affirme toujours comme s'appuyant sur les acquis de la science, dépend en fait en grande partie de la politique de santé et donc des données économiques. Dans ces conditions, ce qui est vrai aujourd'hui peut demain tout aussi bien se révéler faux. Peut-être que dans l'avenir, à cause du chômage, du travail des femmes, de la politique nataliste, que sais-je encore ? les médecins dans leur majorité se mettront à imposer l'allaitement au sein. Pour se convaincre de ce que je dis, lisons les journaux. Les débats sur l'avortement, sur le déficit de la Sécurité sociale démontrent clairement que pour l'Etat et donc pour le médecin, la santé c'est de la politique, et qu'en conséquence les données n'en sont pas immuables.

Cependant, et sans annuler ce qui précède, il faut reconnaître que l'*échec* de l'allaitement au sein introduit une dimension spécifique, car il met en jeu le corps de la mère. Ce corps porte le poids des générations passées et de leurs conflits. Qu'il vienne à manquer indique un point d'arrêt. Que s'y trouve, comme nous l'avons dit, posée la question de la soumission ou de l'affrontement au désir de l'Autre ne nous autorise cependant pas à en rester là. Entendre cette parole dans sa singularité, *lui donner un sens quand il le faut*, tel doit être le rôle des analystes quand il y en a. Celui de tout un chacun étant de respecter le désir de la mère et non d'imposer un changement vers l'allaitement au sein, qui ne ferait à mon sens que témoigner de notre manipulation.

CATHERINE DOLTO :

Je suis médecin généraliste. Il n'y a pas longtemps, une amie pédiatre m'a envoyé une femme pour que je lui fasse un arrêt de travail afin qu'elle puisse continuer son allaitement.

Cette histoire m'a fait beaucoup réfléchir. Et pourtant à l'origine, c'était une demande simple : « Il faut que je puisse rester auprès de mon enfant. » Et puis on a parlé un peu et j'avais l'impression que cela n'allait pas très bien. Je lui demande comment elle va, elle se met à pleurer, elle s'avère très déprimée. On cherche un peu et elle me dit que ce n'est pas du côté du père de l'enfant. Sa mère était une grande dépressive. Depuis que son enfant était né, elle était très dépressive et très coupable vis-à-vis de sa mère qu'elle avait tout le temps sur le dos parce qu'elle habitait tout près.

Je me suis demandé, avec elle, s'il était souhaitable de lui offrir, au nom de l'allaitement au sein, cette « bonne chose », cette possibilité de rester enfermée avec son enfant. Ce qui m'avait mis la puce à l'oreille c'était : « Tout va très bien *mais* j'ai un problème : je ne peux confier mon enfant à personne, je ne peux pas le mettre dans les bras de son père, même pas pour dix minutes, cela m'angoisse terriblement ; je ne peux pas m'en séparer. » Ce qu'elle venait demander au médecin, c'était : « Arrêtez-moi pour que cela continue. »

Dans cette histoire-là, j'ai eu l'impression qu'il y avait

une rencontre d'animalité, de culture d'un tas de choses, qui faisait que, pour cette femme, le fait d'allaiter son enfant — cela se rapproche de ce que disait Claude This — avait quelque chose d'une régression fantastique, que sa mère passait du côté de ceux qui allaient mourir à partir du moment où elle était elle-même mère, qu'elle était coupable de la dépression de sa mère, qu'il y avait un vertige dans son allaitement que j'ai vécu comme quelque chose de toxique pour elle.

Finalement, la solution qu'on a trouvée, c'est que je lui ai donné un arrêt plus court que ce qu'elle me demandait. « Je vous le renouvellerai si vous le désirez, mais réfléchissez pour savoir si vous êtes sûre que c'est bien ce que vous voulez. »

Cela pose le problème du discours qui est tenu au pédiatre, médecin de l'enfant, et de celui qu'on fait à un médecin généraliste. Il y a des choses que l'on peut avoir envie de faire et qui vous font beaucoup de mal. Il ne faut pas prendre le désir pour quelque chose qui se manifeste comme ça dans la parole, *ce n'est pas si simple, le désir.*

FLORENCE BÉGOIN-GUIGNARD :

Les pères ont été réintroduits, ce qui est une bonne chose. Je voudrais appuyer dans ce sens en disant qu'il est regrettable — il y a sûrement des pères dans l'assemblée — que nous n'ayons pas invité des pères *en tant que pères.* Il faut dire que pour une fois les pères gardent les enfants. *(Rires.)* Je le sais bien puisque mon mari garde les miens. Je regrette quand même qu'il n'y en ait pas, pour nous donner leur point de vue sur leur rival glouton.

Il ne faudrait pas oublier que la femme qui est enceinte, qui accouche, qui allaite, etc., cette femme a la tâche terriblement difficile de médiatiser la relation du père — absent ou présent — avec ce nouveau venu. Et justement, dans l'exemple que vous venez de donner, madame, à propos de cette mère complètement déprimée qui s'accroche à son enfant, il n'est pas indifférent que le père ne *vive* pas avec elle.

CATHERINE DOLTO :

Oui.

FLORENCE BÉGOIN-GUIGNARD :

Cette tâche de médiatiser une relation nouvelle implique le remaniement et le remodelage de toutes les situations triangulaires chez tous ceux qui participent à la vie familiale. L'attitude du père est absolument capitale dans cette élaboration. J'ai été très impressionnée par l'exemple de Mme Dolto à propos du sevrage qui devait à tout prix être évité à l'enfant. Et pourquoi pas l'Œdipe ? On pourrait éviter l'Œdipe, on peut tout éviter si on ne vit pas !

A partir du moment où on accepte de vivre, on est constamment confronté à un conflit, à son élaboration, aux difficultés que l'on rencontre personnellement dans son élaboration, aux difficultés que les autres rencontrent. Quand un conflit est résolu, c'est pour en aborder un autre. *(Rires.)*

GISÈLE LAVIOLLE :

Vous avez évoqué le père ; on en avait très peu parlé jusqu'à présent. Beaucoup de femmes que je connais m'ont dit : « Je ne veux pas allaiter mon bébé. Mon mari veut pouvoir s'en occuper autant que moi. Par l'allaitement artificiel, il pourra s'en occuper autant que moi. » Quand j'ai eu les deux premiers, j'avais lu le livre de Laurence Pernoud qui disait aux pères : « Le biberon de nuit, c'est vous ! » Et mon pauvre mari s'est levé pour donner le biberon de nuit. Mais ce n'est pas parce que c'est écrit dans un livre. C'était normal. Nous sommes dans une génération où le père partage énormément de tâches. A partir du moment où il y a un bébé, il se lève la nuit, il fait tout comme la mère. Cela n'est plus un père, mais une autre mère ! Pour mon dernier enfant, comme je l'allaitais, il ne s'est pas levé la nuit, il ne l'a pas materné. Je l'allaitais et je le changeais « dans la foulée ». Il a très peu changé lui-même son bébé, mais il a de très bonnes relations avec lui. Il y a beaucoup d'autres choses qu'un père peut faire avec son bébé que lui donner à manger. Dans cette opinion : « Il faut que mon mari s'en occupe autant que moi », on a l'impression que la relation du père ne peut bien se passer que si cela devient un décalque exact de la relation de la mère avec son bébé.

CLAUDE REVAULT D'ALLONNES :

C'est difficile de parler de la paternité ! On en parle effectivement comme de la maternité.

Je m'interroge énormément actuellement sur ce rapprochement de l'homme des fonctions féminines. Que cherche l'homme quand il cherche à accompagner la femme pendant la grossesse, et pas seulement à assister à la naissance mais à baigner, à couper le cordon ? Quand il cherche à donner le biberon à la place de la femme ? Que gagne et perd la femme ? Et que gagne et que perd l'homme ?

De fait, quelque chose résiste en lui parce qu'il ne peut pas allaiter : il y a des hommes qui aiment voir leur femme allaiter. Un autre peut ne pas vouloir que sa femme allaite, par jalousie, il s'arrangera pour que l'allaitement échoue. Il peut aussi vouloir donner le biberon : « On stoppe et on partage. »

Quelque chose d'important est ici en jeu, mais on n'a pas le temps de traiter tous ces problèmes aujourd'hui... Il y aurait tout un numéro des « Cahiers du nouveau-né » à faire sur cette *nouvelle parentalité*, sur ce glissement du rôle paternel et du rôle maternel. Moi je ne suis pas sûre que la femme y gagne et que l'homme y gagne.

FRANÇOISE DOLTO :

Lorsque je faisais cette émission sur *France-Inter*, j'ai reçu un jour une lettre d'un père inquiet parce qu'il avait un enfant qui commençait à parler et qui l'appelait

« maman ». Et il appelait sa mère « papa ». C'était un père qui restait à domicile pour faire un travail de promotion universitaire et sa femme partait du matin au soir pour travailler. C'est lui qui, même le dimanche, donnait le biberon plus souvent que la mère et changeait le bébé parce que c'était plus commode, plus agréable, il en avait l'habitude et elle était contente, ce jour-là, de faire la cuisine. Lui lâchait la cuisine et gardait le bébé.

A la suite de cette parole, d'autres pères ont écrit et j'ai eu quatre, cinq, six lettres de pères qui avaient le même problème, ils étaient restés à domicile et ils étaient inquiets : impossible que leurs enfants les appellent « papa ». Ils appelaient le père « maman » et la mère « papa ».

Devant ce problème linguistique, je leur ai répondu en leur disant : « Demandez à votre enfant qui est le " monsieur " et qui est la " dame ". » *Il n'y avait aucune erreur :* « La femme c'est papa et l'homme c'est maman. »

C'est important que cela ne change pas la structure de l'enfant par rapport à sa sexualité, mais cela change par rapport au langage prégénital où maman c'est « mamman », dans le sens bouche-anus, et papa, dady, toutes ces consonnes dures, c'est la personne à qui on dit, comme cela : « Au revoir, tu peux t'en aller », comme un excrément dont il se sépare. C'est la relation au monde que l'on met dedans et la relation au monde qu'on apprend à quitter. Or, ces enfants, c'était la mère qui leur apprenait le temps scandé et le père qui leur apprenait le temps continu. Ils ne se trompaient pas par rapport au sexe des personnes. Cela a beaucoup rassuré ces pères quand je leur ai dit cela. Les autres pères ont fait la même expérience avec leurs enfants : il n'y avait pas d'erreur sur le sexe de qui s'appelait « maman » et « papa » ; il n'y avait pas d'erreur dans l'ordre de la sexualité.

FLORENCE BÉGOIN-GUIGNARD :

Papa c'est aussi le pain.

FRANÇOISE DOLTO :

Oui, mais en français seulement !

Nous apprendrons sans doute que ces anomalies de langage — du prélangage, du langage prégénital — par rapport à celui d'autres enfants, ne correspondent pas à des anomalies de structure. Ces choses sont peut-être plus importantes que les questions posées par l'allaitement, sur l'aspect biologique de l'allaitement. L'être humain est tout de même beaucoup plus un être de langage que de biologique... bien qu'évidemment, il y ait du biologique ! C'est tout de même inouï que grâce à toutes ces médiations accompagnées de la présence des autres et du langage, l'homme puisse s'adapter à tout, y compris à l'apesanteur. L'être humain est un être tellement social qu'il me semble que l'intérêt de l'aspect social déborde celui de l'aspect biologique.

GISÈLE LAVIOLLE :

On n'avait pas parlé du père... on n'a pas beaucoup parlé non plus de la durée de l'allaitement et de la question du sevrage. Quand je suis allée à mes premières réunions de la Leche League, je voulais allaiter trois mois. Toutes mes amies avaient allaité trois mois et m'avaient dit que c'était bien. Je suis allée à une réunion où j'ai vu des femmes allaiter leur bébé de six mois, un an. Je me suis dit : « Elles sont complètement folles ! Je ne ferai jamais ça. » Ça m'a révoltée. Mais au fur et à mesure, je me suis dit qu'après tout elles avaient bien le droit et que les bébés avaient l'air heureux, autonomes. Par exemple, ceux de dix-huit mois venaient voir leur mère pour téter puis repartaient jouer. Je me suis dit : « Je continue jusqu'à six mois. » J'avais lu un article de M. Lestradet qui disait que c'était bien jusqu'à six mois...

Le sevrage c'est quoi ? Il faudrait savoir sa signification exacte. Est-ce que cela veut dire : arrêt total de l'allaitement, ou bien : introduction d'un autre mode d'alimentation ?

A six mois, le bébé peut manger autre chose. On

introduit petit à petit un certain nombre d'autres choses. On donne d'abord la tétée puis la nourriture solide, et plus tard la nourriture solide puis la tétée en complément. Puis on passe à deux tétées par jour puis à une. On donne aussi la tétée quand le bébé s'est cogné et qu'il est inconsolable. Actuellement, il a quatorze mois. Il *s'est sevré* parce que, à la fin, quand je lui présentais le sein, il rigolait ! Mais je dois dire qu'il y a quelques jours il a fait un épisode fiévreux, il n'était pas bien. Je l'ai remis au sein et il est redevenu un tout petit bébé. Il voulait retrouver, pour un moment, quelque chose qu'il avait quand il était tout petit.

BERNARD THIS :

Je me pose des questions sur la durée de l'allaitement. Si d'un côté le médecin qui voulait empêcher l'allaitement pour éviter le « complexe du sevrage » avait des idées naïves, je me demande à l'opposé si des allaitements de deux ans et demi, trois ans... Cela fait problème qu'un chirurgien soit consulté pour donner cette « coupure humanisante » qui fait vivre l'enfant. Catherine Dolto parlait des mères qui nourrissent pour « posséder » le plus longtemps possible leur enfant. On ne peut pas se donner à soi-même cette coupure humanisante, si l'on n'a pas été marqué par ce que nous appelons la « castration symbolique ». C'est tout le problème du sevrage : je ne dis pas qu'il ne faut plus nourrir après la poussée dentaire, mais souvent on ne verbalise pas la sevrage, la mère n'en parle pas à son enfant, le père non plus. Et l'enfant pense que le sevrage est une punition, parce qu'il avait envie de mordre. Quel que soit son âge, il faut s'adresser à l'enfant comme à un adulte, lui donner toutes les explications nécessaires, et l'enfant peut donner son point de vue. On voit des enfants qui rigolent quand la mère présente le sein. C'est leur manière de dire qu'ils ne veulent plus poursuivre une relation à ce niveau-là.

ROGER SALBREUX :

Mme This a demandé la parole, puis Mme Barrois. L'heure tardive nous obligera ensuite à lever la séance.

CLAUDE THIS :

J'ai été assez sensible au côté de morale qui, pendant toute la réunion d'aujourd'hui, a toujours été perceptible quelque part. Bien sûr la « bonne morale » ! Même quand elle se présente en contestation, cela peut être encore la « bonne morale ». Ce côté moral mène à quelque chose qui est l'idéal. J'ai été frappée de voir comme on a peu parlé du père sauf peut-être maintenant, depuis dix minutes, et d'une autre chose qu'on a, à peine, entendue et qui me paraît essentielle : les *désirs de mort* qui sont mis en jeu, au moment de l'accouchement, et au moment de cette première relation de la mère avec l'enfant. Il y a le désir de vie, nous sommes tous dedans depuis trois heures, tous nous sommes dans la bonne morale, c'est-à-dire le désir de vie. Mais le désir de mort, où va-t-il prendre sa place ? Et là, la question est vraiment renvoyée au médecin. C'est pour cela que j'ai insisté plusieurs fois sur la différence entre ce qu'une femme dit quand elle est autour d'un tas de sable avec d'autres mères, quand elle est chez son médecin, ou quand elle est chez son accoucheur. Ce sont des moments où la parole ne fonctionnera pas du tout de la même façon parce que cela met en jeu quelque chose de différent dans ce « désir de vie — désir de mort ».

VÉRONIQUE BARROIS-LAROUZÉ :

Les choses évoluent : en avril 78, au congrès de Monaco, on a parlé du lait maternisé et du lait de mère et on a comparé les deux. Ensuite, il y a quelques mois, une marque de lait a édité le film *J'ai choisi d'allaiter*. Ce numéro arrive à point où on ne parle *que* de l'allaitement maternel.

CHARLES COHEN-SALMON :

M. Hennequet disait tout à l'heure que les médias tendaient à mettre en valeur cet allaitement-là, c'est absolument vrai. C'est donc une marque de lait qui a financé ce film sur l'allaitement dont Mme Barrois vient de parler, film où l'on ne voit pas un seul biberon. Mais qu'est-ce que cela veut dire ? Toutes les marques ont misé sur l'allaitement maternel dans un premier temps, pour ensuite mieux vendre le lait « maternisé 2e âge » comme continuité. Les marques elles-mêmes avouent que c'est une technique commerciale. Mais il n'y a pas que la publicité et les médias. Je pense que nos comportements ne sont pas indépendants des faits sociaux dans lesquels on baigne. On parlait tout à l'heure de la femme qui travaille par obligation ou par désir... maintenant que beaucoup de femmes sont au chômage, ça peut être alors une solution qu'elles allaitent six mois [1] !

ROGER SALBREUX :

Nous sommes maintenant contraints par l'heure et aussi par une certaine lassitude, de lever la séance.

Devant une pareille richesse apportée d'une façon extrêmement vivante, dans une naturelle absence d'ordre, il n'est pas facile de faire une synthèse et je me garderai de conclure.

Je voudrais dire simplement le très grand intérêt de vos interventions et je vous remercie d'être venus aussi nombreux. La discussion a été à certains moments extrêmement chaude au point que je ne savais plus comment placer les intervenants. Pris entre mon désir de laisser les uns répondre aux autres et celui de ne pas laisser attendre trop longtemps ceux qui me demandaient la parole, j'ai dû inévitablement provoquer des frustrations : veuillez m'en excuser.

1. Voir à ce propos l'article de E. Alfred Sand : « L'évolution de l'allaitement maternel en Occident », p. 45.

Je voudrais aussi rappeler que le Club de pédiatrie sociale a organisé il y a quelques mois, au même endroit, une réunion sur l'allaitement maternel, dans un état d'esprit assez voisin du nôtre aujourd'hui. Il est bon de prendre conscience du poids d'un mouvement et des changements qui surviennent dans les attitudes des pédiatres. Cela vaut la peine d'être dit.

Il est évident que l'allaitement est une affaire irrationnelle. Il me semble qu'il y a une certaine rigidité à insister là-dessus avec autant de véhémence que ce matin. Bien sûr que c'est une croisade ! Bien sûr qu' « on ne fait pas de révolution raisonnable », selon un mot très juste de Laurence Pernoud.

Néanmoins, il y a également un côté rationnel dans l'allaitement, une rationalité qui s'est trompée et une rationalité à revoir. L'aspect biologique est tout aussi passionnant. Tant qu'il y a de la vie, l'irrationnel et le biologique sont étroitement mêlés et nous n'allons tout de même pas nier le biologique parce que les besoins de la croisade et aussi notre identité professionnelle nous poussent à valoriser l'irrationnel.

Je pense à un autre moment fort de vos échanges : l'allaitement maternel vu sous l'angle de cultures qui n'ont rien à voir les unes avec les autres. Ce regard nous montre que le problème peut être abordé de façon radicalement opposée, la constante étant que *partout où il n'y a pas eu un excès de rationalité adverse, l'allaitement marche tout seul* et il n'existe pas d'agalactie. C'est un point important.

Pour en finir avec mes impressions personnelles, je trouve qu'on n'a pas assez parlé de l'enfant qui est éloigné de ses parents, de sa mère. On en a un peu parlé à la fin avec la remarque de Claude This sur le désir de mort. Je sais bien que les enfants en danger dès la naissance et ce qui leur advient après c'est un peu ma spécialité, alors peut-être est-ce exagération de ma part de trouver que cet aspect a été scotomisé. Retenons cependant que sans un vigoureux instinct de vie les femmes n'allaiteraient pas. Nos collègues accoucheurs et pédiatres devraient donc se garder d'interférer trop lourdement dans ce mécanisme délicat qui conditionne la transmission et l'avenir d'une vie, cet équilibre personnel entre des désirs contradictoires auquel chaque couple parvient de façon plus ou moins fragile, plus ou moins durable en fonction d'un passé et d'un présent qui n'appartiennent qu'à lui.

Ce qui au contraire m'a beaucoup rassuré et qui m'apparaît fondamental, c'est qu'on ne confonde pas allaitement maternel et maternage. Avec un enfant au biberon, l'attachement maternel est possible tout autant ; il est néfaste de culpabiliser les mères qui, pour des raisons économiques, idéologiques, révolutionnaires, tout ce que vous voudrez, ne veulent pas allaiter. C'est le plaisir de la mère qui compte, qu'il faut faire émerger et savoir entendre. Et c'est peut-être à ce niveau-là qu'il faut trancher le conflit entre le rationnel et l'irrationnel.

Et maintenant je lève la séance et vous invite tous au buffet campagnard.

Conclusion

Comment pourrions-nous conclure, c'est-à-dire achever, immobiliser, fermer ? C'est un sujet en mouvement et notre but est plutôt d'ouvrir...

Ce livre est une introduction. Introduction aux « Cahiers du nouveau-né » qui suivront celui-ci et surtout à la vie qui vient, à l'expérience qu'elle apporte. Car si c'est leur nouveau-né et leur corps qui apprennent aux mères à allaiter, ce sont aussi ces mères et leurs bébés qui instruiront les jeunes médecins, les jeunes sages-femmes, sur l'allaitement... s'ils l'acceptent.

Mais il faut, malgré tout, des guides et des connaissances ; celles qui parsèment les pages de ce livre — qu'il s'agisse de la nécessité de la première tétée précoce, de l'évidence de l'allaitement à la demande, de l'inutilité du tire-lait, de l'importance de la chaleur dans tous les sens du mot — valent largement les certitudes que l'on enseignait naguère.

La mise en pratique de tout cela, *nous le savons maintenant par expérience*, permet de retrouver une majorité d'allaitements qui se passent simplement. A condition toutefois qu'on ne se contente pas des recettes mais que l'on s'attache aussi à l'esprit : *faire davantage confiance à l'enfant et à sa mère.*

LE COMITÉ DE RÉDACTION.

Poursuivre une recherche...

Tout ce qui concerne l'allaitement n'a évidemment pas été abordé dans ce livre déjà volumineux. Notre but n'était pas d'être exhaustifs.

Il est possible que des lecteurs aient été surpris par certains points (techniques ou non), certaines suggestions, certaines prises de positions exprimées dans ce numéro 3 des « Cahiers du nouveau-né ».

Il nous semble intéressant de ne pas éluder les questions, les critiques, les contradictions, les oppositions, les propositions qui auraient à s'exprimer.

Cette expression critique pourrait se faire par un échange de correspondance[1] *entre lecteurs (médecins ou non) et auteurs, échange que nous pourrions coordonner, ce qui éventuellement pourrait permettre une mise au point ultérieure (sous la forme — pourquoi pas ? — d'un numéro spécial de ces Cahiers rattaché à celui-ci pour le compléter).*

ÉTIENNE HERBINET.

1. Les lettres peuvent être envoyées à l'adresse indiquée p. 1.

« LES CAHIERS DU NOUVEAU-NÉ »

Titre déjà paru :

Nº 1-2 : « NAÎTRE... ET ENSUITE ? »

Rencontre pluridisciplinaire autour de la naissance, imaginée et organisée par Étienne HERBINET.

Sommaire :

- A propos de la projection du film de Michel Soulé, Myriam David et Geneviève Appell « Entre mères et enfants ».
- La genèse de l'attachement maternel et ses avatars
  Léon KREISLER.

  (L'éclosion de l'attachement — Les anomalies psychologiques de la jeune mère — Les sévices aux jeunes enfants — Le prématuré — Les nouveau-nés en péril vital.)
- Le syndrome du jeune enfant maltraité :
  1. Exposé du problème
     Pierre STRAUS.
  2. Identification précoce de la détérioration des relations parents-enfants
     Dominique GIRODET.
- Violence, accouchement et naissance
  Étienne HERBINET.

LISTE ALPHABÉTIQUE DÉTAILLÉE DES AUTEURS ET INTERVENANTS

Quelques éléments pour les situer et les pages où l'on trouvera leurs interventions principales.

CARBALLO (Dr Manuel) : 63
« Scientist » — Maternal and Child Health
Organisation mondiale de la Santé
1211 Genève 27 — Suisse.

CHABANE (Françoise) : 290
Mère de famille 326 et suiv.
Paris

COHEN-SALMON (Charles) : 335 et suiv.
Chargé de recherches au C.N.R.S.
Laboratoire de psychologie expérimentale
28, rue Serpente — 75006 Paris.

CROST (Monique) : 79
Statisticienne
U 149 de l'I.N.S.E.R.M.
44, chemin de Ronde — 78110 Le Vésinet.

CUKIER (Joëlle) : 383
Monitrice de la Leche League
06140 Vence.

DOLTO (Dr Catherine) : 385
Médecin généraliste
Paris.

DOLTO (Dr Françoise) : 341
Psychanalyste, Paris. 367
Auteur de : 388 et suiv.
- *Le Cas Dominique*, Le Seuil, 1971.
- *Psychanalyse et pédiatrie*, rééd., Le Seuil, 1971.
- *Lorsque l'enfant paraît*, Le Seuil, t. I : 1977 ; t. II : 1978 ; t. III : 1979.
- *L'Evangile au risque de la psychanalyse*, Ed. Jean-Pierre Delarge, t. I : 1977 ; t. II : 1978.

DUCLUZEAU (Robert) : 247
Maître de recherches à l'I.N.R.A.
Laboratoire d'écologie microbienne
Centre national de recherches zootechniques
78350 Jouy-en-Josas.

DUNAIS (Madeleine) : 330 et suiv.
Mère de famille
92330 Sceaux.

FIRMIN (Dr Françoise) : 269-377
Chirurgien plasticien
Service de chirurgie plastique

(Pr C. Dufourmentel)
Hôpital Saint-Louis
40, rue Bichat — 75010 Paris.

GUITARD (Odile) : 205
Mère de famille
Londres — Angleterre.

HALFON (Yves) : 187-361
Psychologue à la Maternité du Belvédère
76130 Mont-Saint-Aignan.

HENNEQUET (Pr André) : 344 et suiv.
Professeur de pédiatrie 371
Hôpital des Enfants-Malades
149, rue de Sèvres
75015 Paris.

HERBINET (Dr Étienne) : 15
Gynécologue accoucheur 361 et suiv.
Maternité de l'Hôpital d'Auxerre 89000. 401
• Direction de l'ouvrage collectif *Naître... et ensuite ?*
(« Les Cahiers du nouveau-né », n° 1-2), Stock, 1978.

HERBINET-BAUDOUIN (Marianne) : 161
Psychologue à la maternité et en chirurgie infantile
Hôpital Saint-Vincent-de-Paul
74, av. Denfert-Rochereau
75014 Paris.

HOFVANDER (Pr Yngve) : 197
Professeur de la santé de l'enfance internationale
Hôpital universitaire
Akademiska sjukhuset
S-750 14 Uppsala
Suède.

JULIEN (Dr Françoise) : 97
Pédiatre 353 et suiv.
Paris.
Auteur de :
• *L'Allaitement maternel : un exploit ?*
thèse pour le doctorat en médecine,
Université de Paris VII, 1978.

KJELLBERG (Dr Göran) : 197-331
Pédiatre
Service de pédiatrie
Hôpital universitaire
S-750 14 Uppsala
Suède.

LALARDRIE (Dr Jean-Pierre) : 269
Chirurgien plasticien
Département de chirurgie plastique
Hôpital Péan
11, rue de la Santé — 75013 Paris.

LAVIOLLE (Gisèle) : 346 et suiv.
Mère de famille 387 et suiv.
78110 Le Vésinet.

LEMEUR (Dr Hervé) : 359 et suiv.
Gynécologue accoucheur
Maternité du Belvédère
76130 Mont-Saint-Aignan.

LESTRADET (Pr Henri) : 215
Professeur de pédiatrie
Hôpital Hérold
7, place Rhin-et-Danube
75019 Paris.

LE VAGUERÈSE (Dr Laurent) : 161-315-384
Psychanalyste
Paris.

LOUX (Françoise) : 23-334-364
Chargée de recherches au C.N.R.S.
Musée des Arts et Traditions populaires
6, route du Mahatma-Gandhi, Bois de Boulogne
75016 Paris.
Auteur de :
- *Le Jeune Enfant et son corps dans la médecine traditionnelle*, Flammarion, 1978.

MAROT (Clément) : 265
Poète (XVIe siècle)
Le Grand Chastelet.

ODENT (Dr Michel) : 131
Chef de service 339 et suiv.
Maternité de l'Hôpital de Pithiviers 45300.

Institut de puériculture
26, bd Brune — 75014 Paris.
Auteur (avec Odile Salbreux) de :
- *Les Handicapés mentaux, les autres et nous*, édité par l'Union nationale des associations de parents d'enfants inadaptés, Paris.

SAND (Pr E. Alfred) : 45
Laboratoire d'épidémiologie
et de médecine sociale
Ecole de santé publique de l'Université libre
de Bruxelles
Campus Erasme — C.P. 590
route de Lennik 808 — 1070 Bruxelles
Belgique.

SAPRIEL (Dr Dominique) : 381
Psychanalyste
Service de néonatologie du Pr Minkowski
Hôpital de Port-Royal
123, bd de Port-Royal
75014 Paris.

SATGÉ (Pr Pierre) : 235
Professeur de pédiatrie 356 et suiv.
Centre néonatal
Institut de puériculture
26, bd Brune — 75014 Paris.

SEIGNEUR (Françoise) : 91-352
Mère de famille
Paris.

SJÖLIN (Pr Stig) : 197
Professeur de pédiatrie
Hôpital universitaire
Akademiska sjukhuset
S-750 14 Uppsala
Suède.

TALBOT (Dr Catherine) : 253
Gynécologue
Paris.
Auteur de :
- *Le Point sur la contraception orale dans le post-partum immédiat*, thèse, 24 mai 1977, Paris.

THIRION (Dr Marie-Thérèse) : 133
Pédiatre à la maternité de l'Hôpital-sud de Grenoble (Pr C. Racinet)
38130 Echirolles.

THIS (Dr Bernard) : 115
Psychanalyste 332 et suiv.
Directeur médical de la cure ambulatoire du Centre Etienne-Marcel
39, rue Greneta — 75002 Paris.
Auteur de :

- *La Psychanalyse, science de « l'homme en devenir »*, Casterman, 1960, épuisé.
- *Naître*, Aubier-Montaigne, 1972, réédité.
- *Naître... et sourire*, Aubier-Montaigne, 1977.

THIS (Claude) : 348-392
Psychanalyste
Paris.

N.B. Cette liste ne comprend pas les noms des personnes qui étaient présentes à la table ronde du 9 juin mais qui ne sont pas intervenues.

ACHEVÉ D'IMPRIMER
LE 20 JUIN 1984
SUR LES PRESSES DE
L'IMPRIMERIE HÉRISSEY
A ÉVREUX (EURE)
POUR LE COMPTE DES ÉDITIONS STOCK
14, RUE DE L'ANCIENNE-COMÉDIE, PARIS-6e

Imprimé en France

N° d'éditeur : 4769
N° d'imprimeur : 34909
Dépôt légal : Juin 1984
54-12-2846-02
ISBN 2-234-01203-1

H/54-2846-1